Visionen des Anfangs
Biblisches Forum Jahrbuch 2

Biblisches Forum

Zeitschrift für Theologie aus biblischer Perspektive
www.bibfor.de ■ ISSN 1437-9341

Andreas Leinhäupl Wilke
Stefan Lücking
Jesaja Michael Wiegard
(Hrsg.)

Visionen des Anfangs

Biblisches Forum Jahrbuch 2

Biblisches Forum
2004

■

Biblisches Forum

Zeitschrift für Theologie aus biblischer Perspektive
www.bibfor.de ■ ISSN 1437-9341

Bibliografische Information der Deutschen Bibliothek:
Die Deutsche Bibliothek verzeichnet diese Publikation in der
Deutschen Nationalbibliografie; detaillierte bibliografische
Daten sind im Internet über <http://dnb.ddb.de> abrufbar.

Biblisches Forum, München 2004
© für die einzelnen Beiträge bei den einzelnen Autoren
© für das Gesamtwerk bei den Herausgebern

Einbandgestaltung und Satz: Stefan Lücking
Herstellung und Verlag: Books on Demand GmbH, Norderstedt

ISBN 3-8334-1092-2

Inhaltsverzeichnis

VISIONEN DES ANFANGS

EXKURSIONEN

STICHPROBEN

Visionen des Anfangs

Magnus
Striet

Den Anfang denken
Bemerkungen zur Hermeneutik des creatio ex nihilo-Glaubens

I.

Gemäß einem breiten Konsens heutiger exegetischer Forschung kann der Gottes ursprüngliches Sein zur Welt explizierende und solcherweise in dogmatischen Zusammenhängen gebräuchliche Begriff einer *creatio ex nihilo* kein explizit-biblisches Fundament aufweisen und gehört deshalb, zumindest auf einer rein historisch-textlichen Ebene betrachtet, auch nicht in den Kernbestand alttestamentlicher und neutestamentlicher Theologien. Während ältere Forschungen sehr wohl vor allem im Anschluss an 2 Makk 7,28 (vgl. auch Weish 11,17), wo es heißt, Gott habe »Himmel und Erde« »aus dem Nichts geschaffen«, noch eine kosmologische Semantik des Begriffs vermuteten oder eine solche doch zumindest für möglich hielten,[1] wird gegenwärtig für die alttestamentlichen Schriften eine solche Semantik zumindest für unwahrscheinlich gehalten.[2] Dagegen werden schöpfungstheologische Aussagen heute primär vor dem Hintergrund der bundestheologischen Konzeptionen des Alten Testaments begriffen. Diese, wenn man so will, gegenüber spezifisch neuzeitlichen Fragestellungen, aber auch, wie sich gleich zeigen wird, schon gegenüber patristischen Interessen restriktive historische Interpretation von biblischen *ex nihilo*-Aussagen hat sich, wenn ich es recht sehe, erst in den letzten zwei

---

1 Vgl. etwa Schmidt (1964) 166: Das Verb *bara'* nenne »von sich aus zwar keine creatio ex nihilo«, meine aber gerade das, »was in anderer Denkweise die Rede von der creatio ex nihilo sichern will: das mühelose, völlig freie, ungebundene Schaffen, Gottes Souveränität.« Ähnlich auch von Rad (1962) 156.

2 Vgl. Schmuttermayr (1973). Zum neuesten Stand vgl. vor allem Groß (1989).

Jahrzehnten exegetischer Forschung herausgeschält. Dies hat zur
Konsequenz, dass auch die dogmatische Theologie sich nicht
einfachhin auf den biblischen Befund zurückziehen kann, wenn sie
den Glauben an eine *creatio ex nihilo* zum Kernbestand schöp-
fungstheologischer Aussagen zählt[3] – was freilich auch einem Akt
der Selbstbeschränkung gleichkäme, der formal einem Biblizismus
gleichkäme und schließlich auch theologisch durch nichts zu
rechtfertigen wäre, darf der Glaube doch davon ausgehen, dass
Gott, gemäß seiner allerdings nur offenbarungstheologisch in ihrer
Wahrheit zu vergewissernden Nominaldefinition als die ›alles bestimmende Wirklichkeit‹ (W. Pannenberg) auch über die biblischen Theologien hinaus Einsichten ermöglicht und verstehend
angeeignet werden kann, weil er verstanden werden will. Dogmatik als wahrheitsverpflichtete Hermeneutik des christlichen Glaubens ist zwar konstitutiv auf die biblischen Schriften als den Ur-
sprungszeugnissen des Glaubens angewiesen; diese hermeneutisch
zu erschließen und für ihren Wahrheitsanspruch Rechenschaft ab-
zulegen erzwingt aber geradezu, die sachlogischen Implikationen
des Glaubens weiter zu entfalten und mit dem jeweiligen Denken
einer Zeit in Beziehung zu setzen. Entsprechend hat dogmen- und
theologiegeschichtliche Forschung diese Entfaltung des Glaubens
unter sachlogischen Gesichtspunkten zu rekonstruieren, kritisch
zu reflektieren und die Dogmatik als die systematisch erschließende Wissenschaft diese verstehend anzueignen. Dazu gleich mehr.
Doch bleibe ich noch einen Moment beim biblischen Befund.

Denn in systematischer Hinsicht bemerkenswert ist an der bereits erwähnten Makkabäer-Stelle noch etwas anderes: Selbst
wenn die Intention von 2 Makk 7,28 sich nicht auf die Bestimmung von Gottes aus dem Nichts ins Dasein rufende Schöpfermacht richtet, so zeigt sich doch hier, dass Gottes auf die Schöp-
fungswirklichkeit bezogene Macht nicht aus einem spekulativen

---

3 Während man lange Zeit in der katholischen Dogmatik von einem bereits
biblischen Ursprung eines kosmologischen creatio ex nihilo-Glaubens aus-
ging, ist diese Ansicht inzwischen revidiert worden. Diese veränderte
Sicht lässt sich auch an den gängigen Handbüchern erschließen. Vgl. Ganoczy (1995); Müller (1995) 175. Weitere Hinweise bei Groß (1989)
151.

Übermut heraus betont wird. Sieht man näher hin, dann wird auf seine Himmel und Erde aus dem Nichtseienden rufende Schöpfermacht deshalb hingewiesen, um der sich allmählich, wegen der um der Tora willen gestorbenen Gerechten ausbildenden Auferstehungshoffnung begründete Hoffnung zu geben: Der Gott, der Himmel und Erde aus dem Nichtsein ins Dasein ruft, vermag auch Tote zum Leben zu erwecken (vgl. strukturgleich in der Argumentation auch, dann bereits indikativisch formulierend, Röm 4,17:»Gott, der die Toten lebendig macht und das, was nicht ist, ins Dasein ruft«). Näher präzisiert richtet sich die Hoffnung darauf, dass der gerechte und barmherzige Gott nicht die auf seine Gerechtigkeit Vertrauenden im Stich und die Ungerechtigkeit nicht siegen lässt. Im größeren Kontext betrachtet geht es damit in 2 Makk 7,28 um nichts anderes als um Gottes Gerechtigkeit, weil das Schicksal der um der Tora willen Gestorbenen nun Gottes Gerechtigkeit selbst anfragt.

Schon diese ersten wenigen Hinweise zeigen, welchen Zweck summa summarum, also trotz nicht zu übersehender Differenzen und Akzentuierungen die alttestamentlichen Schöpfungstheologien verfolgen.[4] Sie vergegenwärtigen in der Überlieferung Israels in erster Linie den gerechten und barmherzigen Gott – einen Gott, der nicht nur selbst mit seiner Schöpfung wegen der Bosheit der Menschen hadert, ihr dann aber doch treu bleibt, sondern der auch selbst in seiner Gerechtigkeit und Barmherzigkeit wegen der von Menschen in der Geschichte gemachten Erfahrungen von Negativität angefragt ist. Das heißt aber auch:»Nicht *dass* etwas geschaffen wurde, sondern, *was, warum* u. *wozu* es geschaffen wurde bzw. wird, hat die bibl. Menschen bewegt.«[5] Demzufolge wollen zum Beispiel die Chaos-Bilder in Gen 1,2 vor allem eines profilieren, nämlich die ursprünglich-bleibende Macht Gottes über das Chaos und damit die ursprüngliche Gutheit der Schöpfung (vgl. die Billigungsformeln in Gen 1,1; Ps 24,1; 93; 104[6]). Nicht überraschen kann es deshalb auch, dass es, wiederum histo-

---

4   Zu den Unterschieden vgl. in prägnanter Zusammenfassung nochmals Groß (1989).
5   Zenger (2000) 217.
6   Vgl. Hossfeld/Zenger (2000) 646–649.

risch betrachtet, Zeiten der Erfahrung geschichtlichen Unheils waren, insbesondere die Zeit des Exils, die das Interesse an Schöpfungstheologie forcierten (vgl. vor allem Deuterojesaja Jes 40–45): Sie nimmt jeweils die Funktionen ein, einerseits gegen den äußeren Anschein die ursprüngliche Gutheit der Schöpfung und damit des Schöpfergottes zu beschwören und andererseits den Glauben an die fortwährende Geschichtsmächtigkeit des seiner Schöpfung treuen Gottes zu stärken.

Auch in den neutestamentlichen Schriften[7] gibt es keine dezidierte, an den zeitlich-kausalen Anfang der gesamten Weltwirklichkeit interessierte Schöpfungstheologie – auch wenn Apg 17,24 mit seiner Identifikation des christlich-jüdischen Gottes, dem »Herrn über Himmel und Erde«, »der die Welt erschaffen hat und alles in ihr«, mit dem ›unbekannten Gott‹ in aufklärerischer Absicht bereits nachdrücklich in die hellenistisch-kosmologische Gedankenwelt eingreift und sich in diese, dabei *wahre* Erkenntnis beanspruchend,[8] hineinzuvermitteln versucht. Gleichwohl, auf das Gesamt der biblischen Theologien bezogen, dominiert die Schöpfungstheologie weiterhin ihre soteriologisch-eschatologische Einbindung mit der nun zumal bei Paulus zu beobachtenden christologischen Akzentuierung: »...so haben doch wir nur einen Gott, den Vater. Von ihm stammt alles, und wir leben auf ihn hin. Und einer ist der Herr, Jesus Christus. Durch ihn ist alles, und wir sind durch ihn« (1 Kor 8,6). Sucht man deshalb nach diesen, den biblischen Befund nur andeuten könnenden Bemerkungen zu resümieren, so ist es die fortwährende Vergewisserung der in der Dimension der Geschichte gewonnenen Überzeugung von dem seinem Volk Israel treuen Gott, die die schöpfungstheologischen Aussagen motiviert und inhaltlich bestimmt hat, nicht aber die Frage nach dem Ursprung dessen, was ist: Es ist der *freie* Geschichtsgott Israels, den die Schöpfungstheologien der hebräischen und der christlichen Bibel auf ihre je eigenen Weisen literarisch-erzählerisch aktualisieren.[9]

7 Vgl. dazu Löning/Zenger (1997).
8 Vgl. Ratzinger (2001) 635.
9 Auf die bibelhermeneutischen Implikationen dieser These kann ich hier nur verweisen. Nur so viel: Eine systematische Konzentration der in ihrer

Dürfen aber mit diesen biblischen Hinweisen kosmologische
Fragestellungen als erledigt gelten? Ich meine nicht. Auch wenn
der kosmologische, den Anfang in zeitlicher und kausaler Hinsicht
denkende Begriff der *creatio ex nihilo* sich nicht unmittelbar
biblisch fixieren kann, so liegt eine solche Semantik doch sehr
wohl »in der Konsequenz des bibl. Glaubens an die Freiheit u.
Souveränität des Schöpfers«[10]. Diese, zunächst wiederum auf einer
rein historischen Ebene betrachtet, den biblischen Gehalt auslo-

Vielfältigkeit keineswegs verkannten biblischen Theologien auf einen (sich
erst in der Dimension der Geschichte allmählich herauskristallisieren-
den!), Gottes Bestimmtheit und Entschiedenheit für den Menschen reflek-
tierenden Grundbegriff, setzt epistemologisch eine subjektphilosophisch
reflektierte »rezeptionsästhetisch orientierte Textinterpretation« (Lohfink
(2001) 23) voraus, die aber eben nicht postmodern-dekonstruktivistisch
einen Hiatus zwischen der Autorintention und der Aneignung des Textes
durch das interpretierende Subjekt annimmt, sondern auf der Seite des
Subjekts trotz der nicht zu bezweifelnden Kontextuiertheit seines Ver-
nunftvollzugs durchaus die Möglichkeit voraussetzt, diese ursprüngliche
Intention des Textes durch historisch-kritische Exegese und ihrer Metho-
dologie wahrnehmen und zusammenbinden zu können mit dem gegen-
wärtigen Glaubensbegriff. Ein solches Verfahren setzt zum einen formell
einen (dem Einheitsbedürfnis der Vernunft entsprechenden und stets neu
kritisch aufzuklärenden) Wesensbegriff des Glaubens voraus und rechnet
zum anderen theologisch damit, dass der sich offenbarende Gott in seinem Handeln sich selbst entspricht und deshalb durch die (philosophisch
als für einen solchen ansprechbar auszuweisende) menschliche Vernunft
bestimmbar ist als der, der er ist. Bestimmbar als dieser ist aber Gott nur
unter der Voraussetzung, dass dieser sich aus eigener Unverfügbarkeit
heraus offenbart hat und auf diese Weise bestimmt werden will. Deshalb
sind der Glaube und die diesen hermeneutisch erschließende Theologie
konstitutiv auf die Dimension der Geschichte verwiesen – auf eine Geschichte, in der Gott sich dem Menschen als die ihn erfüllen wollende
Liebe erschließt und das Bewusstsein davon je neu überliefert und prak-
tisch vergegenwärtigt werden muss. Die Normativität der Schrift ergibt
sich dann dadurch, dass diese in einer ursprünglichen Weise Zeugnis ab-
legt von diesem Geschehnis. Vor dem Hintergrund eines solchen Theolo-
gieverständnisses, das die theologische Reflexion als ein Moment in der
Überlieferungsgeschichte des Glaubens begreift, nimmt historisch-kritische Exegese an eben dieser Überlieferungsgeschichte teil. Das heißt:
Historisch-kritischer Exegese wird (wie auch der dogmen- und theolo-
giegeschichtlichen Forschung) eine spezifische Funktion in der Überlieferungsgeschichte und der aufgrund neuer Erfahrungshorizonte je neu notwendigen Selbsterfassung des Glaubens zugewiesen, einem Prozess, in

tende systematische Konsequenz konnte, musste aber auch zu dem Zeitpunkt gezogen werden, als der Glaube an die absolute Souveränität des Geschichtsgottes Israels und damit seine Geschichtsmächtigkeit gefährdet erschien durch Interpretationen der Gesamtwirklichkeit, die dem Monotheismus Israels entgegen standen.[11] Was bisher als kosmologische Semantik bezeichnet wurde, erweist sich somit bei näherem Hinsehen als streng theologisches Problem, Gottes Einzigkeit und somit seine absolute Souveränität betreffend. So kann es auch nicht wundern, dass, wie bereits angedeutet, der Begriff *creatio ex nihilo* seine kosmologische Erweiterung schon sehr bald in der Auseinandersetzung der Kirchenväter mit den dualistischen und gnostischen Tendenzen eines auch weiterhin maßgeblich durch die griechische Philosophie geprägten Umfeldes erfuhr[12] – eines Umfeldes, für das der *Timaios* Platons immer noch die Schrift war, anhand derer man, diese kommentierend, den Schöpfungsgrund und das Verhältnis des als göttlich gedachten Einen zum Vielen zu bestimmen unternahm.[13] Vor allem aber war es die bis weit in die Patristik (und auch noch in das Mittelalter[14]) hinein wirksame Vorstellung von einer ewigen Materie, die in der alten Kirche um des von ihr auch theoretisch zu bewahrheitenden biblischen Gottes Widerspruch erzeugen musste. Gerade gegen diese Vorstellung wurde nun der Begriff der *creatio ex nihilo* eingesetzt. Zwar dürfte auch das früheste patristische Zeugnis für diesen Begriff im so genannten *Hirt des Hermas*

---

dem die Bestimmtheit der Glaubensgestalt historisch aufgeklärt und systematisch reflektiert wird.

10 Zenger (2000) 217.

11 Zwar wird man nach dem heutigen Stand alttestamentlicher Forschung nicht mehr davon ausgehen können, dass Israel bereits einen strengen Monotheismus vertreten hat. Stattdessen wird man das immer wieder eingeschärfte Bekenntnis zur Einzigkeit Jahwes und damit einhergehend das Fremdgötterverbot primär im Sinne der Monolatrie interpretieren müssen. Unbeschadet dessen tendiert der Glaube Israels aber auf einen Monotheismus, der spätestens in der Begegnung des universal ausgerichteten christlich-jüdischen Glaubens mit der hellenistischen Welt ausgearbeitet werde musste.

12 May (1978).

13 Vgl. Baltes (1976/1978).

14 Hinzuweisen ist hier vor allem auf Averroes.

(ca. 150 n. Chr.)[15] sich noch nicht eindeutig dafür beanspruchen lassen, Gottes Schöpfungsbeziehung auf den Begriff bringen zu wollen; zu eindeutig überwiegen hier noch die soteriologisch-paränetischen Züge. Allerdings hat sein Verfasser faktisch in einem durch das griechische Denken geprägten Kontext mit dieser Schrift Gottes ursprüngliches Sein zur Welt in einer Weise begrifflich gefasst, die künftig das patristische Denken maßgeblich prägen sollte. Ausdrücklich mit Bezug auf das Problem einer Ewigkeit der Materie formuliert der im Ansatz biblisch-heilsgeschichtlich denkende[16] *Irenäus von Lyon* († um 202) die absolute Freiheit[17] und Gegensatzfreiheit des Schöpfungshandelns Gottes, und er markiert[18] in eins damit die spezifische Differenz zwischen Gott und Mensch:»Menschen können nicht aus Nichts etwas machen, sondern nur aus vorhandener Materie; Gott dagegen ist den Menschen gerade darin überlegen, dass er die Materie, die vorher nicht da war, für seine Schöpfung selbst schuf.« Der *ex nihilo*-Begriff gewinnt hier definitiv nun auch eine kosmologische Semantik, und er erfüllt dabei die Funktion, den Gottesbegriff einer Bestimmung zu unterziehen, die zweifelsohne erst allmählich als notwendige eingesehen wurde, um den geschichtlich offenbar gewordenen Gott Israels verkündigen zu können. Von daher wird man noch einmal differenzieren müssen: Indem man auf der ursprünglich gegensatzfreien Schöpfermacht Gottes insistierte, verfolgte man kein primär kosmologisches Frageinteresse, sondern suchte dem in der Dimension der Geschichte gewonnenen Glauben an den geschichtsmächtigen Gott in seinen schöpfungstheologischen Voraussetzungen Rechnung zu tragen. Die nun ausdrücklich kosmologisch-schöpfungstheologischen Aussagen erfüllen so-

15 Vgl. Körtner/Leutzsch (1998) 191.193:»mandatum I: 1. ›Zuallererst glaube: Einer ist Gott, der das All geschaffen und errichtet, der aus dem Nichtseienden das All gemacht hat, daß es sei, der alles umfasst, allein aber unfaßbar ist. [...] Das beachte, und du wirst alle Bosheit von dir wegwerfen und jede Tugend der Gerechtigkeit anziehen; und du wirst leben für Gott, wenn du dieses Gebot beachtest.‹«
16 Vgl. Irenäus von Lyon, Adversus Haereses III 5,3; 24,2; IV,14.
17 Vgl. Irenäus von Lyon, Adversus Haereses III, 8,3.
18 Irenäus von Lyon, Adversus Haereses II, 10,4 u. ö.

mit weiterhin die Funktion, den Gottesbegriff fortzubestimmen. [19] Die spekulative Theologie des heilsgeschichtlich interessierten Irenäus steht damit im Dienst einer Hermeneutik des von Gott selbst ermöglichten Begegnungsgeschehens von Gott und Mensch – und als diese Hermeneutik erfordert sie die philosophische Rechenschaft ihrer theoretischen Implikationen, wie sich bei Irenäus in seiner kritisch abgrenzenden Auseinandersetzung mit den Philosophemen seiner Zeit zeigt.

19 Wenn Berger (2001) aufgrund des biblischen Befundes zu dem Ergebnis kommt, dass »das höchste Prädikat, das Gott nach den Schöpfungsberichten zukommt, [...] nicht die Erschaffung aus nichts« sei, sondern dass »die Ordnung der Welt von Gott« komme, er daraufhin schließt, dass Gott dann auch nicht »für alles verantwortlich« sei, »was überhaupt Wirkung und ›Einfluß‹ hat, sondern eben nur für die Ordnung« (22), und so meint, die drängende Theodizeefrage bearbeiten zu können, so kann dies nur Verwunderung auslösen. Natürlich löst das kosmologische Denken einer creatio ex nihilo die Theodizeefrage auch nicht. Aber immerhin wird die Instanz dann klar benennbar, wenn von einer creatio ex nihilo geschaffenen Welt ausgegangen wird, an die sich die Fragen der Theodizee richten: den einen und einzigen Gott, von dem dann auch zu erhoffen ist, dass er Antwort geben wird oder doch zumindest Antwort geben kann. Und darüber hinaus: Will Berger den biblischen Schriften wirklich, wenn auch unausgesprochen, einen Dualismus unterstellen? Neben dem einzigen Gott noch ein anderes Schöpfungsprinzip oder eine andere Schöpfermacht? Oder denkt Berger bei dem, was sonst noch Einfluss ausübt, ›nur‹ an den Menschen? Verdankt sich aber denn nicht auch der Mensch Gott? Wenn Berger eine »generelle Feststellung« zum Schluss wagt, dass dann, wenn die »systematische Theologie sich stärker auf das biblische Zeugnis verließe, theologisch verstanden, wohlgemerkt, dann bekäme sie weniger oft mit philosophischen Aporien zu tun« (25), so könnte man sich zu der Gegenfeststellung verleiten lassen: In der Tat, sie bekäme es dann mit weniger, wenn vielleicht auch nicht gleich Aporien, so doch Problemen zu tun, weil sie diese gar nicht erst bemerkt – zum Schaden allerdings für ihre ureigenste Aufgabe, das theologische Verstehen, das nach dem vernunftgemäßen Grund des Glaubens um des Glaubenkönnen willens zu suchen hat!

II.

Dass Irenäus (wie so viele andere nach ihm und auch lehramtlich festgehalten[20]) durch den nun dezidiert kosmologischen Gebrauch des *creatio ex nihilo*-Begriffs diesen noch nicht im strengen Sinn *gedacht* hat, kann ich nur andeuten. Aber, so lautet die Gegenfrage, lässt sich der Begriff überhaupt *denken*? Oder entzieht sich der semantische Gehalt dieses Begriffs notwendig dem diskursivbestimmenden menschlichen Erkenntnisvermögen? In theologiegeschichtlicher Perspektive betrachtet, muss zunächst festgestellt werden, dass der Begriff der *creatio ex nihilo* stets umstritten war – oder präziser gesagt, dass es erhebliche Probleme bereitete, einen gegensatzfreien Schöpfungsakt Gottes denken zu können, ohne die spätestens seit dem Neuplatonismus als zeitlose Ewigkeit verstandene Vollkommenheit Gottes zu gefährden. Während im biblischen Denken Gottes Unveränderlichkeit seine unverbrüchliche Treue besagt, an der Gott trotz der Schuld der Menschen und Abkehr von ihm festhält, wird diese im Verlaufe der Theologiegeschichte immer stärker als Zeitenthobenheit und insofern auch als von keiner Geschichte betreffbar gedacht, in der Kontingentes und von daher auch von Gott nicht Vorhersehbares geschähe. Um die Vollkommenheit Gottes nicht zu gefährden, wird Gottes Dasein ›entzeitlicht‹. Und das heißt materialiter: So wie Gott einerseits alle Geschehnisse von Ewigkeit her vorherweiß und auch vorherwissen kann, weil er – so beispielhaft im Denken des *Thomas von Aquin* – zum einen als die Primärursache von allem auch noch die sekundären Ursachen konditioniert[21] und eine in einen

---

20 Vgl. zum Beispiel DH 790; 800, 3001–3003.
21 Vgl. STh I a, 22, 1f. Selbst die dem menschlichen Bewusstsein als zufällig erscheinenden Vorkommnisse müssen deshalb noch als von Gott gelenkt gedacht werden. Zum Zusammenwirken von Erst- und Zweitursachen vgl. CG III, 69. Ob die seit den Anfängen christlicher Theologie und bis heute virulente Frage nach dem Verhältnis von göttlicher und menschlicher Freiheit durch den Vorschlag des Thomas, dass Gott das menschliche Wirken nicht von außen, sondern im Innersten des menschlichen Willens wirke (vgl. CG III, 88), einer zufriedenstellenden Lösung zugeführt wird, wage ich zu bezweifeln. Denn, um nur zwei Gründe zu nennen, erstens kann es einen menschlichen Willen nur als ursprüngliche, durch nichts als durch sich selbst ermöglichte Freiheitsaktualisierung geben, und zweitens

ontologischen Kausalzusammenhang eingebunden gedachte Freiheit ihre Kausalität nur gemäß ihrem Gewirktsein ausüben kann, von daher aber auch von einer Geschichte, die diesen Namen deshalb verdient, weil sie durch freie Subjekte konstituiert wird, nur noch schwerlich die Rede sein kann,[22] so wird andererseits der Schöpfungsakt nun nicht mehr, wie beispielhaft bei *Irenäus*, als zeitlicher gedacht. Das *ex nihilo* ist nur von Natur aus früher als das Seiende.[23] Gottes Vollkommenheit scheint damit gerettet zu sein, vorausgesetzt nur, man versteht diese Vollkommenheit in neuplatonischer Weise. Aber erschließt dieses Denken noch den Gott, wie er biblisch als der bezeugt wird, der sich aus eigener Freiheit heraus an sein Volk Israel gebunden, der sich nach christlichem Bekenntnis im Juden Jesus in »einzigartiger, definitiver Weise mitgeteilt«[24] und hierin seine Schöpfungstreue erwiesen hat? Dem Gott, nochmals nach christlichem Bekenntnis, der deshalb »geschichtlich unüberbietbar« seine Treue erwiesen hat, weil sie »als Erweis ihrer Macht auch noch über den Tod« »durch kein geschichtliches Ereignis mehr widerlegbar und insofern Erweis ihrer Unbedingtheit, also auch ihrer Endgültigkeit« ist?[25] Und der doch im Erweis dieser Macht sich als kein anderer erwiesen hat als der Gott Israels, so dass trotz nicht zu verhehlender Differenz es doch der eine Gott ist, von dem denn auch gemeinsam in der jüdischen und in der »zweigeteilten Einheit der christlichen Bibel«[26] gesprochen wird?

Ist dieser Gott Israels aber ein *denkbarer* Gott? Meine These: In seinen theoretischen Implikationen zu verantworten ist dieser Glaube an den ursprünglich und bleibend freien Geschichtsgott Is-

---

wird dann das Problem der Theodizee unlösbar – außer man schlösse sich der aber in der Instanz der auf sich selbst und das heißt: auf moralische Grundsätze verpflichteten Vernunft wohl kaum zu akzeptierenden Lösung an, das Böse nur als Mangel an Sein verstehen zu wollen.

22 Vgl. STh I q.13 a.7. Zur Thomas-Interpretation vgl. Brantschen (1980) 231–233.
23 Vgl. Thomas von Aquin, De aeternitate mundi.
24 Zenger (2001) 22.
25 Pröpper (2001b) 48. Zur näheren Begründung der Kategorie der Endgültigkeit und ihrer Unterscheidung von der Vollendung vgl. ebd., 48f.
26 Dohmen/Stemberger (1996) 12.

raels, der die Freiheit des Menschen will, nur dann, wenn die gesamte Weltwirklichkeit als creatio ex nihilo geschaffen geglaubt werden darf und zugleich Gottes Vollkommenheit auf nicht mehr neuplatonischer Weise in bestimmter Weise denkbar wird. Damit wird aber die Frage nach einer diesem in der Dimension der Geschichte durch Gott selbst eröffneten Glauben adäquaten Denkform unausweichlich. Dass aus biblischen Gründen diese Denkform nur eine von durch Kategorien der Freiheit bestimmte sein kann, dürften schon die wenigen Andeutungen zu einer Hermeneutik der biblischen Theologie deutlich gemacht haben. Eine in ihren systematischen Möglichkeiten für eine solche Rechenschaftspflicht des Glaubens mit Verlaub in dogmatischen Zusammenhängen noch keineswegs ausgelotete Perspektive liegt meines Erachtens im so genannten zweiten Anfang der Metaphysik – ein Neuanfang, wie dieser wohl nicht zuletzt initiiert wurde durch die Verurteilung von im Resultat zum Nezessitarismus neigenden radikalaristotelischen philosophisch-theologischen Thesen in den Jahren 1270/77.[27] Begründet wurde dieser sogenannte zweite Anfang der Metaphysik vor allem durch *Duns Scotus*.[28] Scotus[29] ist entschieden ein Denker der Kontingenz, und er lehnt deshalb die Lösung des Thomas, Kontingenz als Zusammenwirken von Erst- und Zweitursachen begreifen zu wollen, ausdrücklich ab. Hellsichtig hat bereits Scotus gesehen, dass in einem als ontologischen Ordo gedachten, am Ende einzig durch die göttliche Kausalität bestimmten Zusammenhang eine im biblischen Schöpfungsglauben sachlogisch vorausgesetzte Ereigniskontingenz keinen Raum mehr findet.[30] Was meint aber Kontingenz? Traditionell wird unter einem Kontingenten etwas Nicht-Notwendiges verstanden, eine

27 Vgl. Flasch (1989).
28 Vgl. Honnefelder (1996).
29 Vgl. Söder (2001); ausführlich Söder (1998). Über die hier angedeutete Beanspruchung scotischer Denkfiguren für eine dogmatische Theologie hinaus vgl. meine demnächst erscheinende Habilitationsschrift *Offenbares Geheimnis. Studien zur negativen Theologie* (Münster 2001).
30 Vgl. Duns Scotus, Lect. I d. 39 n. 35 (ed. Vat. XVII 489): »Si prima causa necessario causat et movet causam sibi proximam, et necessariam habet habitudinem ad illam, igitur illa secunda causa necessario movet hoc quod movet et causat.«

Definition, die Scotus zufolge nicht ausreicht, um eine wirkliche Ereigniskontingenz denken zu können:»Kontingentes nenne ich […] nicht jegliches, was nicht notwendig und nicht von überzeitlicher Dauer ist, sondern jenes, dessen Gegenteil geschehen könnte, eben dann, wenn es geschieht. Daher habe ich gesagt: ›Es gibt solches, das in kontingenter Weise verursacht wird‹, und nicht: ›Es gibt solches, das kontingent ist‹.«[31] Die Kontingenzbestimmung richtet sich somit auf einen bestimmten Zeitpunkt, in dem etwas zuvor nur Mögliches in Wirklichkeit überführt wird, und zwar nur deshalb überführt wird, weil es so sein soll. Auf der Basis seines Univozitätsdenkens gilt dies für Scotus gleichermaßen für den Menschen wie auch für Gott. Jeweils ist es die zu einem bestimmten Zeitpunkt voluntativ und das heißt: in Freiheit begründete Überführung von Möglichkeit in Wirklichkeit, durch die ein kontingenter Sachverhalt gesetzt wird. Um die im Gedanken der creatio ex nihilo anvisierte Freiheit des Schöpfungsgrundes und doch zugleich auch die Vollkommenheit Gottes denken zu können, trägt Scotus eine begriffliche Differenzierung in diesen Gedanken ein, die meines Wissens epochemachend ist und für dogmatische Zusammenhänge noch ein dem in der Geschichte aus eigener Freiheit heraus offenbar gewordenen Gott genügendes und beileibe noch nicht ausgelotetes hermeneutisches Potenzial (Vorsehungslehre, Handeln Gottes, Bittgebet ...) bietet. Erstens unterscheidet Scotus auf das Schöpfungshandeln Gottes bezogen zwischen *producere* und *creare*. Im Begriff des *producere* denkt Scotus das Schaffen Gottes von jeglicher Möglichkeit nicht nur im Hinblick auf ihr Was-Sein, sondern auch im Hinblick auf seine zeitliche Möglichkeit. Einzig und allein gebunden ist Gott in diesem Handeln an das Nicht-Widerspruchsprinzip. Etwas zu einem bestimmten Zeitpunkt Mögliches kann nicht zum gleichen Zeitpunkt nicht möglich sein. Im Begriff des *creare* hingegen denkt Scotus die Überführung dieser in ihrer zeitlichen Möglichkeit gedachten *creabilia* in nicht nur mögliche, sondern reale Wirklichkeit. Diese Überführung aber gründet ausschließlich in Gottes Freiheit, in sei-

---

31 Duns Scotus, De primo principio c. 4 concl. 4 n. 56; hier gleich: Duns Scotus (1987).

nem grundlosen Willen: *creatio ex nihilo*.[32] Positiv zu begreifen ist dieser in seiner Möglichkeit denkbar gewordene, in einem kontingenten Willensentschluss Gottes begründete Schöpfungsakt hingegen nicht, weil eine Kausalität aus Freiheit sich einem kausalen Erklärungsversuch notwendig entzieht. Solange aber theoretisch offengehalten ist, dass die im Weltbegriff gedachte Totalität des Seienden nicht notwendig ein von Ewigkeit her existierendes Raum-Zeit-Kontinuum darstellt und von daher auch nicht mit dem von der menschlichen Vernunft gesuchten schlechthin notwendigen Seienden identifiziert werden muss, bleibt die Möglichkeit des freien Gottes, der die Weltwirklichkeit *creatio ex nihilo* geschaffen, ihr ein von ihm unterschiedenes Eigendasein geschaffen hat und diese in jedem Moment ihres Daseins in ihrem Wirklichsein erhält (*creatio continua*), so dass radikale Kontingenz zur entscheidenden Bestimmung der Welt wird, eine philosophisch denkbare Idee. Zumindest Indizien hierfür lassen sich beibringen, dass so wie der Mensch zu einem ursprünglichen und insofern freien Selbstvollzug ermächtigt ist, auch die alles begründende und bestimmende Wirklichkeit durch Freiheit ausgezeichnet ist[33]; im strengen Sinn philosophisch beweisen aber lässt sich dies nicht. Somit ist es am Ende der Glaube, der aufgrund des Bekenntnisses zur Allmacht des Gottes, der Tote zum Leben zu erwecken vermag, dieses Bekenntnis auf den Schöpfungsgrund extrapoliert. Aber: Die Welt in nicht-widervernünftiger Weise als *ex nihilo* geschaffen und damit als radikal kontingent jedenfalls glauben zu dürfen, heißt auch, das von Gott gewollte und ermöglichte Geschehen zwischen ihm und der Menschheit in Kategorien der Freiheit begreifen zu können – womit der biblisch bezeugten Erfahrung des der Geschichte mächtigen Gottes theoretisch Rechenschaft geleistet ist.

---

32 Vgl. Bannach (1998) 210.
33 Vgl. Pröpper (2001c) bes. 90.

Literatur

Baltes, Matthias (1976/1978):
Die Weltentstehung des platonischen Timaios nach den antiken Inter-preten. 2 Bde., Leiden: Brill 1976–1978.

Bannach, Klaus (1998):
Gott und das Mögliche, in: ZThK 95 (1998), 197–216.

Berger, Klaus (2001):
Creatio non ex nihilo und die Theodizeefrage, in: Frühwald-König, Johannes (Hrsg.), »Steht nicht geschrieben…?«. Festschrift für Georg Schmuttermayr, Regensburg: Pustet 2001, 19–25.

Brantschen, J. B. (1980):
Die Macht und Ohnmacht der Liebe. Randglossen zum dogmatischen Satz: Gott ist unveränderlich, in: FZPhTh 27 (1980), 224–246.

Dohmen, Christoph / Stemberger, Günter (1996):
Hermeneutik der Jüdischen Bibel und des Alten Testaments (Kohlhammer-Studienbücher Theologie; 1,2), Stuttgart u. a.: Kohlhammer 1996.

Duns Scotus, Johannes (1987):
Abhandlung über das erste Prinzip. Hrsg. und übers. von Wolfgang Kluxen, Lat.-Deutsch (Texte zur Forschung; 20), Darmstadt: Wissenschaftliche Buchgesellschaft ²1987.

Flasch, Kurt (1989):
Aufklärung im Mittelalter? Die Verurteilung von 1277. Das Dokument des Bischofs von Paris eingel., übers. u. erkl. v. Kurt Flasch (Excerpta classica; 6), Mainz: Dieterich 1989.

Ganoczy, Alexandre (1995):
Schöpfungslehre, in: Beinert, Wolfgang (Hrsg.): Glaubenszugänge. Lehrbuch der katholischen Dogmatik. Bd. 1, Paderborn u. a.: Schöningh 1995, 407–409.

Groß, Walter (1989):
Creatio ex nihilo – Alttestamentliche Anmerkungen zu einem alten dogmatischen Satz, in: Fraling, Bernhard u. a. (Hrsg.): Lateinamerika im Dialog. Peter Hünermann zum 60. Geburtstag, Rottenburg: Stipendienwerk Lateinamerika-Deutschland 1989, 149–157.

Honnefelder, Ludger (1996):
Der zweite Anfang der Metaphysik. Voraussetzungen, Ansätze und Folgen der Wiederbegründung der Metaphysik im 13./14. Jahrhundert, in: Beckmann, Jan P. u. a. (Hrsg.): Philosophie im Mittelalter. Entwicklungslinien und Paradigmen. Wolfgang Kluxen zum 65. Geburtstag, Hamburg: Meiner ²1996, 165–168.

Hossfeld, Frank-Lothar / Zenger, Erich (2000):
Psalmen 51–100 (HThKAT 26), Freiburg i. Br.: Herder 2000.

Körtner, Ulrich H. J. / Leutzsch, Martin (1998):
Papiasfragmente. Hirt des Hermas. Eingel., hrsg., übertr. und erl. von Ulrich H. J. Körtner und Martin Leutzsch (Schriften des Urchristentums; 3), Darmstadt: Wissenschaftliche Buchgesellschaft 1998.

Lohfink, Norbert (2001):
Alttestamentliche Wissenschaft als Theologie? 44 Thesen, in: Hossfeld, Frank-Lothar (Hrsg.): Wieviel Systematik erlaubt die Schrift? Auf der Suche nach einer gesamtbiblischen Theologie (QD 185), Freiburg u. a.: Herder 2001, 13–47.

Löning, Karl / Zenger, Erich (1997):
Als Anfang schuf Gott. Biblische Schöpfungstheologien, Düsseldorf: Patmos 1997.

May, Gerhard (1978):
Schöpfung aus dem Nichts. Die Entstehung der Lehre von der creatio ex nihilo (Arbeiten zur Kirchengeschichte; 48), Berlin / New York: de Gruyter 1978.

Müller, Gerhard Ludwig (1995):
Katholische Dogmatik. Für Studium und Praxis der Theologie, Freiburg u. a.: Herder 1995.

Pröpper, Thomas (2001a):
Evangelium und freie Vernunft. Konturen einer theologischen Hermeneutik, Freiburg u. a.: Herder 2001.

Pröpper, Thomas (2001b):
»Daß nichts uns scheiden kann von Gottes Liebe ...«. Ein Beitrag zum Verständnis der »Endgültigkeit« der Erlösung, in: Pröpper (2001a) 40–56.

Pröpper, Thomas (2001c):
Zur theoretischen Verantwortung der Rede von Gott. Kritische Adaption neuzeitlicher Denkvorgaben, in: Pröpper (2001a) 72–92.

Rad, Gerhard von (1962):
: *Theologie des Alten Testaments.* Bd. 1: Die Theologie der geschichtlichen Überlieferungen Israels, München: Kaiser ⁴1962.

Ratzinger, Joseph (2001):
: *Wahrheit des Christentums?*, in: Raffelt, Albert (Hrsg.), Weg und Weite. Festschrift für Karl Lehmann, Freiburg u. a.: Herder 2001, 631–642.

Schmidt, Werner H. (1964):
: *Die Schöpfungsgeschichte der Priesterschrift* (WMANT 17), Neukirchen-Vluyn: Neukirchener Verlag 1964.

Schmuttermayr, Georg (1973):
: *»Schöpfung aus dem Nichts« in 2 Makk 7,28? Zum Verhältnis von Position und Bedeutung,* in: BZ 17 (1973) 203–228.

Söder, Joachim Roland (1998):
: *Kontingenz und Wissen.* Die Lehre von den futura contingentia bei Johannes Duns Scotus (BGPhThM NF 49), Münster: Aschendorff 1998.

Söder, Joachim Roland (2001):
: *Von der Ontokosmologie zur Ontologik,* in: PhJ 108 (2001), 33–40.

Thomas von Aquin (2000):
: *De aeternitate mundi,* in: Bonaventura / Thomas von Aquin / Boethius von Dacien, Über die Ewigkeit der Welt. Übers. und Anm. von Peter Nickl, Frankfurt am Main: Klostermann 2000, 92–94.

Zenger, Erich (2000):
: Art. *Schöpfung. II. Biblisch-theologisch,* in: LThK³ 9 (³2000), 217–220.

Zenger, Erich (2001):
: *»Ich aber sage: Du bist mein Gott« (Ps 31,14). Kirchliches Psalmengebet nach der Schoah,* in: Raffelt, Albert (Hrsg.), Weg und Weite. Festschrift für Karl Lehmann, Freiburg u. a.: Herder 2001, 15–31.

Online unter:
http://www.bibfor.de/archiv/00-1.striet.htm

Stefan
Blindenhöfer

Schöpfung – eine überholte Perspektive?

Verdrängen naturwissenschaftliche Erkenntnisse allmählich das Reden von Schöpfer und Schöpfung?

Bisweilen lassen naturwissenschaftliche Fachpublikationen und popularwissenschaftliche Darstellungen aufhorchen: Die stete Erweiterung und Vertiefung naturwissenschaftlicher Erkenntnisse und die heutige wissenschaftliche Welterklärung machten die Annahme eines Schöpfers und die Deutung der Wirklichkeit als Schöpfung zunehmend überflüssig.

Dieser Meinung schließen sich heutzutage nicht wenige Zeitgenossen an: Mittlerweile gebe es genügend naturwissenschaftliche Erklärungen, und da sei für einen Schöpfer kein Platz mehr. Die Methode, Gott los zu werden, ist einfach: Man konstruiert eine (Gott genannte) Größe, die man auf der Ebene der empirisch-kategorialen Kausalbeziehungen verortet, sie mit ihr dann als unvereinbar bezeichnet und schließlich ablehnt. Der Reduzierung Gottes auf eine innerphysikalische Größe (vgl. z. B. I. Prigogine / I. Stengers, F. J. Tipler) oder evolutive Größe (vgl. z. B. E. Jantsch) folgt eine physikalistische Infragestellung Gottes (vgl. z. B. St. Hawking) bzw. eine physikalistische Verabschiedung Gottes (vgl. z. B. B. Kanitscheider).

Gerade die Ausführungen Kanitscheiders, Professor für Physik und Geschichte der Philosophie, zum Verhältnis von Religion und Naturwissenschaft haben in letzter Zeit für Diskussionsbedarf gesorgt. Kanitscheider, für den »die Flucht ins Mysterium … nicht das Problem der Logik« lösen kann (*Spektrum der Wissenschaft*, 06/2000, 85), bezeichnet kurzum Gott als mit unserer kausal geschlossenen Welt inkompatibel. Eine Wechselwirkung mit einer extramundanen Gottheit bedeute einen Bruch mit der kausalen

Geschlossenheit und vollständig nomologischen Bestimmtheit der Welt, missachte thermodynamische Gesetzmäßigkeiten, das Ineinandergreifen attraktiver und repulsiver Kräfte und die Abfolge einer durchgängigen naturgesetzlichen Selbstorganisation der innerweltlichen Strukturen und Prozesse, sei mit der kosmologischen Anfangssingularität nicht in Einklang zu bringen und widerspreche quantenkosmologischen Modellen, die keinen Anhaltspunkt dafür erkennen ließen, dass der Anfangszustand des Kosmos durch eine externe Ursache aus dem Nichts hervorgerufen worden wäre (vgl. Kanitscheider 1996).

Naturalistische Konzeptionen wie diejenige Kanitscheiders, die Gott zu einer kategorialen Größe unserer Welt machen und ihn aus naturwissenschaftlichen Gründen ablehnen, haben jedoch mit dem Gott der biblisch-christlichen Tradition nichts zu tun. Im Unterschied zum komplett sinnentleerten Konstrukt der physikalistischen Gottesvertreiber hält die schöpfungstheologische Reflexion fest: Das Reden von Schöpfer und Schöpfung bezieht sich keineswegs auf empirisch-kategoriale Kräfte bzw. auf das In-Gang-Setzen innerweltlicher Abfolgen von Ereignissen und Zuständen, sondern auf die (nicht-kategoriale) Grundlegung und Grundlage von allem, was ist, die solchen Prozessen als sie erst ermöglichend voraus und zugrunde liegt. Es geht um das fundamentale Begründungsverhältnis aller Wirklichkeit zu dem, ohne den nichts ist.

Grundsätzlich muss gefragt werden: Kann diese nie Vergangenheit werdende Grund-Relation überhaupt angesichts der stetig zunehmenden naturwissenschaftlichen Erkenntnis verdrängt werden? Ist es mittlerweile tatsächlich überholt, von einem Schöpfer und von Schöpfung zu sprechen?

1. Zum naturwissenschaftlichen Weltzugang

Die Naturwissenschaften versuchen, sich in einer ganz bestimmten Weise empirischen Gegebenheiten zu nähern. Die Einordnung von Erfahrbarem in einen bestimmten wissenschaftlichen Erklärungs- und Verstehenszusammenhang ist dabei durch bestimmte Voraussetzungen, Verfahren und Zielsetzungen charakterisiert. Folgende Eigenheiten lassen m. E. dabei die prinzipiellen (nicht nur faktischen) Grenzen naturwissenschaftlichen Bemühens hervortreten:

1. Naturwissenschaft abstrahiert: Die (den Naturwissenschaften zugängliche) Wirklichkeit wird erfasst mit Hilfe von Abstraktionen. Diese grundsätzliche Methode verdrängt Wirklichkeit, die dabei einer Umwandlung unterliegt: Keineswegs spiegelt Wissenschaft eine an sich existierende Realität wider, vielmehr werden die Gegenstände der Erfahrung in Gegenstände wissenschaftlicher Erfahrung transformiert. Indem der Forderung nach Klassifizierung, Verallgemeinerung und Reproduzierbarkeit nachgekommen und der Versuch unternommen wird, »das Kontingente aufs Streckbrett des Gesetzlichen zu spannen« (Eisenhardt (1995) 61), wird Wirklichkeit erst einmal wissenschaftsfähig gemacht.

2. Naturwissenschaft versteht Natur in eingeschränkter Weise: Das abstrahierende Denken blendet bestimmte Dimensionen der Wirklichkeit aus. So wird etwa im Anschluss an Galilei Natur als das von sich aus Träge, Passive verstanden; von einem der Natur inneren Streben, von Zielen, Zwecken oder Hierarchien ist nicht mehr die Rede. Natur wird verfügbar, beherrschbar; passiv verstandene Natur kann experimentell überprüft werden.

3. Naturwissenschaft blendet die Sinnfrage aus: Natur wird unter quantitativer Rücksicht interpretiert, sie ist eine berechenbare (und damit auch beherrschbare und verzweckbare) und nicht eine sinnhafte Größe. Sinn ist nicht Teil eines naturgesetzlichen Prozesses und mit den Methoden der Naturwissenschaften nicht zu erheben oder zu negieren.

4. Naturwissenschaft bildet nicht Realität ab: Naturwissenschaften handeln von apparativer Erfahrung, ihr Gegenstand ist die Natur, insofern sie sich in Wechselwirkung an zu Messzwecken präparierten Gegenständen zeigt. Real ist nur das, was wechselwirkt.

5. Naturwissenschaft arbeitet mit einem bestimmten Kausalitätsverständnis: Zulässiges Verursachungsverhältnis ist weithin nur der wirkursächliche Ereigniszusammenhang. Zwar wird heutzutage die Vorstellung vom mechanisch-deterministischen Kausalnexus durch Auffassungen funktioneller, vernetzter, wahrschein-

lichkeitstheoretischer Kausalität ergänzt, und in Quantentheorie und Chaosforschung vollzieht sich sogar eine Eliminierung der kausalen Terminologie, jedoch tut sich die Naturwissenschaft schwer, andere als wirkursächliche, z. B. finale Deutungen anzuerkennen, obwohl z. B. eine Angabe wirkursächlicher Größen zur Erklärung von Intentionen menschlicher Handlungen nicht allzu viel beiträgt.

Es bleibt zu konstatieren: Wirklichkeit wird durch die abstrahierende und reduzierende Vorgehensweise der Naturwissenschaft nicht in ihrer Heterogenität, Prozessualität und Lokalität abgebildet. Produziert wird eine homogene Wirklichkeit, die es so nicht gibt; gerade das aber verfehlt Wirklichkeit. Fazit in aller Kürze: Naturwissenschaftliches Bemühen erfasst und beschreibt Wirklichkeit in einer eingeschränkten Weise und kann andere Perspektiven auf die Wirklichkeit nicht allmählich verunmöglichen.

Was beinhaltet nun die Rede von Schöpfer und Schöpfung? Welche Bestimmung der geschaffenen Wirklichkeit macht jüdisch-christliches schöpfungstheologisches Denken im Dialog mit dem naturwissenschaftlichen Weltzugang, besonders in der Auseinandersetzung mit evolutionstheoretischen Interpretationen der Wirklichkeit, geltend? Welche Voraussetzungen für die Rede von einem Schöpfergott sind in den Blick zu bekommen?

2. Zur schöpfungstheologischen Perspektive

Mit Schöpfung benennen verschiedene Religionen die fundamentale Grundbestimmung der Wirklichkeit als ganzer. Alles, was ist, befindet sich in einem grundlegenden Verhältnis zu Gott, in einem ständigen Gegründet-Sein im absoluten Grund, in einem einzigartigen Begründungsverhältnis zu dem, ohne den nichts ist.

Voraussetzungen für die Möglichkeit der Rede von einem Schöpfergott

Die Naturwissenschaften geben zu verstehen: Im Laufe der Evolution des Lebendigen kommt es zu einer Zunahme an Komplexität. Damit einher geht eine Zunahme relativer Unabhängigkeit der Organismen, sowohl gegenüber ihrer Umwelt als auch schließlich gegenüber ihrer genetischen Disposition. Ein organismustheoretisches Verständnis eines Lebewesens (demzufolge – im Unterschied etwa zu einem physikalistischen Verständnis – dieses Lebewesen eben *nicht* vollständig in physiko-chemische Kausalketten eingebunden ist [in die sich jede mikrophysikalische Indeterminiertheit hineinkehrt, sobald sich ein lebendes Objekt manifestiert], in denen es kein Entrinnen vom Diktat der Gene zu geben scheint, so dass das Lebewesen völlig von [äußeren und inneren] determinierenden Faktoren abhängig ist) kann die reduktionistische Beschreibungsebene verlassen und durch eine über das Einzelereignis hinausgehende Interpretation des biologischen Befundes Begriffe wie Individualität und Autonomie einführen. Es kann damit zum Ausdruck bringen: In der Evolution der Organismen gibt es eine zunehmende Emanzipation und relative Unabhängigkeit von diesen determinierenden Faktoren (vgl. zum Folgenden Bereiter-Hahn 1996).

Zunächst einmal führt die Abgrenzung von der Umgebung durch Ausbildung von Membranen oder durch Zusammenschlüsse gelartiger Aggregate und durch Ausbildung verschiedener Stoffwechselwege zur Zunahme an Unabhängigkeit der Individuen von ihrer Umwelt. Manches, was vorher Außenwelt war, wurde in den Organismus hineinverlegt. Dieser Emanzipationsweg lässt sich verfolgen etwa bei landlebenden Tieren, die ihren Ozean (als Spender von Wasser und Salzen) in sich tragen, die ihre Körpertemperatur z. T. weitgehend unabhängig von der Außentemperatur regeln können, die durch Staatenbildung Möglichkeiten der Nahrungsmittelproduktion entwickelten (z. B. Ameisen, Menschen), bei denen die Ausbildung eines zunehmend eigenaktiven Nervensystems die Abhängigkeit von momentanen Sinneseindrücken oder hormonellen Einflüssen verringert. Das freilich ist noch nicht freier Wille und individuelles Selbstbewusstsein, aber die Voraussetzung dafür (vgl. Kessler (1997) 195). So ist also der Prozess der Entwicklung zunehmender Unabhängigkeit von der Umwelt zuerst derjenige der Emanzipation von der Außenwelt, von unmittelbar wirkenden Stoffwechseleinflüssen. Ein weiterer Schritt auf dem Weg zur relativen Autonomie der Lebewesen ist die emanzipierte Disposition zum eigenen genetischen Material. Mit zunehmender Organisationshöhe nimmt die Determiniertheit der Prozesse, die auf der Wechselbeziehung von DNA und Protein beruhen, ab; es werden gerade bei mehrzelligen Organismen neue Steuerfunktionen und -mechanismen entwickelt. Zwar sind auch diese Produkt genetischer Aktivität, jedoch wird die genetische Determiniertheit durch das jeweilige Gesamtsystem limitiert. Naturwissenschaft kann also schon auf verschiedene Freiheitsgrade innerhalb der ihr zugänglichen Funktionszusammenhänge aufmerksam machen. Gerade beim Menschen ist dann deutlich zu erkennen, dass er sich zu seinen genetischen Prädispositionen nochmals verhalten kann, keineswegs also dem Diktat seiner Gene ausgeliefert ist.

Es ist also von Seiten der Naturwissenschaften möglich, von einer zunehmenden Unabhängigkeit von Organismen (von den Bedingungen seiner Umwelt und von seiner eigenen genetischen Determiniertheit) zu sprechen, von Regionen einer nicht unmittelbar genetisch determinierten Strukturiertheit und damit von Freiräumen für die Lebensgestaltung von Individuen, letztlich also von *Voraussetzungen* für Bewusstheit und Freiheit in der Natur (vgl. Kessler (1997) 194). Es ist möglich, davon zu sprechen, dass »im Menschen ein Teil der Natur die Fähigkeit« erlangt, »seiner selbst bewußt zu werden, ... auf seine Umgebung wie auch auf Prozesse in ihm selbst in bewußter, intentional gezielter Weise reagieren, also auch selbstbestimmt zu agieren« (ebd.). Im Menschen erlangt ein Teil der Natur überdies die Fähigkeit, sich zu öffnen auf das Ganze der Wirklichkeit und deren Urgrund (ebd.).

Die Naturprozesse haben ein in ontogenetischer Hinsicht unfertiges Wesen hervorgebracht, das mit sich und seiner Umgebung ziemlich schlecht zurechtkommt, physiologisch zu früh geboren wird, verletzlich, lange Jahre pflege- und erziehungsbedürftig ist.

Ein Wesen, das seine Identität nicht einfach hat (wie Pflanzen und Tiere), sondern sie erst suchen und gewinnen muss, also noch nicht ist, was es sein kann. Ein Wesen, das sein Wesen partiell finden, aber auch verfehlen und darin wesenswidrig (destruktiv) sein kann. »Die Naturprozesse haben ein Wesen von unendlicher Unruhe und Unersättlichkeit hervorgebracht, das nicht nur über das jeweilig einzelne (erkannte oder erreichte) Gegenständliche, sondern auch über seinen eigenen individuellen Tod hinaus fragt und verlangt.« (ebd.)

Der Mensch geht in den naturgesetzlichen Zusammenhängen nicht einfach auf, er ist das »nicht festgestellte Tier« (Nietzsche), gekennzeichnet durch Weltoffenheit. Er ist in einer ihm eigenen Weise offen für das Ganze der Wirklichkeit, immer schon über sich hinaus – »fragend, suchend, neugierig ausgreifend, hoffend, fürchtend, vertrauend, interessiert usw.« (ebd., 195). Für diese Offenheit gibt es im Prozess der Evolution allenfalls entfernt analoge Vorstufen.

In diesem intentionalen Aussein auf das Ganze der Wirklichkeit gründet die religiöse Dimension unseres Bewußtseins. Wo der Mensch sich in seiner grundsätzlich nicht begrenzten Offenheit annimmt und realisiert, beginnt Religion, so Rahner (Rahner (1984) 33). Sie beginnt dort, wo der Mensch sich nicht in den Einzelheiten der äußeren Welt verliert, sondern wo ihm »die Offenheit seines Daseins in das unbegreifliche Geheimnis hinein aufgeht« (Rahner (1970) 169f.). »Das grundlegende Element des Religiösen bildet darum das Vertrauen (faith), daß dem Ganzen der Wirklichkeit eine einheits- und sinngebende ultimate reality als Urgrund und Ziel zugrunde liegt.« (Kessler (1997) 196). Aus dieser Perspektive (der Wirklichkeit vor Gott / von Gott her) wird deutlich, dass der Sinn von Welt, von Natur nicht in ihr selber liegt und an ihr selbst offenbar sein kann.

In diesem intentionalen Aussein auf das Ganze der Wirklichkeit gründet auch die Freiheit des Menschen. Die evolutiv-biologischen Voraussetzungen der Möglichkeit für freie Willensentscheidungen, die uns die Naturwissenschaften erschließen können, sind Vorentwürfe (nicht Stufen) dieser Freiheit. Der Mensch, der nicht einfach *nur* nach dem Reiz-Reaktions-Schema verfährt, sondern offen ist für das Ganze (und somit das Einzelne bis zu einem gewissen Grad relativieren kann), kann sich zu sich selbst noch einmal verhalten, Stellung beziehen. So ist der Mensch das ethische Lebewesen, der das bloß Natürliche, unmittelbar Gegebene und Evolvierende übersteigt. Er ist das Wesen, das auch vermag, sich von einer umfassenden Ganzheit her zu verstehen, die wir Gott nennen. Eine Ganzheit, die den ganzen kosmischen Prozess als ihr Grund und Ziel bestimmt, in der wir uns immer schon vorfinden, die wir nicht verobjektivieren können, der wir uns jedoch perspektivisch annähern können. Theologisches Denken geht davon aus, dass der Mensch sich wahrhaft nicht ohne Gott verstehen kann, dass er sich vielmehr gründlich missversteht, wenn er sich ohne Gott versteht und sich (oder anderes Endliches) verabsolutiert. In theologischer Perspektive ist der Mensch der von Gott Gewollte und Geliebte, freigesetzt in die ihm als Geschöpf eigene Eigenständigkeit und Einmaligkeit (das gilt auch für Klone; keineswegs ist menschliche Identität allein durch die Gene bestimmt), der auf das abgründige Geheimnis hin Geöffnete und Verwiesene.

Zur Rede von Schöpfung und Schöpfer

Wer von Schöpfung redet, versteht die Wirklichkeit als von Gott her bestimmt. Im Verständnis der Welt als Schöpfung geht es grundlegend um das Verständnis von Gott, der *ultimate reality*, die dem Ganzen der Wirklichkeit als Urgrund und Ziel zugrunde liegt. Was ist gemeint mit der missverständlichen Metapher Schöpfung, welches Gottes- und Wirklichkeitsverständnis ist damit angezeigt?

Von Schöpfung zu sprechen heißt, die Wirklichkeit vor Gott, also theo-logisch, zu betrachten. Mit dieser Wahrnehmung aller Dinge in ihrer Hinordnung auf Gott, mit dem Bedenken aller Dinge im Licht des Glaubens an Gott ist der Verstehensrahmen (und damit die Perspektivität) benannt, innerhalb dessen die Wirklichkeit verstanden und zur Sprache gebracht wird, zugleich aber auch die Eigenart und die Grenze des Beitrags der Theologie im interdisziplinären Dialog angegeben.

Mit Schöpfung wird das einzigartige Begründungsverhältnis zwischen der Welt im ganzen und Gott als ihrem absoluten Ursprung sowie bleibend seinsermöglichenden und zugleich innovatorisch-eschatologisch schöpferischen Grund angesprochen. Das unfassbare, unbegreifliche Geheimnis am Grund aller Wirklichkeit, das wir Gott nennen, ist in der Glaubenserfahrung Israels der Halt-gebende, Recht-schaffende und rettende Gott, fundamental zu unterscheiden von allen Götzen, verabsolutierten endlichen Größen. Er ist der, der der Glaubenserfahrung der Christen in Leben, Tod und Auferstehung Jesu Christi endgültig offenbar wird als der eindeutig gute Gott (vgl. Mk 10,18 par., Mt 7,9–11 par.; Lk 15,20ff.), als die unbedingte, allen Menschen bedingungslos geltende, für sie unbedingt entschiedene Güte und Liebe (vgl. 1 Joh 4,8.16; Tit 3,4 u. a.). Ansätze, die Gott entweder als Gattungs- und Prädikatsbegriff für lebensbestimmende Mächte, die in und über dem Leben der Menschen walten, verwenden und damit lediglich etwas Unverfügbares, Numinoses bezeichnen, oder die philosophischem Denken entspringen und mit Gott als formalem Grenzbegriff am Ende menschlicher Denkwege arbeiten, greifen zu kurz und erreichen die Fülle des biblisch-theologischen, personalen Gottesverständnisses nicht. Gott ist vielmehr das unbegreifliche, alles umfassende, allem innerliche und sich zuwendende Geheimnis, der Ich bin da (Jahwe), in dem die Wirklichkeit Bestand hat, der sich ihr unverwechselbar zusagt, sie trägt und mit ihr leidet, ihr sich aber entzieht und der Unverfügbare bleibt. Von diesem Gott, so kann Luther sagen, soll man sich erhoffen alles Gute und Zuflucht nehmen in allen Nöten; diesem lebendigen Gott kann man von Herzen trauen und glauben und sich verlassen (vgl. Luther (1529) 132).

Dieser Gott, der sich den Menschen in Jesus Christus und damit allem Geschaffenen zuwendet, hat aus der Fülle seiner Güte die von ihm verschiedene, eigenständige Welt geschaffen. Sie ist als ganze von Gott hervorgebracht, restlos von ihm herkünftig und zugleich radikal von ihm verschieden, freigesetzt in ihre eigene Kreatürlichkeit, in ihre Eigenwirklichkeit. Alles, was ist, ist nur von Gott her; alles wird überhaupt nur von Gottes Gegenwart im Dasein gehalten. Gott allein ist der letzte Bezugspunkt, an dem Menschen sich festmachen dürfen, weil er allein absolut verlässlich ist; alles bezieht von Gott her sein ganzes Sein, seine Kraft und besitzt gerade so eigene Würde, Selbstwert und Güte (vgl. Kessler (1990) 50f.). Alles, was ist, ist fundamental begründet von Gott. Wer von Schöpfung redet, der nimmt die Wirklichkeit im Licht ihres einzigartigen Verhältnisses zu ihrem Begründer wahr: im Licht der schöpferischen Liebe Gottes, der sich alles Geschaffene verdankt.

Wie aber ist von Gott zu reden? Jedes Reden über Gott, über die grundlegende Beziehung alles Geschaffenen zu Gott, muss sich bewusst sein, über seinen Gegenstand nicht einfachhin zu verfügen. »Zwischen dem von uns (in Gottesbildern) vorgestellten und (in Begriffen) gedachten Gott und dem wirklichen Gott ist immer ein Unterschied.« (Kessler (1997) 403). Gott ist übergegenständlich, das nicht auf einen Begriff zu bringende Geheimnis. Dennoch lässt sich an der Grenze zum Schweigen von Gott sprechen: nicht objektivierend, neutral, aus der Distanz, vom Standpunkt eines unbeteiligten Betrachters, sondern aus existentieller Betroffenheit und damit aus einer Relation heraus. Die Rede von Gott ist nicht möglich ohne die Rede von der eigenen Existenz (und der anderen Existenzen und der Natur, deren tragender Lebensgrund derselbe Gott ist). In der Sprache der Betroffenheit kann Gott zur Sprache kommen »als der die Not des Menschen Wendende, den Menschen für sich und seinen Willen in Anspruch Nehmende« (Schneider (1991) 24).

Gerade in den Erfahrungen der Endlichkeit und Vergänglichkeit, des rätselhaften Woher, aber auch in den Wahrnehmungen der Schönheit und Geordnetheit des Kosmos liegen die bedrängenden Fragen, die nach religiöser Daseinsorientierung rufen und auf die der Schöpfungsglaube antworten möchte. Menschliche Rede von Gott, die ausgeht von Erfahrungen endlich-geschöpflicher Wirklichkeit, um überhaupt etwas vom unendlichen Gott sagen zu können, hat ihr Maß an der geschaffenen Wirklichkeit. Die Begriffe und Bilder der begrenzten menschlichen Rede erfassen die Wirklichkeit Gottes nicht, sondern verweisen nur auf sie, deuten auf das gemeinte Unnennbare hin und werden so zu Metaphern (vgl. Kessler (1996) 201). Metaphorisches, übertragendes Reden, (sich) überschreitende Sprache, die auf neue Sinnzusammenhänge bildhaft anspielt, ist das Gott entsprechende Reden, auf das das systematisch-begriffliche Reden von Gott zur Ergänzung und Grundlegung angewiesen ist (vgl. u. a. Ackva (1994) 60–76). Von Gott in Bildern, Symbolen, Metaphern reden nimmt die Unangemessenheit menschlicher Rede mit ihren begrenzten Vorstellungsinhalten und Erfahrungen ernst. Bildhafte Rede von Gott ist zugleich perspektivisch, veranschaulicht einen begrenzten Aspekt an ihm. Von daher bedarf es pluraler und komplementärer Bilder, um sich dem unermesslichen Geheimnis Gott anzunähern. Und es bedarf der Weiterentwicklung und der Diskussion der Schöpfungslehre und auch des Schöpfungsbegriffs: Beide bilden sich in komplexen geschichtlichen Interaktionsvorgängen aus und sind an jenem beweglichen Schnittpunkt angesiedelt, wo der Schöpfungsglaube den je konkreten Weltbildern und Lebenswelten begegnet und die »je vorhandenen Weltbilder, Anschauungsformen und Denkmöglichkeiten und die darin mitgegebenen kontextuellen Fragestellungen, die situativen Herausforderungen und die kategorialen Explikationsmöglichkeiten für den Auslegungsvorgang und die Auslegungsergebnisse *konstitutiv*« sind (vgl. Seckler (1998) 189; Hervorhebung im Original).

3. Differenzierungen im Schöpfungsbegriff[1]

Gott erschließt sich in drei komplementären Grundaspekten

1. Der Urgrund- und Transzendenzaspekt: Der biblisch-christlichen Erfahrung erschließt sich Gott zum einen als der tran-

---

1 Die folgenden Ausführungen orientieren sich am Entwurf einer transzendental-dialogischen Schöpfungslehre, den Hans Kessler in seinem Beitrag »Gott, der kosmische Prozeß und die Freiheit« vorgelegt hat, vgl. Kessler (1996) 201ff. Kessler weist darauf hin, dass den hier anvisierten Ebenen oder Dimensionen seine Überlegungen zum Begriff des Handelns Gottes zugrunde liegen, vgl. Kessler (1985a) und Kessler (1985b) 284–298.

szendente, alles umfassende und tragende Urgrund. In ihm hat alles Kosmische Platz, kommt in ihm immer schon vor. Metaphern wie etwa Ozean/Meer, Schoß, Raum, Horizont, All-Eines, kosmischer Tanz etc., aber auch Moloch sprechen die unendlich aufgespannte Weite Gottes an. In der Geschichte Jesu erweist sich dieser Urgrund als eindeutige Güte oder unbedingte Agape. Jesus lädt ein, dem Urgrund der Wirklichkeit als dem »guten Vater« zu vertrauen, und die christliche Tradition meint mit »Vater« diesen »Ursprung ohne Ursprung« (Konzil von Florenz, 1442), den sie auch in mütterlichen Metaphern anvisieren kann (vgl. Klemens von Alexandrien; Konzil von Toledo 675) und als freien, liebenden Grund der Welt bekennt.

2. Der personale oder Beziehungsaspekt: In Metaphern wie Herr, Hirt, König, Vater, etc. kommt ein weiterer Grundaspekt zur Sprache, der »in personal-geschichtlichen Erfahrungen des Angesprochen-, Beansprucht-, Befreit- oder Bejahtseins« (ebd., 203) aufleuchtet. Gemeint ist: das göttliche Geheimnis, das alle Wirklichkeit in unergründlicher Transzendenz umfängt, meldet sich »zugleich als ein *absolut freies Du*, das uns (vermittelt durch kreatürliche Zeichen: Dinge, Träume, Menschen, zumal Jesus) anspricht und sich für uns ansprechbar macht« (ebd.). Gott will Beziehung, er ist Beziehungsreichtum. Gott erweist sich in dieser Erfahrung nicht als ein »räumlich-äußerlich-gegenständliches Gegenüber«, sondern als (meta)personales Du, der aus seiner Transzendenz (und Immanenz) heraus seine Nähe gewährt und den kosmischen Prozess dialogisch begleitet. Solch liebendes Du vermag auch dann und dort etwas anzufangen, wo die Möglichkeiten der Welt am Ende sind (z. B. im Tod des einzelnen) (vgl. ebd. 204).

3. Der energetisch-mystische oder Immanenzaspekt: Für den dritten Grundaspekt, in dem sich Gott der biblisch-christlichen Erfahrung erschließt, stehen Metaphern wie Atem, Lebenskraft, (Heiliger) Geist, Seele, *atman-brahman*, Gnade, Gefäß, Wohnung. So wie in der alltäglichen Erfahrung die Luft in mich einströmt und mich als Lebenskraft belebt, ich Leben also als Gabe eines Fremden, mir Äußeren entdecke, so belebt und durchpulst Gottes Atem alles, was ist. Seine schöpferische Lebenskraft ergreift Men-

schen, inspiriert, verwandelt sie, führt sie über sich hinaus, erneuert das »Gesicht der Erde« (Ps 104,30) und schafft aus Totem neues, ewiges Leben (z. B. Ez 37,14; Röm 8,11). In dieser Immanenzerfahrung erschließt sich Gott als der allen Wesen zuinnerst Immanente (Thomas von Aquin), der »mir innerlicher als ich mir selbst« ist (Augustinus), der »in uns drinnen ist und wir draußen« (Meister Eckart). Gott ist also als der Transzendente und als personales Gegenüber zugleich in allen geschaffenen Wesen zuinnerst präsent, im Menschen jedoch noch einmal in besonderer Weise, denn in den Menschen will er Wohnung nehmen, bewusst eingelassen werden.

Drei Ebenen (Dimensionen) im Schöpfungsbegriff

Die drei für das christliche Gottesverständnis und damit für die Rede von Schöpfung und Schöpfer komplementären und unverzichtbaren Grundaspekte ermöglichen es, im theologischen Begriff der Schöpfung drei Ebenen (Dimensionen) zu unterscheiden.

1. Die transzendental-fundierende Ebene: Auf dieser Ebene ist Schöpfung zu verstehen als absolute und dauernde Seinsbegründung von Welt überhaupt. »Es geht hier nicht um eine Erschaffung nur ›am Anfang‹ (in initio: bloße Initialzündung in der fernen Vergangenheit), sondern um den Anfang im prinzipiellen Sinn der Begründung (in principio), um das nie zur Vergangenheit werdende unmittelbare Schöpferwirken Gottes, also um eine Aussage im Präsens. Es geht um das ständige Gründungsgeschehen und Begründungsverhältnis zwischen dem, was ist bzw. werden und sein kann, und seinem tragenden Grund (dem unbewältigbaren Geheimnis Gott), also um das Wunder des Seins und Werdens überhaupt.« (ebd., 214). Schöpfung ist in diesem Sinn nicht auf eine Erschaffung einer statisch fertigen Welt am Anfang zu verengen, vielmehr ist die bleibende Herkünftigkeit i. S. einer ständigen Gegründetheit der Welt und des Weltprozesses in seinem ermöglichenden Urgrund angesprochen. Gott ist als unbedingter Totalurheber der Welt in allem Geschaffenen auf transzendentale, und nicht auf gegenständliche Weise, präsent.

Gott als der absolute Ursprung und bleibend transzendentale Grund ist Urquell alles Seienden und Lebendigkeit, er schafft aus nichts. Das zur Veranschaulichung von Gottes schöpferischer Tätigkeit verwendete Modell menschlich-schöpferischer Tätigkeit, dem die Qualifikation aus nichts beigegeben wird, wobei aus hier jedoch nur grammatikalisch, nicht logisch funktioniert, da gerade kein vorgängiges Material angegeben wird, macht deutlich, dass Gottes Schaffen voraussetzungslos und deshalb auch durch nichts begrenzt ist. Damit wird ausgedrückt: Gott hat »durch seine absolut freie Alleinwirksamkeit die Welt überhaupt ihrem gesamten Sein nach begründet ...; die Welt ist in ihrer Totalität, also restlos, Schöpfung« (ebd. 216). Die Welt ist frei gesetzt und begründet aus Gottes überfließender Fülle, für ihn gibt es weder eine äußere noch innere Notwendigkeit, die zur Schöpfung führen müsste. Er gibt »Raum« für das von ihm Verschiedene und setzt es in seine Andersheit und Eigenwirklichkeit hinein frei. Das heißt konkret: Gott braucht die Welt nicht, um er selbst sein zu können, aber er will die Welt, »weil er Mitliebende will« (Duns Scotus). Darin lässt er sich »auf den risikoreichen Weg der Welt« ein, lässt sich von dem (zuweilen auch leidvollen) Verlauf des Weltprozesses betreffen (ebd. 217).

Der transzendental-begründende Schöpfungsvorgang (creatio), der auf der hier besprochenen Ebene des Schöpfungsbegriffs zur Sprache kommt, ist nicht Gegenstand sinnlicher Anschauung und empirischer Wissenschaft. Sinnliche Anschauung und Empirie haben die Welt zum Gegenstand, nicht aber ihre bleibende gründende Relation zu Gott. Von Schöpfung i. S. des ursprünglich-dauernden Begründungsverhältnisses, von der transzendentalen Bestimmung der Welt, worüber nur in verweisender Sprache gesprochen werden kann, können naturwissenschaftliche Theorien prinzipiell nichts wissen.

2. Die empirisch-kategoriale Ebene: Im Unterschied zur transzendentalen Ebene mit der absoluten Letztbegründung von Welt überhaupt geht es bei dieser Dimension im Schöpfungsbegriff um das fortwährende Schöpferwirken Gottes am Geschaffenen und durch es. Die Rede ist von der creatio continua: Innerhalb der von ihm begründeten und im Sein gehaltenen Welt wirkt Gott konti-

nuierlich, und zwar vermittelt durch die natürliche Eigendynamik der von ihm geschaffenen Kräfte. Sein Wirken ist dergestalt, dass er das eigenständige Wirken der Geschöpfe ermöglicht und sie in die autonome Eigenaktivität immer neu freisetzt. Diese göttliche (transzendentale) Ermöglichung des geschaffenen (kategorialen) Evolutionsprozesses hat Rahner mit dem Begriff der »aktiven Selbsttranszendenz« bezeichnet. In der Relation zu Gott sind die Geschöpfe etwas Gott gegenüber Eigenes und (kategorial) Eigenständiges.

Auf dieser Ebene können die Theorien der Evolution oder der Selbstorganisation in den Blick kommen. Naturwissenschaftlichen Evolutionstheorien geht es (formal) ebenfalls um relative (nicht absolute) Ursprünge, um relative Ursprünge komplexer materieller Seinsformen aus schon vorausgesetzten anderen, einfacheren Seinsformen. Insofern beziehen sich hier beide Disziplinen, von zwei verschiedenen Seiten her gesehen, auf dieselbe Sache. Hier also ist der Ort des Dialogs, hier ist das Verhältnis des Schöpfungsglaubens zu den Erkenntnissen der Naturwissenschaften zu bestimmen.

3. Die theologal-eschatologische Ebene: Schöpfung besagt nicht nur ein Ermöglichen und ein Entfalten dessen, was in der Werde-Welt schon angelegt ist. Schöpfung hat ein Ziel: Es geht um ihre Vollendung, darum, dass Menschen ihre prinzipielle Geöffnetheit auf Gott dialogisch realisieren, sich ihm öffnen, damit Gott in ihnen Raum finden und seine Güte auf der Welt herrschen kann. Hier haben wir es also mit der (den Evolutionsprozess prinzipiell überschreitenden) »innovativ-eschatologische[n] Ebene eines erlösten Menschseins schon mitten im kosmischen Prozeß und einer heilvollen Vollendung dort, wo dessen Möglichkeiten am Ende sind ...«, zu tun (vgl. ebd. 188). Gott will die Erlösung und das Heil der ganzen Schöpfung, er will mit seiner unbegrenzten Lebensfülle der Schöpfung einwohnen und sie an dieser Fülle teilnehmen lassen (vgl. Offb 21,1–5; 22,1–5; 1 Kor 15,28; Röm 8,19–23). »Auf diese Fülle universaler Güte als Sinn des Ganzen sind der gesamte kosmische Prozess und alle Geschöpfe hingeordnet.« (ebd. 231, mit Verweis auf Thomas von Aquin, STh I, 47,1 u. ö.)

4. Aspekte christlichen Wirklichkeitsverständnisses

Welche Konsequenzen für ein christliches Verständnis der Wirklichkeit hat die ihr zugrunde liegende und sie bestimmende *ultimate reality*? Welche Grundlinien lassen sich mit den eben skizzierten Differenzierungen im Schöpfungsbegriff zunächst benennen?

Die vorgestellte Schöpfungsperspektive überwindet sowohl dualistische und deistische als auch monistische und pantheistische Reduktionen: Gott und Welt werden nicht als bloßes Gegenüber und nicht als reine Identität, sondern in differenzierter Beziehung gesehen. Gott und Welt (All, Kosmos, Natur, Mensch) sind zu unterscheiden, was nicht heißt, sie zu trennen. Gott ist von der Welt verschieden, transzendental anders als sie, sie transzendental umfangend, deswegen ihr immanent (ohne etwas kategorial zu verdrängen) und zugleich ihr und allen Geschöpfen als ihr Du gegenüber, ohne ihnen äußerlich zu bleiben. So sind »Welttranszendenz, Weltimmanenz und die intrinsisch-freie Beziehung der Liebe ... drei zusammengehörige Seiten der Göttlichkeit Gottes, die entsprechend drei komplementäre Perspektiven auf den Kosmos zur Folge haben« (ebd., 205f.):

1. Der gesamte kosmische Prozess geschieht in Gott: Die gesamte Schöpfung ist von Gott begründet, stets von ihm umspannt. Es gibt letztlich kein Außerhalb Gottes (vgl. Apg 17,27f.). Zugleich gibt der göttliche Urgrund, der die eindeutige, unbedingte Güte ist, »allem Welthaften einen sehr *bestimmten* Rahmen«, einen unerschütterlichen Bezugspunkt, Sinnhorizont, das entscheidende Maß und Ziel (vgl. ebd. 206).

2. Gott gibt die Geschöpfe in ihre relative Eigenständigkeit hinein frei: Durch diese liebende Freigabe haben die Geschöpfe die ihnen eigene geschöpfliche Würde. Gerade der Mensch hat diese Würde aller Kreatur zu achten und zu respektieren. In der skizzierten Schöpfungsperspektive haben alle Geschöpfe nicht bloß Funktions- und Nutzwert, sondern eigenen Seinswert. Zugleich vermag das in Eigendynamik und Selbstzwecklichkeit hinein Freigesetzte Wege zu beschreiten, die sich gegen Gott richten, andere Mächte für sich gelten lassen.

3. Differenzierte Präsenz und Immanenz Gottes im Kosmos: Dieser für den christlichen Schöpfungsglauben unverzichtbaren Dimension zufolge ist Gott im Kosmos und in jedem Geschöpf präsent, er »erfüllt Himmel und Erde« (Jes 6,3; Jer 23,24; Num 14,21), sein Geist »erfüllt das All« und »durchwaltet es voll Güte« (Weish 1,7; 8,1; Ps 33,5), er durchdringt die Welt wie die Seele den Leib. Aufgrund der Immanenz Gottes in den Dingen sind sie nicht bloß diese Dinge (Tiere, Pflanzen, Steine, Elemente), sondern verweisen real-symbolisch auf ein Mehr, können auf Gott hin transparent und in unterschiedlicher Deutlichkeit zu Zeichen und Zeugen Gottes werden (vgl. ebd. 209). Gerade im Menschen kann Gott darüber hinaus noch auf eine andere Weise präsent werden, nämlich soweit sie ihn mit seiner Güte in sich einlassen. »Im Maße dies geschieht, würde die Welt zum Raum der Herrschaft (der Güte) Gottes, zum Reich Gottes.« (ebd. 210).

5. Evolution – Schöpfung

Mit der Rede von Schöpfer und Schöpfung wird eine Dimension der Wirklichkeit zur Sprache gebracht, die nicht Gegenstand naturwissenschaftlichen Bemühens und damit evolutionstheoretischer Deutung ist. Sie entzieht sich naturwissenschaftlichem Bemühen, kann aber deswegen nicht einfach wegerklärt werden.

1. Die evolutionstheoretische Deutung der Weltwirklichkeit ist eine Möglichkeit, die kausal-genetischen Zusammenhänge der Wirklichkeit erkennen zu lassen. Es geht hierbei um den dieser Deutung zugänglichen Teilaspekt der Wirklichkeit und nicht um die Wirklichkeit überhaupt. Innerhalb ihrer Grenzen befassen sich die Naturwissenschaften mit bestimmten Aspekten der ihren Methoden zugänglichen Phänomene des kosmischen Prozesses und verstehen dabei Evolution als ein integratives Konzept zur Wahrnehmung und Deutung von Transformationsprozessen. Auf der empirischen Ebene versucht das evolutionstheoretische Denken, die Abstammungs- und Funktionszusammenhänge zu erfassen und trifft Aussagen über die Entwicklung von Seinsformen aus bereits vorausgesetzten Seinsformen. Naturwissenschaftliches Bemühen

ist *ein* möglicher Zugang zur Wirklichkeit unter anderen. Es erfasst bestimmte Aspekte an der Wirklichkeit, indem es von dazu komplementären Aspekten abstrahiert, es betrachtet Wirklichkeit aus einer bestimmten Perspektive, wobei das jeweilige erkenntnisleitende Interesse die Wahl der methodischen Vorgehensweise bestimmt. Damit aber kommt Wirklichkeit keineswegs umfassend in den Blick. Die durch die evolutionstheoretische Fragestellung und Deutung der Wirklichkeit eröffnete Perspektive hat es mit dem für diese Fragestellung und Deutung relevanten kausal-genetischen Aspekt der Wirklichkeit zu tun und blendet notwendig andere Dimensionen der Wirklichkeit aus, die freilich nicht durch die Erweiterung von Evolution über ihren Geltungsbereich hinaus wieder eingeholt werden können, weil solche Erweiterung nicht mehr dem begrenzten Bereich der Fachdisziplin entstammt bzw. diese dann unberechtigt totalisiert ist. Für das Reden von Evolution heißt das, dass Evolution im Theoriekontext der Naturwissenschaft seinen Platz und seine explanative Adäquanz hat, nicht aber die Grundverfasstheit der Wirklichkeit als ganzer ansprechen kann.

2. Der theologischen Deutung von Wirklichkeit geht es gerade um diese Grundverfasstheit, um die fundamentale Bestimmung des Ganzen durch dessen Grund. Theologisches Denken versteht Welt und Mensch als Schöpfung. Die Perspektive, die damit eröffnet ist, sieht alle Wirklichkeit in ihrer Beziehung zu Gott. Für diese Deutung relevant ist nicht ein bestimmter Teil der Wirklichkeit, sondern die gesamte Wirklichkeit – aber: in ihrer Hinordnung vor Gott, also theologisch, betrachtet. Schöpfungstheologisch gedeutete Wirklichkeit ist Antwort nicht auf die Suche naturwissenschaftlich relevanter Verursachungs- und Funktionsverhältnisse innerhalb der Wirklichkeit, sondern auf die Frage nach dem letzten Sinn und dem letzten Beständigen und Halt-Gebenden, nach dem bleibenden Grund und der letzt-umfassenden Realität von allem, was ist. Das schöpfungstheologische Denken bezieht sich unter anderem auch auf den der naturwissenschaftlichen Vernunft zugänglichen Aspekt der Wirklichkeit, jedoch vor Gott betrachtet, und spricht von einem kontinuierlichen Schaffen Gottes am bereits Geschaffenen. Aber schöpfungstheologisches

Denken geht weiter und tiefer: Es stellt auch die philosophisch-metaphysische Frage nach dem »Warum« des Gesamten, nach dem alles umfassenden und selber unumfassbaren Urgrund aller Wirklichkeit und erreicht hierbei die transzendentale Ebene, auf der es um die Bedingung der Möglichkeit für alles Gegebene und damit auch für Prozess und Evolution und für unser Erkennen geht. Diese Dimension der Wirklichkeit, nämlich das einzigartige Begründungsverhältnis zwischen allem, was ist, und dessen seinsermöglichendem Grund, kann evolutionstheoretisches Denken nicht erreichen. Erst recht nicht davon wissen, dass – worauf christlicher Schöpfungsglaube aufgrund der Erfahrung mit Jesus von Nazareth setzt – Gott selbst mit seiner unbegrenzten, allen unbedingt geltenden Güte und Liebe seiner Schöpfung entgegenkommen, selbst mit seiner unbegrenzten Lebensfülle in ihr einwohnen und sie durch das Teilnehmen-Lassen an seinem Lebensreichtum heil machen will.

Es ist deutlich zu sehen: Im Unterschied zum Weltzugang der Naturwissenschaft, die den Funktionszusammenhang endlich-kategorialer Ursachen untersucht (und in der Kosmologie beispielsweise bis zu notwendigen physikalischen Ursprungsbedingungen des Kosmos zurückfragt), und im Unterschied zum philosophisch-metaphysischen Weltzugang, der letztlich die Kontingenz der Welt bedenkt und rational-logisch nach deren zureichendem Grund fragt, ist der Weltzugang des Schöpfungsglaubens eine umfassend-transzendentale Perspektive auf die Welt und auf alles in ihr im Horizont einer ganzheitlich-personalen Beziehung zu Gott. Die Schöpfungsperspektive integriert beide Perspektiven des naturwissenschaftlichen und philosophischen Weltzugangs und übersteigt sie, indem sie, orientiert am umfassenden Sinnzusammenhang, der in der biblischen Offenbarungsgeschichte aufleuchtet, das Grundverhältnis von Gott und Welt und damit das ganze christliche Wirklichkeitsverständnis reflektiert.

Schöpfung, der Gott einwohnen will, besagt heilsame Lebensgemeinschaft von Natur und Mensch mit Gott, eine Dimension, die ebenfalls nicht durch den Begriff der Evolution mitgedacht werden kann. Menschen agieren nicht nur als Teile der Werde-Welt, sind nicht nur Elemente des Weltprozesses, sondern können sich auf alle Wirklichkeit und auf den Grund aller Wirklichkeit hin öffnen, können Gott Raum geben und so vielmehr zu Medien des Heilswillens Gottes werden. Gott selbst aber – davon ist christlicher Schöpfungsglaube überzeugt – kann letztlich auch dort Neues wirken, wo Natur und Menschen am Ende sind: Im Tod endgültig Neues schaffen, das kann der Naturzusammenhang nicht. So ist mit »Evolution« keineswegs alle Wirklichkeit erklärt. Naturwissenschaftliches Bemühen kann die Rede von Schöpfer und Schöpfung nicht verdrängen oder ersetzen. Was dadurch verdrängt werden kann, ist kein Schöpfergott, sondern sind allenfalls verabsolutierte endliche Größen, verkürzte und verstellte Gottesbilder oder ungenügende Hypothesen.

3. Schöpfungstheologisches Denken geht davon aus und nimmt ernst, dass die Wirklichkeit mehrdimensional ist und einen Pluralismus der Perspektiven und eine Komplementarität der Auslegungsweisen erfordert (vgl. ebd., 192), soll der Versuch des Menschen gelingen, sich selbst in seiner (Lebens-)Welt zu verstehen. Der Mensch, der in seinem bloßen Vorhandensein und im Vollzug der Bedingungen seiner (biologischen) Erhaltung nicht einfach aufgeht, sondern vielmehr fragend und sinn-suchend über sich und seinen Tod hinaus verlangt und ausgreift auf das Ganze der Wirklichkeit, ja prinzipiell für es geöffnet ist, fragt nach dem Sinn und dem Grund der Wirklichkeit, nach dem Sinnhorizont und dem Sinnzusammenhang, zu dem auch das Destruktive und Tödliche gehört. Der Mensch fragt über die Angaben der Gesetzmäßigkeiten, die die Naturwissenschaften auf den verschiedenen (physikalischen, chemischen, biologischen) Ebenen anbieten, hinaus nach dem dem Ganzen der Wirklichkeit zugrunde liegenden Urgrund und Ziel, weil er sich gerade *nicht* als einer erfährt und versteht, der nur nach dem Reiz-Reaktions-Schema handelt oder auf seine genetischen Prädispositionen und naturalen Anlagen festgelegt ist, sondern sich noch einmal dazu verhalten kann, worin ein unhintergehbares Moment menschlicher Freiheit liegt. Der Mensch übersteigt damit das bloß Natürliche, unmittelbar Gegebene, Evolvierende und sucht sich im Zusammenhang eines größeren Ganzen der Wirklichkeit zu verstehen.

4. Schöpfungstheologisches Denken thematisiert die von Gott in ihre endliche Eigenständigkeit hinein freigesetzte Welt und ihre bleibende Gegründetheit in Gott, und es bringt die prinzipielle Geöffnetheit des Menschen auf dessen eigene letzte Bestimmung zur Sprache. Es sieht seine eigene Begrenztheit: Etwas Gott gegenüber Eigenes und Eigenständiges kann auch theologisch nicht umfassend beschrieben werden, es kann nicht nur aus der Perspektive aller Dinge vor Gott betrachtet werden, vielmehr sind auch andere Wissenschaften notwendig. Schöpfungstheologisches Denken sieht aber auch die Begrenztheit anderer, etwa naturwissenschaftlicher Zugänge zur Wirklichkeit. »Wenn man religiös-theologisch ernsthaft von Gott, seinem Wirken und somit von einer (letztlich und transzendental) von Gott bestimmten Wirklichkeit ausgeht, dann können – religiös-theologisch gesehen – alle physikalischen, biologischen, psychologischen, historischen und eben auch (perspektivisch-endlichen!) theologischen Aussagen über unsere Welt und uns selbst insgesamt nur als Momente innerhalb dieser umfassenderen Realität (nämlich innerhalb der von Gott bestimmten Wirklichkeit) wahrgenommen werden.« (ebd. 193). Naturwissenschaften und (Schöpfungs-)Theologie sind verschiedene Zugänge zur vieldimensionalen Wirklichkeit, ihre Deutungen verhalten sich komplementär zueinander und sind aufeinander angewiesen, stellen Deutungen derselben Wirklichkeit auf verschiedenen Erkenntnis- und Begründungsebenen dar (vgl. Primas (1992) 5–15).

5. Eine Deutung der Wirklichkeit, die ihren Ausgang, ihr Maß und ihr Ziel an der alles begründenden und eschatologisch bestimmenden Wirklichkeit Gott hat, sprengt die empirischen Gegenstände und die Wissensdimensionen der Naturwissenschaften auf in deren eigene Radikalität und Tiefe hinein und vermag von dieser alles begründenden und eschatologisch bestimmenden Wirklichkeit her alle Welt nochmals neu zu sehen (vgl. Kessler (1997) 386 u. 402). Schöpfungstheologisches Denken stellt sich damit gegen ein reduktionistisches Verständnis von Welt und Mensch, dagegen, dass Welt und Mensch auf die Dimensionen des Berechenbaren, Funktionalen, Instrumentell-Zweckrationalen und Technischen schrumpfen und in ihnen vollends aufgehen. Es lässt vergessene und ausgeblendete Dimensionen zur Sprache kommen.

Darin, dass in einer solchen Sichtweise die Welt als eine in ihre Eigendynamik hinein freigesetzte Werde-Welt, die nicht ohne Gott gedacht werden kann, und der Mensch als ein auf die letzte Realität hin offenes und verwiesenes Wesen zur Sprache gebracht werden kann, liegt das Mehr des Denkens und Redens von Schöpfer und Schöpfung gegenüber naturwissenschaftlich-evolutionstheoretischem Denken. Welt und Mensch, als Schöpfung verstanden, sind um wichtige Dimensionen reicher als der den Naturwissenschaften zugängliche Teilbereich der Wirklichkeit. Schöpfungstheologisches Denken vermag eine vieldimensionale und beziehungsreiche Wirklichkeit zu bedenken, die einem vertieften Verständnis von Welt und Mensch gerecht wird und von dem aus ein weitergehender Dialog der Fachdisziplinen untereinander und ein erneuerter verantwortlicher Umgang des Menschen mit seiner Mit-Welt und sich selbst möglich wird (vgl. Kessler (1990) 52).

Literatur

Ackva, Joachim (1994):
   An den dreieinen Gott glauben. Ein Beitrag zur Rekonstruktion des trinitarischen Gottesverständnisses und zur Bestimmung seiner Relevanz im westeuropäischen Kontext (FThSt 47), Frankfurt a. M.: Knecht 1994.
Bereiter-Hahn, Jürgen (1996):
   Biologische Vorbedingungen für die Ermöglichung freier Willensentscheidungen, in: Fuchs, Gotthard / Kessler, Hans (Hrsg.), Gott der Kosmos und die Freiheit. Biologie, Philosophie und Theologie im Gespräch, Würzburg: Echter 1996, 31–56.
Eisenhardt, Peter u. a. (1995):
   Wie Neues entsteht. Die Wissenschaft des Komplexen und Fraktalen, Hamburg: Rowohlt 1995.
Kanitscheider, Bernulf (1996):
   Im Innern der Natur. Philosophie und moderne Physik, Darmstadt: Wissenschaftliche Buchgesellschaft 1996.

Kessler, Hans (1985a):
Der Begriff des Handelns Gottes. Überlegungen zu einer unverzichtbaren theologischen Kategorie, in: Brachel, Hans-Ulrich von / Mette, Norbert (Hrsg.), Kommunikation und Solidarität. Beiträge zur Diskussion des handlungstheoretischen Ansatzes von Helmut Peukert in Theologie und Sozialwissenschaften, Freiburg (Schweiz) / Münster: Edition Exodus 1985, 117–130.

Kessler, Hans (1985b):
Sucht den Lebenden nicht bei den Toten. Die Auferstehung Jesu Christi in biblischer, fundamentaltheologischer und systematischer Sicht. Düsseldorf: Patmos 1985.

Kessler, Hans (1990):
Das Stöhnen der Natur. Plädoyer für eine Schöpfungsspiritualität und Schöpfungsethik, Düsseldorf: Patmos 1990.

Kessler, Hans (1996):
Gott, der kosmische Prozeß und die Freiheit, in: Fuchs, Gotthard / Kessler, Hans (Hrsg.), Gott der Kosmos und die Freiheit. Biologie, Philosophie und Theologie im Gespräch, Würzburg: Echter 1996, 189–232.

Kessler, Hans (1997):
Was ist Theologie? Was heißt Theologie treiben? Zehn Thesen für den Grundkurs Theologie, in: Hainz, Josef / Jüngling, Hans-Winfried / Sebott, Reinhold (Hrsg.), »Den Armen eine frohe Botschaft«. FS für Bischof Franz Kamphaus, Frankfurt am Main: Knecht 1997, 383–406.

Luther, Martin (1529):
Der große Katechismus. Erster Teil: Das Erste Gebot (Anfang) (Werke. Kritische Gesamtausgabe, Bd. 30/1), Halle: Hendel 1910.

Primas, Hans (1992):
Umdenken in der Naturwissenschaft, in: GAIA 1992, 5–15.

Rahner, Karl (1970):
Schriften zur Theologie. Bd. IX, Einsiedeln: Benziger 1970.

Rahner, Karl (1984):
Grundkurs des Glaubens. Einführung in den Begriff des Christentums, Freiburg: Herder [4]1984.

Schneider, Theodor (1991):
Was wir glauben. Eine Auslegung des Apostolischen Glaubensbekenntnisses, Düsseldorf: Patmos [4]1991 (Originalausgabe 1985).

Seckler, Max (1998):

> *Was heißt eigentlich »Schöpfung«? Zugleich ein Beitrag zum Dialog zwischen Theologie und Naturwissenschaft*, in: Dorschner, Johann (Hrsg.): Der Kosmos als Schöpfung. Zum Stand des Gesprächs zwischen Naturwissenschaft und Theologie, Regensburg: Pustet 1998, 174–213.

Online unter:
http://www.bibfor.de/archiv/00-1.blindenhoefer.htm

Franz
Böhmisch

Ein Liebesgedicht eines jüdischen Weisheitslehrers auf seine Jugendliebe (Sir 51,13–30)

Hermann Hesse nimmt in seinen Romanen mit dem immer wie-
derkehrenden Thema der Weisheitssuche[1] eine Strömung vorweg,
die gegenwärtig in neureligiösen Aufbrüchen wieder spürbar geworden ist: Die Suche nach lebenspraktischer Religiosität, sei es
im Rückgriff auf Weisheit aus anderen Kulturen, sei es in esoteri-
schen Weisheitslehren. Die Weisheitsliteratur der Bibel kam auch
Hermann Hesse erst wieder in seinen späten Jahren in den Blick.
Die biblische Weisheitstheologie, über die gegenwärtig in der Bibelwissenschaft so viel gehandelt wird und deren Bedeutung neu
erkannt wurde, ist im kulturellen Bewusstsein Europas wenig
verankert. Vielleicht verhilft das Liebesgedicht (Sir 51,13–30) am
Ende des umfangreichen biblischen Weisheitsbuches Jesus Sirach,
durch den verliebten Blick eines jüdischen Weisheitslehrers zurück
auf den jugendlichen Zauber seiner geliebten Weisheit der Attrak-
tivität der biblischen Weisheitstheologie wieder auf die Spur zu
kommen.

Das Liebesgedicht in Sir 51,13–30

Es handelt sich um ein alphabetisches Akrostichon mit 23 Text-
zeilen aus je zwei Stichen (א – ת + פ) wie Ps 25 und Ps 34 (und
nicht nur 22 Zeilen, wie es Segal rekonstruierte)[2]. Nach Skehan[3]

---

1 Vgl. Gellner (1994).
2 Segal (1972) שם ד״שם ג׳.
3 Vgl. Skehan (1971) 399 Anm. 17, und seine kurzen Bemerkungen in CBQ

steckt hinter diesem Gliederungsprinzip eine didaktische Absicht: Das א eröffnet am Anfang, das ל bildet die Mitte des Gedichts, nach dem ת eröffnet das פ den Schlussvers. Über der alphabetischen Struktur ergibt sich somit eine weitere, indem das durch diese Anfangsbuchstaben gebildete Verbum אלף in der Bedeutung »lernen, lehren« den Zweck der ganzen Übung angibt – für die Lehre verfasst zu sein. Diese alphabetische Struktur ist eine große Hilfe zur Rekonstruktion des Textes.

Eine Textform des Gedichts war bereits aus dem Sirach-Manuskript B in der Geniza von Kairo seit Ende des 19. Jahrhunderts bekannt. Der hebräische Text in diesem Geniza-Manuskript aus dem elften Jahrhundert ist zwar distichisch geschrieben, hat jedoch die alphabetische Struktur vor allem in der ersten Hälfte stark verunstaltet. An einigen Stellen sind Lesarten des Hebräischen nur über die Rückübersetzung von Fehllesungen im Syrischen erklärbar, so dass man von einer Korrektur des hebräischen Manuskript B nach der Peschitta ausgehen muss.[4] Ein Fragment einer Abschrift dieses Gedichts fand sich auch in einer Sammelhandschrift (PAM 43.788)[5] von biblischen und außerbiblischen Psalmen in Qumran (11Q Ps[a]). Bei der Analyse der verschiedenen erhaltenen Textformen dieses Weisheitsgedichtes stellte sich überraschenderweise heraus, dass es in den einzelnen Überlieferungen stark umgestaltet wurde – und gerade die Geschichte der Umgestaltung macht diesen Text noch interessanter. Als älteste Textform erwiesen sich die in Hebräisch erhaltenen Zeilen aus Qumran. Dieser Text wurde von seinem Erstherausgeber Sanders als erotisches Gedicht verstanden, das unabhängig vom Sirachbuch umgelaufen sein soll und in dieses eingebaut und dabei uminterpretiert worden sei. Diese Hypothese und ihre Bestreitung (am vehementesten von Isaac Rabinowitz, aber bereits grundlegend von Patrick W. Skehan) bestimmen seither die wissenschaftliche

23 (1961) 127 und CBQ 13 (1951) 160 Anm. 13.
4   Vgl. Skehan (1971), Delcor (1968), und Skehan/Di Lella (1987) 572–580.
5   Vgl. Skehan (1971) 387 Anm. 1 und Abb. 389.

Diskussion.[6] Daher zunächst zum hebräischen Textfragment von Sir 51,13–30 aus Qumran:

ובקשתיה	אני נער בטרם תעותי	א
ועד סופה אדורשנה	באה לי בתרה	ב
ישמחו לב	גם גרע נץ בבשול ענבים	ג
כי מנעורי ידעתיה	דרכה רגלי במישור	ד
וחרבה מצאתי לקח	הטיתי כמעט אוזני	ה
למלמדי אתן הודו	ועלה היתה לי	ו
קנאתי בטוב ולוא אשוב	זמותי ואשחקה	ז
ופני לוא השיבותי	חריתי נפשי בה	ח
וברומיה לוא אשלה	טרתי נפשי בה	ט
[ו] מערטיה אתבונן	[...] ידי פרש[תי	י
[...]	[...] כפי הברותי אל	כ
[...]	[...]	
[...] שכרכם בעתו	[...]	פ

א	Aleph	Ich war ein Jugendlicher vor meinem Umherschweifen	und suchte nach ihr.
ב	Beth	Sie kam zu mir in ihrer Gestalt	und bis zum Ende erforsche ich sie.
ג	Gimel	Auch die Blüte schwindet beim Reifen der Trauben	sie (beide) erfreuen das Herz.
ד	Dalet	Es ging mein Fuß in Geradheit	denn von meiner Jugend an habe ich sie erkannt.
ה	He	Ich neigte nur wenig mein Ohr	und in Fülle fand ich Lehre.
ו	Waw	Und eine Amme wurde sie mir	meinem Lehrer gebe ich seinen Dank.
ז	Zajin	Ich sann und trachtete nach ihr,	eiferte nach dem Guten und wende mich nicht ab.
ח	Chet	Ich entzündete mein Begehren nach ihr	und mein Gesicht wende ich nicht ab von ihr.
ט	Tet	Ich setzte meine Seele auf sie	und auf ihren Höhen wanke ich nicht.
י	Jod	Meine Hand breitete …	und ihre Geheimnisse werde ich schauen.
כ	Kaph	Meine Hand reinigte ich in … …	… …

6 Vgl. Sanders (1965) 42.79–85; Sanders (1967) 74–75.112–117; Rabinowitz (1971); Küchler (1986) 212: »Sie kam zu mir in ihrer Schönheit« (11Q Ps-a Sir 2a) – Frau Weisheit als Personifikation des Heilig-Vergnüglichen (Ein Gegentext), 210–215.

פ Pe (23. Zeile) ... euren Lohn zu seiner Zeit.

Bemerkungen zu Text und Übersetzung:

א Da ו und י in dieser Qumranhandschrift identisch geschrieben sind, kann jeweils auch der andere Buchstabe gelesen werden. Da בטרם in der hebräischen Bibel mit Präformativkonjugation (Imperfekt) konstruiert wird, liest man hier zumeist den Infinitiv תעותי statt der Perfektform תעיתי. »Jugendlicher« ist jetzt im Deutschen Standardvokabular, »Jüngling« kaum noch gebräuchlich.

ב Mit »Umherschweifen« lasse ich die positive Deutung als »Reisen« und die negative Deutung der jugendlichen »Irrungen« offen – sowohl das Hebräische wie das Griechische lassen beides zu. אדורשנה ist nach Skehan eine Bildung unter Verschiebung des Stammvokals aufgrund des ר im Vergleich mit der »regulären« masoretischen Bildung אֶדְרְשֶׁנּוּ (vgl. Gen 9,5).

ג Zur Deutung der Metaphorik von Blüte und Trauben vgl. den Sprachgebrauch in Gen 40,10 und Jes 18,5 sowie die nur leicht verschiedene Metaphorik von Laub und grünendem Stamm in Sir 14,18. Ich lese hier (mit J. Maier und I. Rabinowitz) eine pendens-Konstruktion: das ישמחו bezieht sich auf beide vorher genannten Größen Blüte und Trauben, die allegorisch für Jugend und Alter stehen.

י Nach der Lesart des Manuskripts durch A. A. DiLella, die durch die griechische Übersetzung gestützt wird. Sanders las פתח[תי] und Skehan blieb bei פתח[ה], was eine stärkere erotische Aussage ergibt: »Meine Hand öffnete ihre Tore«.

Die Übersetzungsmöglichkeiten des hebräischen Textes sind vielfältig, auch die Übersetzungen der Fachleute (englisch: Sanders, Skehan, Rabinowitz, Deutsch u. a.; deutsch: Hamp, Marböck, Rickenbacher, Küchler, Sauer, Maier) unterscheiden sich grundlegend. Für ausführlichere philologische Analysen ist hier nicht der Ort, doch sollen zwei Beispiele die Problematik aufzeigen.

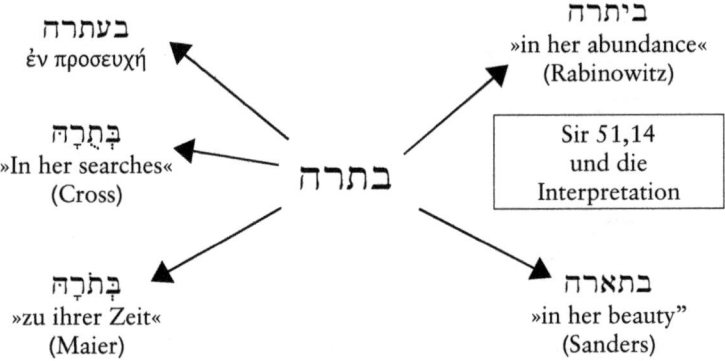

Das *erste Beispiel* betrifft den Ausdruck בתרה in Sir 51,14. Der unzweifelhaft originale Konsonantenbestand wurde auf verschiedene Arten verstanden: der griechische Übersetzer leitete es wohl von der Wurzel עתר »beten« ab und übersetzte daher »im Gebet« ἐν προσευχή.

Die meisten modernen Autoren legen mit dem Erstherausgeber J. A. Sanders (»in her beauty«) eine in 11 Q Psᵃ und bei Ben Sira auch in der Masada-Handschrift (Sir Mas 43,9.18) belegte Defektivschreibung von תאר zugrunde und übersetzen im Sinn von »in ihrer (schönen) Gestalt«.

Rabinowitz übersetzt es mit »with (*or:* in) her abundance« als Nomen von der Wurzel יתר. Und ein Fußnotendasein fristet die Lesung »in her searches« von Frank M. Cross nach dem Sprachgebrauch von Koh 1,13; 7,25.[7]

---

7 Belege der Lesarten: Maier (1995) 336–337; Rabinowitz (1971) 176; F. M. Cross und Sanders bei Sanders (1965) 81.

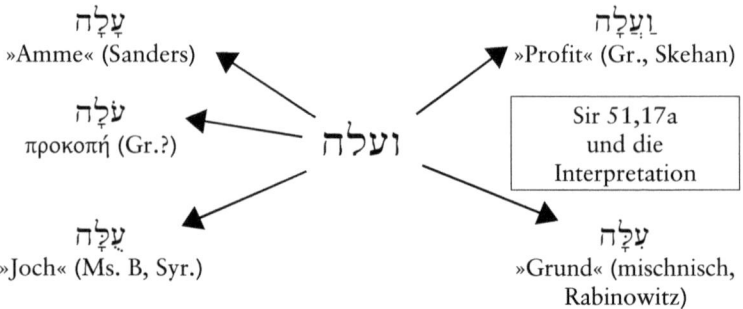

Das *zweite Beispiel* betrifft das Verständnis von ועלה in Sir 51,17a. Die meisten Interpreten übersetzen diesen Ausdruck mit »Amme« (bzw. Säugerin, weil dieser Ausdruck in der hebräischen Bibel nur für Tiere gebräuchlich ist), Skehan deutet es als »profit«. In der syrischen Übersetzung und im Text des hebräischen Sirachmanuskript B aus der Kairoer Geniza findet sich die Interpretation als »das Joch«, unter das sich der Weisheitslehrer gerne stellt (kommt später ohnehin noch in Sir 51,26 im Rückgriff auf Sir 6 und wurde in diesen beiden Texten nach vorne gezogen). I. Rabinowitz schlägt als weitere Möglichkeit vor, hier ein Nomen aus dem späteren mischnischen Hebräisch עִלָּה in der Bedeutung »reason, cause« zu lesen. Seine Hypothese, dass der griechische Übersetzer עֹלָה vokalisierte und es als »ascent, progress (*or:* success) in wisdom« deutete und mit προκοπή übersetzte, erscheint mir plausibel (Muraoka führt diese Übersetzung auf die Lesung als עֲלִיָּה zurück).[8] So erklären sich die verschiedenen Übersetzungen und zahlreiche weitere Text- und Übersetzungsprobleme, die wohl auf die schon von Th. Nöldeke beobachtete radikale Defektivschreibung des ursprünglichen hebräischen Sirachtextes zurückgehen,[9] als unterschiedliche Lesungen des ursprünglichen hebräischen Textes. Die unterschiedlichen Deutungen wirken sich in der Folge selbstverständlich auch auf den Kontext aus.

---

8 Belege der Lesarten: Rabinowitz (1971) 177–178; Sanders (1965) 82; Skehan (1971) 393; Muraoka (1979) 170–171.
9 Vgl. Nöldeke (1900) 82.

Der rekonstruierte Text von Sir 51,13–30 nach Skehan mit den Verbesserungen von Di Lella liest sich in deutscher Übersetzung etwa so:

א	Aleph	13	Ich war ein Jugendlicher vor meinem Umherschweifen	und suchte (schon) nach ihr.
ב	Beth	14	Sie kam zu mir in ihrer (schönen) Gestalt	und bis zum Ende erforsche ich sie.
ג	Gimel	15	Auch die Blüte schwindet beim Reifen der Trauben	sie (beide) erfreuen das Herz.
ד	Dalet		Es ging mein Fuß in Geradheit	denn von meiner Jugend an habe ich sie erkannt.
ה	He	16	Ich neigte nur wenig mein Ohr	und in Fülle fand ich Lehre.
ו	Waw	17	Und eine Amme wurde sie mir	meinem Lehrer gebe ich seinen Dank.
ז	Zajin	18	Ich sann und trachtete nach ihr,	eiferte nach dem Guten und wende mich nicht ab.
ח	Chet	19	Ich entzündete mein Begehren nach ihr	und mein Gesicht wende ich nicht ab von ihr.
ט	Tet		Ich setzte meine Seele auf sie	und auf ihren Höhen wanke ich nicht.
י	Jod		Meine Hand streckte ich aus in die Höhe	und ihre Geheimnisse schaue ich.
כ	Kaph	20	Meine Handflächen reinigte ich für sie	in Reinheit nahte ich mich ihr.
ל	Lamed		Einsicht erwarb ich durch sie von Anfang an	deswegen ich sie niemals vergessen werde.
מ	Mem	21	Mein Innerstes war erregt, sie zu suchen,	deswegen ich sie als meinen guten Besitz erwarb.
נ	Nun	22	Es gab der Herr mir als Preis meine Zunge	und mit meinen Lippen will ich ihn preisen.
ס	Samek	23	Kehrt ein bei mir, ihr Ungelehrten,	und verweilt in meinem Lehrhaus!
ע	'Ajin	24	Bis wann wollt ihr entbehren ihre Nahrung	und eure Kehle so sehr dürsten lassen!?
פ	Pe	25	Ich öffnete meinen Mund und sprach über sie.	Kauft euch ein ohne Geld!

צ	Zade	26	Eure Nacken beugt unter das Joch	und es trage euer Selbst ihre Last!
ק	Qoph		Nahe ist sie denen, die sie suchen,	und wer sein Selbst gibt, findet sie.
ר	Resch	27	Seht mit euren Augen, wie wenig ich mich mühte,	und wie viel ich gefunden habe!
שׁ	Schin	28	Hört die Weisung nur ein wenig	und Silber und Gold könnt ihr durch sie erwerben!
ת	Tau	29	Es freue sich Euer Selbst an seiner Huld	und schämt euch nicht in seinem Lobpreis!
פ	Pe	30	Tut eure Taten zu seiner Zeit	und er wird euren Lohn geben zu seiner Zeit.

Im ganzen Gedicht in dieser ursprünglichen Fassung taucht der Name der sie nicht auf, die der Weisheitslehrer in seiner Jugend gesucht und gefunden hat. Es handelt sich um eine Allegorie, die der Leser (und auch die Leserin, die jedoch bei Sirach weniger im Blick ist) entschlüsseln muss bzw. zu deren Entschlüsselung wir genötigt werden, wenn der Text zwischen der Bildebene einer Liebesbeziehung und der allegorischen Ebene hin- und herwechselt. Es wäre daher verfehlt, mit T. Muraoka eine ursprüngliche Überschrift, die das Wort חכמה enthielt, zu vermuten.[10] Spätestens in der Zeile mit dem Anfangsbuchstaben He (ה) stellt sich die Frage, wer diese sie nun wirklich ist. Nach den Eingangsversen würde man kaum erwarten, bei ihr ausgerechnet Lehre in Fülle zu finden. Nun stellt sich (durch diese Isotopiebrüche) eine allegorische Verunsicherung im Textverständnis ein, die noch verstärkt wird, wenn der Text mit der ה-Zeile wieder in die Liebessprache wechselt und auch erotische Ausdrücke in die Beziehung des Jugendlichen und seiner sie einbringt, um dann später wieder in den Aufruf zu münden, sich im Lehrhaus zu bilden.

Celia Deutsch hat gezeigt, dass dieses autobiographische Abschlussgedicht, das den Weisen selbst nochmals in den Mittelpunkt stellt, inhaltlich aus zwei Teilen besteht: einem Bekenntnisteil in Sir 51,13–22 und einem appellativen Teil in Sir 51,23–30

---

10 Vgl. Muraoka (1979) 175.

(Confession and Exhortation).[11] Der Weisheitslehrer beschreibt die Weisheitssuche als einen lebenslangen Prozess und identifiziert sich mit denen, die er in sein Lehrhaus einlädt, indem er auf seine eigene Jugend zurückblickt.

Für die weitere Analyse wird der gut begründete Rekonstruktionsversuch des hebräischen Textes von Sir 51,13–30 durch Patrick W. Skehan vorausgesetzt, der in der ersten Hälfte zumeist den Text des Qumranfragments aufnimmt und im zweiten Teil das Manuskript B nach dem Syrischen und Griechischen korrigiert.[12]

Bezüge zurück ins Sirachbuch

Wer das Sirachbuch bis zu diesem letzten Kapitel gelesen hat, dem erschließen sich in diesem Abschlussgedicht über eine Verkettung von Schlüsselwörtern Bezüge zurück ins Buch, besonders deutlich zu den Abschnitten Sir 6,18–37 und 14,20–15,10.[13] Sir 6,18–37 besitzt sogar eine parallele Struktur. Den 22 Versen von Sir 6,18–37 entsprechen die 22 + 1 Zeilen des Abschlussgedichts. Das Gedicht hat nach Skehan neben der Zweigliederung in Rückblick und Aufforderung eine Dreigliederung (Sir 51,13–17.18–22. 23–30): V. 17, V. 22 und VV. 29–30 setzen in einem Suffix der 3. p. sg. m. einen Bezug auf Gott. Diese dreigeteilte Struktur geht parallel mit der Struktur von Sir 6, das durch drei Anreden בני ebenfalls in drei Teile gegliedert ist. Die Schlüsselbegriffe von Sir 6 werden in Sir 51 wieder aufgenommen (unter Zuhilfenahme der rekonstruierten Fassungen von Sir 6 und Sir 51 von Skehan):

נעורים	Jugend	6,18	51,13
מוסר	Weisung, Lehre	6,19	51,23
קרב	sich nähern	6,19	51,26
Wurzel עבד	Dienst	6,19	–

11 Deutsch (1983).
12 Skehan (1971).
13 Skehan (1971), so auch schon Ryssel (1900–02).

מעט	Wenig	6,19	51,16
הרבה / רוב	Viel sein / Fülle	6,19	51,16
צואר	Nacken	6,24 (rekonstr.)	51,26
לקח	Lehre	6,23 (rekonstr.)	51,16
מוסרה	Fessel	6,25	–
מנוחה	Ruhe	6,28	In Sir 51,28 im Griechischen als Interpretation eingetragen
עֻלָּה	Joch	6,31	51,26
עטרה	Krone	6,31	–
און	Ohr	6,33	51,16
זקן	Greis	6,34	–
בקש	suchen	6,27	51,13
דרש	suchen	6,27	51,14
קרב	sich nähern	6,19	51,26
רגל	Fuß	6,36	51,16

In Sir 6,18–37 war der angesprochene Weisheitsschüler aufgefordert worden, sich von der Weisheit umgarnen und fesseln zu lassen, sie zu suchen und sich sogar unter ihr Joch zu beugen – bei ihr würde er Ruhe finden, die Umgarnung zum prachtvollen Gewand werden und das Joch zu einer Krone. Was im Eingangsbereich des Buches Jesus Sirach als Aufforderung an den Schüler erging – das schildert der Weisheitslehrer nun am Ende des Buches als seine eigene Jugenderfahrung. Indem der Buchautor sich in diesem autobiographischen Gedicht in die gleiche Situation zurückversetzt, in der sich die Schüler gerade befinden, erhalten seine Ausführungen für diese im Nachhinein eine neue Plausibilität, weil sie durch eigene Erfahrung gedeckt sind.

Metaphern für die Weisheit, die sich auch an anderen Stellen im Sirachbuch finden, werden wieder lebendig: Die Weisheit ist wie eine Mutter in Kinderjahren und wie eine Gattin in Jugendjahren (Sir 15,2). Wenn der Schüler sich von מוסר »Zucht, Mahnung, Weisung« fesseln lässt, bei Sirach in erweiterter Bedeutung fast als Synonym zu חכמה »Weisheit« gebraucht, dann werden מוֹסְרֹתֶיהָ »ihre Fesseln« zu einem Prachtgewand und das Joch עלה der Weisheit zum Goldschmuck (Sir 6,23–31). In Sir 51,16 (dem צ-Vers) wird dieser Abschnitt mit dem Aufruf einge-spielt: »Beuge deinen Nacken unter ihr Joch«. Wer nach der allzu bekannten nicht genannten Sie sucht, dem naht sie sich und von dem läßt sie sich finden (Sir 6,26–27; Sir 51, 26). Leider ist vom hebräischen Text von Sir 6,18 nur der Schluss erhalten, doch kann man aus dem Griechischen das Motto rekonstruieren, das sowohl hinter Sir 6 wie Sir 51 steht:

ועד שיגה] תשיג חכמה   [בני מנעוריך קח מוסר

Mein Sohn, von deiner Jugend auf   und bis ins Alter wirst du Weisheit
nimm Weisung an   erreichen.

Die Forderung an den jungen Mann, sich auf Weisheit hinzu-orientieren und sie auch im Kreis der Alten zu suchen (vgl. auch Sir 6,34), wird am Ende des Buches nochmals aufgenommen, in-dem Sirach das Verhältnis von Jugend und Alter aus der Sicht des alten Weisen thematisiert, der auf seine Weisheitssuche in der Jugend zurückblickt.

Die dem abschließenden Weisheitsgedicht zugrunde liegende Allegorie ist also bestens vorbereitet – der Schlüssel zur Deutung ist im Buchganzen enthalten und wird dem Leser und Hörer nicht entgehen.

Mit dem Lösungswort »Weisheit« und den genannten Bezie-hungen zurück ins Sirachbuch ergibt sich für fast jeden Vers eine neues Verständnis, das die vordergründige Aussage in der Sprache der Liebespoesie nicht ersetzt, aber aus ihr über den allegorischen Transfer hervorgeht. Diese zweite Ebene des Verstehens haben je-doch die Übersetzungen oftmals in den Text eingetragen und ihn damit ein Stück weit seiner poetischen Kraft beraubt. Die Aus-drücke aus der Liebespoesie (auch die erotischen Formulierungen, die weniger und in der Weisheitsliteratur gängiger sind, als sie Sanders aufzeigen wollte) haben zugleich einen Sinngehalt auf der allegorischen Ebene des zweiten Verständnisses als Aussagen über die Weisheit. Die griechische und die syrische Übersetzung zeigen

in ihren Rückgriffen auf Sir 6 u. a. bei der Übersetzung von Sir 51,
dass sie das Buch sehr gut, als Übersetzer womöglich zu gut kann-
ten. Dieses Wissen trugen sie bei Ihrer Übersetzung mit ein, was
zugleich eine Reduzierung der Bildebene aus der Liebessprache be-
deutete.

Schlussappelle an die Jugend bei Sirach und Kohelet

Weisheitsbücher scheinen gerne in Allegorien auszuklingen: Sowohl das Sprüchebuch mit seinem alphabetischen Akrostichon
über die starke Frau (Spr 31,10–31) wie auch das Koheletbuch
mit der Allegorie auf das Altern (vor seinen zwei Nachworten)
setzen diese literarische Technik am Buchschluss ein. Das Sirachbuch versucht das Sprüchebuch mit Sir 51,13–30 auch formal
nachzuahmen, indem hier wie dort ein alphabetisches Akrostichon
mit einer Allegorie auf die Weisheit ans Ende gesetzt wird. Zugleich liegt in Sir 51,13–30, was von C. Spicq und J. Marböck[14]
angedeutet wurde, eine Auseinandersetzung mit dem Buch Kohelet vor. Es ist bezeichnend, dass und wie unterschiedlich Kohelet
und Sirach am Ende nochmals ihre Hauptadressaten in den Blick
nehmen, indem sie das Thema der Jugend (נער bzw. נערים bei Sir,
בחור bzw. ילדות und בחורות bei Koh) herausgreifen.

Bereits Sanders hat gezeigt, dass sich Sir 51 besonders an die
Jugend richtet.[15] Einen solchen Schlussappell mit Überlegungen
über das Verhältnis von Jugend und Alter bietet auch das Ende des
Koheletbuches in Koh 11,9–12,7:[16] »Freu dich, junger Mann, in
deiner Jugend, sei heiteren Herzens in deinen frühen Jahren! ...«
Ludger Schwienhorst-Schönberger zeigt die Spannung dieses Ab-
schlussgedichtes bei Kohelet auf: »Formal ist es ein Aufruf zur
Freude, inhaltlich über weite Strecken aber eine Beschreibung von
Alter, Krankheit und Tod.«[17] Es folgen dem Aufruf zum »Carpe
diem« eindrucksvolle allegorische Bilder für das Verfallen des

14 Vgl. Spicq (1951) 838; Marböck (1999) 124.
15 Vgl. Sanders (1967) 113 und 117.
16 Vgl. Schwienhorst-Schönberger (1994) 224–230.
17 Schwienhorst-Schönberger (1994) 226.

Menschen im Alter. Kohelet spricht hier abschließend nochmals die Jugend an, offeriert allerdings ein m. E. wenig motivierendes Abstiegsmodell: Von der Blüte der Jugend geht es nur bergab, die Vitalität schwindet und erlöscht im Tod schließlich ganz. Damit begründet er nochmals seinen Appell, die Jugend auszukosten. Die Aussage Kohelets, die Freude alle Tage des Lebens zu genießen, wie sie Schwienhorst-Schönberger als Botschaft des Schlussgedichts bei Koh herausarbeitet, bleibt einem bei diesem Schluss wie ein Klos im Halse stecken – Kohelet signalisiert doch zu deutlich, dass seiner Ansicht nach die Anlässe zur Freude im Alter rapide nachlassen werden.

Das Auskosten der Jugend angesichts des Todes ist auch ein Thema des Sirachbuches (Sir 14,11–19; nicht jedoch Sir 26,19–27, das in den meisten Textzeugen fehlt und ein Zusatz ist), und der Tod als Ende der Vitalität ist auch Sir vor Augen (Sir 38,16–23; 41,1–4), doch bringt Sirach eine andere Sicht des Alterns ein:

Auch die Blüte verschwindet beim Reifen der Trauben
sie (beide) erfreuen das Herz. (Sir 51,15)

Der Blick zurück an den Anfang wird zu einem Loblied auf die Vitalität der Jugend, die sich zur abgeklärten Ruhe des Alters entwickelt, wenn sich das Streben auf die Weisheit richtet. Ben Sira stellt sich als Lehrer vor, der der Jugend bei der Entfaltung ihrer Fähigkeiten von der Jugend bis zum Alter beisteht. Ben Sira schildert den Aufbau einer Beziehung zur Weisheit im allegorischen Kleid einer erotisch gestimmten Liebesbeziehung vom ersten brennenden Verlangen bis zur ruhigen Geborgenheit des Alters. Die Weisheit ist Partnerin des Lebens in allen Lebensphasen, die jugendliche Begeisterung zu wecken vermag, das Leben und die Welt gestalten hilft und bis ins Alter Ruhe und Geborgenheit bietet.

Die idealisierte Frau Weisheit

Im Sirachbuch finden sich neben Texten, die vor gefährlichen Frauen warnen, auch Loblieder auf die kluge und schöne Frau, die dem Jugendlichen Liebe und Geborgenheit geben wird. Es sind an den männlichen Projektionen in der hebräischen Weisheitsliteratur manche frauenfeindliche Komponenten zu kritisieren, doch liegt in diesem Fall m. E. ein gelungener Versuch bei Ben Sira vor, abstrakte Größen wie die Weisheit durch eingängige Metaphern für seine jungen männlichen Schüler erfahrbar zu machen und (im Rahmen eines männlichen Bezugssystems) mit der eigenen Erfahrung von Jugend und Alter zu korrelieren.[18] Die gefährlichen Frauen und auch die Frau Torheit, vor denen in der Weisheitstheologie gewarnt wird, sind nicht konkrete Frauen, sondern Personifikationen möglicher Gefährdungen, die den Jugendlichen als Warnung aus didaktischen Gründen in übersteigerten Bildern mitgegeben werden. Negative Folgen entstehen, wenn Frauen über solche Projektionen zu verstehen versucht werden (was in der Wirkungsgeschichte der Bibel jedoch häufig geschieht). In die Liebesdichtung auf die idealisierte Frau Weisheit fließt andererseits die Sensibilität der Liebespoesie ein, selbstverständlich geschrieben in einem männlichen Bezugssystem zwischen einem männlichen Weisheitslehrer und seinen männlichen Schülern. Wenn am Ende des Buches Liebespoesie allegorisch auf die Weisheitssuche übertragen und dem männlichen Jugendlichen die Suche nach der göttlichen Weisheit wie vorher die Suche nach seiner klugen und schönen Frau (wiederholt Sir 7,19; Sir 25,8; Sir 26,13–18) vorgestellt wird, zeigt sich hier neben dem negativen Frauenbild im Sirachbuch ein positives Frauenbild, das in der Beurteilung der Stellung der Frau bei Ben Sira berücksichtigt werden sollte.

Das Verständnis der Allegorie in den Übersetzungen

Die griechische Übersetzung (und die meisten deutschen Übersetzungen, selbst wenn sie die hebräischen Texte berücksichtigen) löst die Allegorie bereits im ersten Vers des Gedichts auf. Bereits

---

18 Vgl. die Ausführungen über idealisierte Bilder von Frau Weisheit und Frau Torheit in der Weisheitsliteratur bei O'Connor (1988) 61 und ihre Sirachauslegung in: O'Connor (1988) 134–159.

im Aleph-Vers wird die Gesuchte genannt, die ein aufmerksamer Leser des Sirachbuches nach 50 Kapiteln sehr schnell selbst erraten hätte (Übersetzung des Textes aus der kritischen Ausgabe von Ziegler):

ἔτι ὢν νεώτερος, πρὶν ἢ πλανηθῆναί με,
ἐζήτησα σοφίαν προφανῆς ἐν προσευχῇ μου ...

Als ich jung war, bevor ich herumschweifte,
    suchte ich die *Weisheit* (offen im Gebet).
Vor dem Heiligtum suchte ich sie,
    und bis ans Ende werde ich sie suchen.
Wegen der Blüte, wie sie sich zur Traube dunkel färbt,
    freute mein Herz sich an ihr.
Es schritt mein Fuß in Geradheit,
    seit meiner Jugend verfolgte ich sie.
Ich lieh ihr kurz mein Ohr und empfing,
    und viel *Weisheit* fand ich für mich.
Erfolg widerfuhr mir,
    dem, der mir *Weisheit* gab, will ich Ehre geben.
Ich sann danach, sie zu tun,
    und ich suchte das Gute und wurde nicht beschämt.
Meine Seele rang um sie,
    das Tun des Gesetzes untersuchte ich genau.
Meine Hände erhob ich in die Höhe
    und ihre Unverständlichkeiten beklagte ich,
Meine Seele richtete ich auf sie
    und in Reinheit fand ich sie.
Das Herz richtete ich auf sie von Anfang an,
    deswegen werde ich nicht verlassen sein.
Mein Inneres war bewegt, sie zu suchen,
    deswegen erwarb ich einen guten Besitz.
Es gab mir der Herr meine Zunge als Lohn
    und mit ihr will ich ihn preisen.
Nähert euch mir, ihr Unwissenden,
    und verweilt in meinem Lehrhaus.
Warum noch habt ihr Mangel an diesen,

und eure Seelen sind durstig?
Ich öffne meinen Mund und sage:
    Kauft für euch ohne Geld!
Euren Nacken beugt unter das Joch
    und eure Seele empfange Bildung: nahe ist, sie zu finden.
Seht mit euren Augen, dass ich nur wenig mich mühte
    und für mich viel Ruhe fand.
Nehmt Bildung an mit einer Vielzahl Geldes
    und viel Gold erwerbt ihr mit ihr.
Es möge erfreut sein eure Seele an seinem Erbarmen,
    und schämt euch nicht seines Lobes.
Tut eure Werke zur rechten Zeit,
    und er wird euch euren Lohn geben zu seiner Zeit.

(Bemerkungen zur Übersetzung: Der Text bei Rahlfs (B) unterscheidet sich an vielen Stellen, die kritische Ausgabe von Ziegler gibt den besseren Text. ἀξιόω in V. 14 ist (wie z. B. häufig in Daniel) u. a. mit »fragen, suchen, fordern, ersehnen, verlangen« zu übersetzen.)

Von der ursprünglichen allegorischen Liebesgeschichte ist hier nicht mehr allzu viel übrig geblieben. Die Textvorlage des griechischen Übersetzers muss bereits Ende des 2. Jahrhunderts an vielen Stellen beeinträchtigt gewesen sein. Die augenfälligste Sonderentwicklung ist die Formulierung ἔναντι ναοῦ »vor dem Heiligtum« im ב-Vers, die einen ganz neuen Sinn erzeugt. Smend hatte eine innergriechische Verlesung aus ἐν νεότετι in meiner Jugend vermutet, doch erscheint mir plausibler, wie Rabinowitz die Genese dieser griechischen Übersetzung aus einer Fehllesung des Hebräischen zu erklären: בא לי באה wurde vom griechischen Übersetzer zusammengelesen als באהלי »bei meinem Zelt« oder באהלו »bei seinem Zelt«, was ihm als schriftgelehrten Übersetzer die Interpretation als Zeltheiligtum nahelegte – und das wiederum zog weitere Konsequenzen nach sich.

Die spätere Relecture von Sir 51,13–30 als Salomoautobiographie und der Anhang Sir 52 in der Vetus Latina

Aus Signalen in der griechischen Übersetzung von Sir 51,14 konnte Skehan[19] eine Uminterpretation des Kapitels auf Salomo hin aufzeigen, die vom ursprünglichen Autor nicht intendiert war, vielmehr wohl durch diese Fehllesung von באה לי angeregt wurde. Die ungewöhnliche Erweiterung προφανῶς ἐν προσευχῇ μου am Ende des vorhergehenden Verses zeigt, wie durch Anspielungen auf das Tempelweihgebet in 1 Kön 8,22 = 2 Chr 6,12 das Schlussgedicht des Sirachbuches durch den griechischen Übersetzer zur autobiographischen Schilderung Salomos uminterpretiert wird. Das Gebet Salomos wurde offen vor allem Volk vor dem Tempel gesprochen. Diese Uminterpretation hat jedoch einen Anhalt in Sir 47,13–14:

> Salomo war König in friedlichen Tagen, Gott verschaffte ihm Ruhe ringsum. Er baute ein Haus für den Namen des Herrn und errichtete ein Heiligtum für immer. Wie weise warst du in deiner Jugend בנעריך, von Bildung מוסר strömtest du über wie der Nil.

Auch Weish 8,2–18, ein noch späterer Text im Alten Testament, der ähnlich wie Sir 51 ein Liebesgedicht auf die Weisheit bietet, ist als innerer Monolog Salomos konzipiert und mündet in Salomos Gebet um die Weisheit in Weish 9,1–18 ein. Die Weisheit als Braut Salomos scheint also bereits als Topos vorbereitet gewesen zu sein. Diese Entwicklung hat in der weiteren Überlieferung des Sirachbuches zum Anhang des Tempelweihgebetes aus 2 Chr 6,13–21 (zusammengearbeitet mit Stellen aus der Parallele in 1 Kön) an das Sirachbuch als Sir 52 geführt, das in der Vetus Latina als Anhang auftaucht.[20]

---

19 Vgl. Skehan (1971) 392.
20 Vgl. Spicq (1951) 841, mit Abdruck des lateinischen Textes von Sir 52.

Sir 51,13–30 als konstitutiver Baustein des Sirachbuches

Die Bezüge des Textes in das Sirachbuch zurück und die im Ver-gleich bereits von Skehan, Rabinowitz u. a. aufgezeigte genetische Entwicklung aller Textformen aus einem hebräischen Grundtext lassen die Frage stellen, ob dieser Text jemals eine vom Sirach-buch unabhängige Vorgeschichte gehabt haben kann, wie es der Erstherausgeber Sanders postulierte und seither zahlreiche Exege-tinnen und Exegeten annehmen (z. B. Lutz Schrader). Doch nicht nur die inhaltlichen Bezüge sprechen dagegen, auch formale. Ben Sira setzte – wohl aus didaktischen Gründen – alphabetische Strukturen in seinem Buch vielfältigst ein.[21] Alphabetisierende Ge-dichte mit jeweils 22 Distichen finden sich in Sir 1,11–30; 5,1–6,4; 6,18–37 (Eröffnung des dritten Teils); 12,1–18; 13,24–14,19 (Schluss des dritten Teils); 21,1–21; 29,1–20; 29,21–30,13; 38,24–34; 49,1–16 (Schlussabschnitt im Lob der Väter); Sir 51,13–30. Zwar setzt Ben Sira hauptsächlich Ab-schnitte in 1. Person und Weisheitsperikopen für die Großgliede-rung des Buches ein,[22] doch hat er nach W. Roth auch ganze Ab-schnitte nach dem Alphabet gegliedert:

אב	Sir 3,1ff.
בשת	Sir 4,20ff.
גאוה	Sir 7,1ff.
דעת	Sir 15,11

Sich voller Begeisterung von Jugend auf der göttlichen Weisheit verschreiben und mit ihr alt werden: das ist die Lebensphilosophie des Ben Sira und eines Großteils auch der späten Weisheitslitera-tur. Ben Sira stellt sich in seinem autobiographischen Schlussge-

21 Vgl. die Zusammenstellung im Kommentar von Skehan/Di Lella (1987) 74 und Roth (1980).
22 Vgl. Liesen (2000); Liesen (1999); und die Gliederungsvorschläge in: Jüngling (1997); Marböck (1997); Roth (1980); Sauer (1999); Harvey (1993).

dicht selbst als ein Weiser dar, der dieses Ideal verkörpert, und er will damit seine jugendlichen Zuhörer motivieren und ihnen aufzeigen, dass seine Weisungen (vgl. Sir 6) von Erfahrung gedeckt sind.

Literatur

Bickell, G. (1882):
  Ein alphabetisches Lied Jesus Sirachs, in: ZKTh 6 (1882), 319–333.
Böhmisch, Franz (1997):
  Die Textformen des Sirachbuches und ihre Zielgruppen, in: PzB 6,2 (1997), 87–122.
Böhmisch, Franz (1997):
  »Haec omnia liber vitae«. Zur Theologie der erweiterten Textformen des Sirachbuches, in: SNTU.A 20 (1997), 160–180.
Caspari, W. (1929):
  Der Schriftgelehrte besingt seine Stellung, Sir 51,12–17(19), in: ZNW 28 (1929), 143–148.
Charlesworth, James H. u. a. (1997):
  The Dead Sea Scrolls. Hebrew, Aramaic, and Greek Texts with English Translations, Volume 4A. Pseudepigraphic and Non-Masoretic Psalms and Prayers (Princeton Theological Seminary Dead Sea Scrolls Project), Tübingen: Mohr 1997, 187–191.
Delcor, M. (1968):
  Le texte hébreu du cantique de Siracide LI, 13ss. et les anciennes versions, in: Textus 6 (1968), 27–47.
Deutsch, Celia (1983):
  The Sirach 51 Acrostic: Confession and Exhortation, in: ZAW 94 (1982), 400–409.
Gellner, Christoph (1994):
  Weisheit, Kunst und Lebenskunst. Fernöstliche Religion und Philosophie bei Hermann Hesse und Berthold Brecht (Theologie und Literatur; 8), Mainz: Matthias-Grünewald-Verlag 1994.
Harvey, John D. (1993):
  Toward a Degree of Order in Ben Sira's Book, in: ZAW 105 (1993), 52–62.

Jüngling, Hans-Winfried (1997):

> *Der Bauplan des Buches Jesus Sirach*, in: Hainz, Josef / Jüngling, Hans-Winfried / Sebott, Reinhold (Hrsg.), »Den Armen eine frohe Botschaft«. FS für Bischof Franz Kamphaus, Frankfurt am Main: Knecht 1997, 89–105.

Küchler, Max (1986):

> *Schweigen, Schmuck und Schleier*. Drei neutestamentliche Vorschriften zur Verdrängung der Frauen auf dem Hintergrund einer frauenfeindlichen Exegese des Alten Testaments im antiken Judentum (NTOA 1), Freiburg, Schweiz / Göttingen: Universitätsverlag / Vandenhoeck & Ruprecht 1986, 210–215.

Lehmann, Manfred R. (1983):

> *11 QPsa and Ben Sira*, in: RdQ 11 (1983), 239–251.

Lévi, I.:

> *L'Ecclésiastique ou la sagesse de Jésus, fils de Sira*. Texte original hébreu édité, traduit et commenté. Première partie, Paris 1898, deuxième partie, Paris 1901, xxi–xxvii.224–233.

Liesen, Jan (1999):

> *Strategical Self-References in Ben Sira*, in: Calduch-Benages, N. / Vermeylen, J.: Treasures of Wisdom. Studies in Ben Sira and the Book of Wisdom, FS M. Gilbert (BEThL 143), Leuven: Leuven University Press / Peeters 1999, 63–74.

Liesen, Jan (2000):

> *Full of Praise: an exegetical study of Sir 39,12–35*, Leiden / Boston / Köln: Brill 2000.

Mader, J. (1913):

> *Zu Sir 51,13*, in: BZ 11 (1913), 24–25.

Maier, Johann (1995):

> *Die Qumran-Essener*. Die Texte vom Toten Meer, Band I, München / Basel: Ernst Reinhardt Verlag 1995, 336–337.

Marböck, Johannes (1997):

> *Structure and Redaction History of the Book of Ben Sira. Review and Prospects*, in: Beentjes, Pancratius C. (Hrsg.): The Book of Ben Sira in Modern Research. Proceedings of the First International Ben Sira Conference 28–31 July 1996 Soesterberg, Netherlands, Berlin / New York: de Gruyter 1997, 61–79.

Marböck, Johannes (1999):
Weisheit im Wandel. Untersuchungen zur Weisheitstheologie bei Ben Sira (BZAW 272), Berlin / New York: de Gruyter 1999 ([1]1971), 121–125.

McKechnie, Paul (2000):
The Career of Joschua Ben Sira, in: JThS NS 51,1 (2000), 3–26.

Muraoka, T. (1979):
Sir 51,13–30: An Erotic Hymn to Wisdom?, in: JSJ 10 (1979), 166–178.

Nöldeke, Theodor (1900):
Bemerkungen zum hebräischen Ben Sira, in: ZAW 20 (1900), 81–94.

O'Connor, K. M. (1988):
The Wisdom Literature (Message of Biblical Spirituality, 5), Wilmington, Del.: Glazier 1988.

Rabinowitz, Isaac (1971):
The Qumran Hebrew Original of Ben Sira's Concluding Acrostic on Wisdom, in: HUCA 42 (1971), 173–184.

Rickenbacher, Otto (1973):
Weisheitsperikopen bei Ben Sira (OBO 1), Freiburg, Schweiz / Göttingen: Universitätsverl. / Vandenhoeck & Ruprecht 1973, 197–213.

Roth, Wolfgang (1980):
On the Gnomic-Discursive Wisdom of Jesus Ben Sirach, in: Semeia 17 (1980), 59–79.

Ryssel, V.:
Die neuen hebräischen Fragmente des Buches Jesus Sirach und ihre Herkunft, in: ThStKr 73 (1900), 363–403, 505–541; 74 (1901), 75–109, 269–294, 547–592; 75 (1902), 205–261, 347–420.

Sanders, James A. (1965):
The Psalms Scroll of Qumrân Cave 11 (11Q Psa) (DJD 4), Oxford: Clarendon 1965.

Sanders, James A. (1967):
The Dead Sea Psalms Scroll. Ithaca, N.Y.: Cornell University Press 1967.

Sauer, Georg (1999):
Gedanken über den thematischen Aufbau des Buches Ben Sira, in: Calduch-Benages, N. / Vermeylen, J.: Treasures of Wisdom. Studies in

Ben Sira and the Book of Wisdom, FS M. Gilbert (BEThL 143), Leuven: Leuven University Press / Peeters 1999, 51–61.

Sauer, Georg (2000):
Jesus Sirach/Ben Sira (ATD Apokryphen 1), Göttingen: Vandenhoeck & Ruprecht 2000.

Schrader, Lutz (1994):
Leiden und Gerechtigkeit. Studien zu Theologie und Textgeschichte des Sirachbuches (BET 27), Frankfurt a. M. u. a.: Lang 1994, 75–82.

Schwienhorst-Schönberger, Ludger (1994):
»Nicht im Menschen gründet das Glück« (Koh 2,24). Kohelet im Spannungsfeld jüdischer Weisheit und hellenistischer Philosophie (HBS 2), Freiburg u. a.: Herder 1994.

Segal, Moshe Z. (1972):
ספר בן־סירא השלם, Jerusalem: Bialik Inst. ³1972 (²1958 / ¹1953).

Skehan, Patrick W. (1971):
The Acrostic Poem in Sirach 51:13–30, in: HThR 64 (1971), 387–400.

Skehan, Patrick W. / DiLella, A. A. (1987):
The Wisdom of Ben Sira (AncB 39), New York: Doubleday 1987.

Spicq, Ceslas (1951):
L'Ecclesiastique, in: Pirot, L. / Clamer, A. (Hrsg.): La Sainte Bible, Paris: Letouzey et Ané 1951, vol. 6, 529–841.

Online unter:
http://www.bibfor.de/archiv/00-1.boehmisch.htm

Jutta
Bickmann

Ein Buch mit sieben Siegeln oder Ur-Kunde des Glaubens?

Der folgende Text entstand als einleitender Vortrag für eine Bibelwoche, die im September 1999 anlässlich des Pfarrjubiläums der Herz-Jesu-Gemeinde im münsterländischen Emsdetten stattfand. Für die Veröffentlichung wurde der Text leicht überarbeitet, die Vortragsform jedoch beibehalten und auf das Einarbeiten von Literatur verzichtet. Für Beschreibung und Auslegung der biblischen Schöpfungsberichte im zweiten Teil sei exemplarisch verwiesen auf Karl Löning / Erich Zenger, *Als Anfang schuf Gott. Biblische Schöpfungstheologien*, Düsseldorf 1997, sowie auf die Ausgabe der Schlangenbrut Nr. 40 (1993) zum Thema »*im Anfang war ... feministische Bibelauslegung*«.

Erfahrungsberichte:
Von den Schwierigkeiten heutiger Bibellektüre

1. Bibellesen vor dem 2. Vatikanum

Die Tatsache, dass ich eine Zeit lang als Bibelwissenschaftlerin an der Universität gearbeitet habe, hat mir mit den Mitgliedern unserer Pfarrei manches interessante Gespräch eingebracht. »Weißt Du eigentlich, dass wir bis in die 60er Jahre hinein die Bibel nicht vollständig lesen durften?«, fragte mich vor einiger Zeit meine Nachbarin im Kirchenchor. Nein, ich wusste nicht, denn ich bin zu dieser Zeit erst geboren worden. Eine Zeit oder Situation, in der ich keinen Zugang zu gleich welchen Büchern gehabt hätte, ist für mich unvorstellbar. »Als Katholiken bekamen wir normale Gläubige nur eine Auswahlbibel in die Hand. Darin fehlten zum

Beispiel so wunderbare Texte wie das ›Hohelied der Liebe‹. Das wurde für moralisch nicht förderlich gehalten. Das wurde uns einfach vorenthalten. Aber«, und bei dem nachfolgenden pfiffigen Grinsen wusste ich wieder, warum ich diese Frau mag, »aber wir hatten ja evangelische Freunde.« Die sorgten für das Fehlende.

Bis in eben diese 60er Jahre hinein ging es einem ›normalen‹ Theologiestudenten für das Priesteramt in der Regel nicht besser. Um exegetische Fachbücher lesen zu dürfen, die nicht die Druckerlaubnis der katholischen Kirche besaßen, brauchte er eine Erlaubnis seiner Ausbilder bzw. geistlichen Begleiter. Zwar hatte die katholische Kirche sich seit dem Ende des vorigen Jahrhunderts vorsichtig der wissenschaftlichen Bibelauslegung geöffnet, aber dennoch wurden die Grenzen dessen, was als erlaubt galt, recht eng gehalten. Für einen jungen Priesteramtskandidaten galt es sicherzustellen, dass er seinen geplanten Studien moralisch gewachsen sein würde. Kritisch gewendet hieß das aber, dass sein Bibelstudium einer strengen Kontrolle unterlag.

Wenn Sie selber zurückdenken, wo Ihnen in dieser Zeit die Bibel vor allem begegnet ist, dann zeigen sich vielleicht zwei Schwerpunkte: Zum einen kam man als ›normaler‹ Christ und ›normale‹ Christin mit der Bibel im Gottesdienst in Kontakt. Im Gottesdienst wurden (und werden) Einzelstücke aus den biblischen Büchern vorgelesen und in der Predigt ausgelegt. Meine Erfahrung ist dabei allerdings bis heute, dass oft gerade die spannenden Textstücke, die ich nicht auf Anhieb verstehen kann, eben nicht zum Thema der Predigt werden.

Zum anderen begegneten vor allem den Kindern biblische Versatzstücke im Religions- bzw. Katechismusunterricht, dessen Grundlage in den 50er bis 70er Jahren der »Katholische[r] Katechismus der Bistümer Deutschlands« bildete. In fast jedem Kapitel dieses so genannten ›Grünen Katechismus‹ finden sich nach dem Lehrstück und den Katechismusfragen ein persönlich formulierter Vorsatz »Für mein Leben« und, um diesen abzusichern, ein passendes »Wort Gottes«: einzelne, aus dem Zusammenhang gerissene, Bibelzitate.

»1. Wozu sind wir auf Erden? Wir sind auf Erden, um Gott zu erkennen, ihn zu lieben, ihm zu dienen und einst ewig bei ihm zu leben.

Für mein Leben: Ich will Gott stets dafür dankbar sein, dass ich ein Christ bin. – Ich will mich oft fragen: Was will Gott von mir? Wort Gottes: Ihr seid hinzugetreten zur Stadt des lebendigen Gottes, zum himmlischen Jerusalem; zu den zahllosen Engelscharen; zur festlichen Gemeinde der Erstgeborenen, die im Himmel aufgeschrieben sind; zu Gott, dem Richter aller; zu den Seelen der vollendeten Gerechten und zu Jesus, dem Mittler des Neuen Bundes (Hebr. 12,22–24). – Kämpfe den guten Kampf des Glaubens und ergreife das ewige Leben, zu dem du berufen bist (1 Tim 6,12). – Es steht geschrieben: Den Herrn, deinen Gott, sollst du anbeten, und ihm allein dienen (Matth. 4,10).« (ebd., S. 6)

Eine Fähigkeit, die Bibel mit eigenen Augen zu lesen, wurde auf diese Weise nicht nur nicht gefördert, sondern sogar verhindert. Die Heilige Schrift war eine Art Steinbruch, aus dem die Sätze und Inhalte, die man zu glauben hatte, herausgemeißelt wurden. In besonderem Maß standen dabei die moralischen Verpflichtungen der ChristInnen im Vordergrund. Die Bibel war also vor allem ein moralisches Buch – das Wort Gottes, aus dem ich als ChristIn erfahren konnte, wie ich mein Leben gestalten musste, wie ich mich den Mitmenschen und vor allem Gott gegenüber verhalten sollte.

In dieser Zeit war der Katechismus das eigentlich maßgebliche Buch, und damit bildete die moralisierende Perspektive des Katechismus die Brille, mit der die Bibel gelesen und verstanden wurde. Wie sehr, das zeigt eine Illustration aus dem 2. Kapitel des ›Grünen Katechismus‹ (ebd., S. 7): Den willig und flehend nach oben ausgestreckten Händen der Gläubigen, also der Schäfchen, die einen Hirten brauchen, reichen zwei sehr viel größere Hände von oben herab ein Buch. Aber es ist nicht Gott, der hier seinem Volk sein Wort, also die Bibel, schenkt, sondern es ist die Kirche, die der Herde den Katechismus schenkt, wie der deutlich lesbare Buchtitel zeigt. Dazu passt die Belehrung:

»Gott will, dass wir auf die Kirche hören. Wir müssen glauben, was sie glaubt und zu glauben lehrt. Dann gehen wir den Weg der Wahrheit und gelangen einst ins ewige Leben.« (ebd.)

Abgesichert wird diese Hervorhebung des Katechismus und Herabminderung der Bibel erneut durch ein Wort Gottes, also die Bibel selbst:

> »Wenn jemand euch ein anderes Evangelium verkündet, als ihr empfangen habt, so sei er verflucht (Gal. 1,9).« (ebd., S. 8)

2. Bibellektüre seit den 60er Jahren

Die genannten Beschränkungen bei der Bibellektüre änderten sich im weiteren Zusammenhang mit dem Zweiten Vatikanischen Konzil in und seit den 60er Jahren: Heute kann und darf jedermann und jedefrau die gesamte Bibel und alle verfügbare wissenschaftliche und pseudowissenschaftliche Literatur zur Bibel lesen. Die Konzilsväter haben betont, dass »das Studium des heiligen Buches gleichsam die Seele der heiligen Theologie« sei (Dei Verbum 24). Sie haben alle Priester aufgefordert, sich »in beständiger heiliger Lesung und gründlichem Studium« mit der Bibel zu befassen, um gute Lehrer des Wortes Gottes zu sein. Und sie haben alle, die an Jesus Christus glauben, ebenfalls ermahnt, die Bibel zu lesen, um so immer tiefer in den Glauben einzudringen (Dei Verbum 25). Diese Linie wird konsequent fortgeführt in dem Dokument der päpstlichen Bibelkommission »Die Interpretation der Bibel in der Kirche« aus dem Jahr 1994.

Aber sind damit unsere Probleme als katholische BibelleserInnen gelöst? Dass das wohl eher nicht so ist, zeigen die folgenden Erfahrungen und Begegnungen – die Sie wahrscheinlich bestätigen und bestimmt noch erweitern und ergänzen können:

Bei der Lektorenschulung einer Münsteraner Innenstadtgemeinde vor ungefähr 10 Jahren beschäftigten wir uns auch mit einer Lesung der Osternacht: dem Durchzug der IsraelitInnen durch das Meer. Wir wurden aufgefordert, unsere Phantasiebilder und Assoziationen zu dieser mythischen Erzählung in Worte zu fassen und dem nachzuspüren, was diese Geschichte für unseren Glauben bisher schon bedeutet hat.

Einer der teilnehmenden Männer jedoch kam überhaupt nicht von der Frage los, ob und inwiefern das Erzählte denn historisch glaubhaft und wahrscheinlich sei. Ob jemals und wann denn die Israeliten durch ein Meer gezogen sind – und durch welches. Wie das mit dem Wind und den Wellen funktioniert haben könnte. Er versuchte, für sich einen Kern dieses ›Märchens‹ zu retten, indem er es vernünftig, d. h. nach den Maßstäben unseres modernen, rationalen Denkens erklärte – und er merkte gar nicht, dass er auf diese Weise gerade nicht an den Kern der Geschichte kam, dass seine Zugangsweise ihn von der Wahrheit dieses Mythos fern hielt.

Ähnliche Gespräche führe ich immer mal wieder mit verschiedenen Menschen. »Wie ist das denn«, werde ich gefragt, »gehörst du auch zu diesen neumodischen Leuten, die sagen, dass die Weihnachtsgeschichte nicht wahr ist?« Und die Leute meinen mit dem Wörtchen ›wahr‹: »Wenn du das, was da berichtet wird, nicht für eine historische Tatsache hältst, dann ist doch diese Geschichte für dich bedeutungslos. Dann kannst du doch ab einem bestimmten Punkt nicht mehr behaupten, dass du eine gläubige Christin bist.«

Eine junge Studentin brachte das Problem für sich einmal so auf den Punkt: »Wenn Jesus nicht wusste, dass er der Sohn Gottes war, wie kann ich denn dann jetzt noch zu ihm beten?«

Daneben gibt es noch eine weitere Problematik: Eine mir befreundete Frau vermisst in ihrer Stadt eine lebendige Arbeit an und mit der Bibel. Sie erzählt manchmal, dass sie versuche, allein in der Bibel zu lesen, dass sie dieses Vorhaben aber noch jedesmal frustriert aufgegeben habe, weil ihr eine Gruppe von Gleichgesinnten fehlt. »Allein verstehe ich vieles nicht, mir fehlen weitere Informationen, und ich weiß nicht, woher ich sie bekommen könnte.«

Zugleich aber hat sie die Erfahrung gemacht, dass in einem bestehenden Bibelkreis das Bibelgespräch immer noch auf eine Weise stattfindet, die sie keineswegs zufriedenstellt: »Da wird mir viel zu stark ›Gottes Wille‹ betont, den ich herauszufinden und zu befolgen hätte. Gott ist der strenge Herrscher und Richter, dem ich mich unterzuordnen habe, weil ich sonst bestraft werde. So aber ist mein Gottesglaube nicht. Ich habe Gott in meinem Leben anders erfahren – menschenfreundlich, zugewandt, er unterstützt mich.« Diese Frau – soweit ich das als ihre Freundin wahrnehmen kann – hat einen sehr zuversichtlichen Gottesglauben: Sie hat gelernt darauf zu vertrauen, dass sich vieles in ihrer Lebensgeschichte fügt und dass sie auch in den schmerzhaften Phasen dieser Lebensgeschichte von Gott getragen ist, dass sie nicht alles selbst regeln muss im Leben und dass kein Umweg völlig umsonst ist. Und dieses Gottvertrauen möchte sie gerne im Gespräch mit biblischen Texten durchdenken, vielleicht bestätigen, vielleicht verändern. Aber wie?

3. Jede Menge Schwierigkeiten

Was haben wir uns also eingehandelt seit den 60er Jahren außer einer großen Verwirrung darüber, ob es sich überhaupt noch lohnt, die Bibel zu lesen? Ich will versuchen, die Schwierigkeiten, die sich in den Beispielen zeigen, deutlich zu benennen:

1. Auch bei den konservativsten katholischen ChristInnen hat sich herumgesprochen, dass das, was in der Bibel erzählt wird, nicht einfach ›wahr‹ ist im Sinne einer historischen Tatsache: Die Hypothese vom Urknall als Beginn der Welt ist unter naturwissenschaftlichem Gesichtspunkt wahrscheinlicher als die Erschaffung der Welt in sieben Tagen. Der Auszug aus Ägypten und der Durchzug durch das Rote Meer haben – wenn überhaupt – nur einen ganz kleinen historischen Kern. Das Buch Rut, diese wunderbare Erzählung von der Treue und Liebe zweier Frauen, ist wahrscheinlich von vorne bis hinten fiktiv, also dichterische Erfindung – ebenso die Erzählung vom dickköpfigen Propheten Jona und dem Fisch.

Aus dem Neuen Testament müssten wir neben den Kindheitserzählungen am Anfang des Matthäus- und des Lukasevangeliums auch die allermeisten Wundererzählungen als »nicht historisch« kennzeichnen. Lediglich Krankenheilungen und Dämonenaustreibungen könnten wir zumindest von der Sachaussage her stehen lassen. Von der Bergpredigt, dieser aufrüttelnden Rede Jesu bei Matthäus, blieben nur einige Kernsätze ungeschoren. Das Johannesevangelium, das in unseren Gottesdiensten so häufig verwendet wird, ist als historische Quelle über Jesus von Nazareth mehr als unzuverlässig. Von den 13 Paulusbriefen hat Paulus selbst wohl nur sieben geschrieben, und dass Petrus höchstselbst die Petrusbriefe verfasst hat, ist nicht anzunehmen.

Zusätzlich verwirrt den Nicht-Theologen und auch sehr viele TheologInnen, dass innerhalb der Bibelwissenschaftlerzunft diese Sache mit den ältesten Schichten und den historischen Kernen der Texte sehr umstritten ist. Man kann sich an nichts wirklich halten.

Aber was folgt daraus? Ist die Bibel noch ›Wort Gottes‹? Kann nur das ›Wort Gottes‹ sein, was als historisch wahrscheinlich gelten kann?

Viele denken, es gäbe nur eine Alternative: Entweder glaube ich das alles so, wie es dasteht – und ›glauben‹ meint in diesem Zusammenhang für historisch wahrscheinlich halten –, oder ich kann und brauche diese Bibel als Erwachsener nicht ernst zu nehmen. Ich lege ihre Erzählungen als ›Kindermärchen‹ beiseite, weil sie meinem Anspruch an Wahrheit nicht genügen.

2. Der Umgang mit biblischen Texten im kirchlichen Alltag spiegelt genau diese Problematik. In der Regel wird in der Predigt der Bibeltext so behandelt, als ob das in ihm Erzählte eine Nachricht der Tagesschau wäre. Vor allem bei der Auslegung von Jesusgeschichten spielt der Erzählcharakter des Textes keine Rolle. Spricht man den Priester auf den Sachverhalt an, lautet die Antwort meistens: »Ich weiß das wohl – aber das kann ich den Leuten in der Predigt nicht zumuten!« Damit aber wird den ChristInnen im liturgischen Rahmen ein geistiges Doppelleben abverlangt: Im Gottesdienst müssen sie ihr mehr oder minder großes Wissen um die Fiktionalität der Bibeltexte verdrängen. Die m. E. unheilvolle Allianz von ›glauben‹ und ›für historisch tatsächlich geschehen halten‹ wird fortgesetzt.

Wie zentral diese Fragen an den Nerv des christlichen Selbstverständnisses gehen, zeigt der Erfolg, den das Buch »Verschlusssache Jesus« Anfang der 90er Jahre in Deutschland hatte. Der Verdacht, die Christinnen und Christen könnten von der Kirche über Jesus und das frühe Christentum belogen worden sein, hat die Menschen innerhalb und außerhalb der Kirchen sehr bewegt. Bis heute ist der Boom neuer Bücher, die die ›Wahrheit‹ über diesen Jesus von Nazareth kundtun wollen, nicht ganz abgeebbt.

3. Für andere bleibt angesichts der verwirrenden historischen Fragen als Kern der biblischen Botschaft ihre ethische Bedeutung stehen. »Wenn ich die Texte schon nicht als Tatsachenberichte verstehen kann, dann doch zumindest als Handlungsanweisung und Richtschnur für mein Leben. Ich erfahre aus ihnen Gottes Willen.«

Das Erschreckende dabei ist jedoch, dass bei einem solchen Zugang zur Bibel Gott sehr schnell wieder auf das Bild des Herrschers und Richters der Welt reduziert wird. Dieser Gott scheint das Leiden der Menschen zu fordern – und insbesondere Frauen stehen in der Gefahr, ihr Lebensleid als von Gott gewolltes Kreuz klaglos und unter Berufung auf bestimmte Bibeltexte auf sich zu nehmen, statt sich zur Wehr zu setzen. Dem Menschen bleibt Gehorsam angesichts dieses obersten Herrn.

Für viele ChristInnen ist ein solches Gottesbild jedoch nicht mehr tragbar – leider fällt so für sie auch das Bibellesen flach.

4. Und schließlich gibt es noch einen nicht zu unterschätzenden Anteil sachbezogener Verständnisprobleme: Die Bibel ist tatsächlich eine in Teilen schwierige Buchsammlung, weil ihre Texte einfach uralt sind – bis zu 3000 Jahre – und vielfach eine fremde Kultur spiegeln: Nomaden in der Wüste, Traditionen und Gebräuche des vorderen Orients, politische Verhältnisse einer Zeit und Region, die nicht die unsrigen sind.

Die biblischen Texte setzen jedoch einfach voraus, dass ihre LeserInnen mit dieser Kultur und dem entsprechenden Umfeld vertraut sind. Das macht ihre Lektüre für uns heute oft schwierig. Vor allem alleine gerät man schnell an seine Grenzen.

Sinnvolles Bibellesen:
Im Gespräch mit den Erfahrungen früherer Menschen

1. Eine zentrale Kategorie im Hinblick auf Glauben

Eine wichtige Kategorie, die nach meinem Verständnis im Zentrum des christlichen Glaubens steht und die eine andere Vorstellung von ›Wahrheit‹ zugänglich macht, lautet ›Erfahrung‹. Was gemeint ist, möchte ich zunächst am Beispiel der Gotteserfahrung verdeutlichen.

Bei aller Zugehörigkeit zur Kirche lassen sich heutige ChristInnen ihre Vorstellung von Gott, v. a. das Bild eines urteilenden oder gar strafenden Gottes, nicht mehr einfach vorsagen oder aufdrücken, wenn die Vorstellung ihren Glaubenserfahrungen mit diesem Gott widerspricht. Das Bild, die Vorstellung, die Menschen sich von Gott machen, ist maßgeblich davon geprägt, wo und wie sie diesem Gott begegnen. Aus Gesprächen mit anderen Erwachsenen in unserer Gemeinde und mit SchülerInnen aus der gymnasialen Oberstufe weiß ich, dass viele sich Gott personal vorstellen, als Freund oder Freundin, als Vater und Mutter, als Beschützer und in gewisser Weise auch als Garant für Gerechtigkeit in der Welt. Manche stellen ihn sich auch als unpersönliche Macht vor, die ›irgendwie‹ die Welt zusammenhält, die Menschen in Beziehung zueinander bringt und ihr Leben miteinander und in der Welt ermöglicht.

Natürlich werden die Gottesvorstellungen davon genährt, was man von anderen – auch aus der Bibel – über diesen Gott gehört und gelernt hat. Immer hat jedoch das Gottesbild mit den Lebenserfahrungen der Menschen zu tun. Das, was den Menschen jeweils widerfahren ist, spiegelt sich in ihren Vorstellungen von Gott. So wirft zum Beispiel das Erlebnis von Leid das Vertrauen in einen guten und gerechten Gott zunächst völlig über den Haufen. Angesichts seines Leids oder des Leidens anderer muss sich der betroffene Mensch mit seinem Glauben an Gott neu auseinander setzen – er muss seine Vorstellungen von Gott verändern, solange bis sie mit seinen neuen Erfahrungen übereinstimmen.

So können und müssen im Verlauf eines Menschenlebens verschiedene Aspekte einer Vorstellung von Gott in den Vordergrund treten.

Als ›wahre‹ Aussage über Gott erkennen wir also nicht einfach das an, was uns jemand zu glauben vorschreibt, und schon gar nicht das, was sich als historisch tatsächlich ereignet beweisen lässt. Als ›wahr‹ erkennen wir das an, was mit unserer Lebens- und Gotteserfahrung in Übereinstimmung steht. Das, worauf wir uns in unserem Leben verlassen, wovon wir uns getragen wissen.

Die Kategorie der Erfahrung spielt in den letzten Jahren auch zunehmend in der Bibelwissenschaft eine tragende Rolle. Sie ist außerdem geeignet, uns heutige Glaubende in ein fruchtbares Gespräch mit dem uralten Text zu bringen.

2. Die Bedeutung der Kategorie ›Erfahrung‹ für die Bibellektüre

Womit halten Sie es: Mit der These vom Urknall und der Entstehung allen Lebens aus dem Wasser oder mit dem Schöpfungsbericht in Genesis 1 und 2? Ich jedenfalls erinnere mich, dass wir irgendwann im Religionsunterricht der 7. oder 8. Klasse aufgefordert wurden, zeichnerisch darzustellen, wie wir uns die Entstehung der Welt vorstellen. Welchen Anteil hat Gott daran? Welchen die Gesetze der Evolution?

Damals fügte ich zum ersten Mal Glaubensüberzeugung und naturwissenschaftliche Hypothesen zu der Vorstellung zusammen, dass Gott an allem Anfang den Urknall losgelassen und so das Universum mit all seinen Entwicklungen und Naturgesetzen in Gang gesetzt hatte. Die Frage ist nur: Was habe ich danach mit den Schöpfungserzählungen gemacht, die ja nun für mich völlig überflüssig waren?

Jahrelang habe ich diese Texte ignoriert. Sie spielten für mich und meinen Glauben nicht die geringste Rolle. Zwar habe ich zumindest den ersten Schöpfungsbericht in den Gottesdiensten der Osternacht gehört. Ich meine auch, dass ich mich an seiner dichterischen Sprache gefreut habe, aber ansonsten lag dieser Text auf Eis.

In die Finger geraten ist er mir dann erst wieder im Zusammenhang mit feministischer Theologie und seitdem setze ich mich immer mal wieder mit ihm auseinander. Damals beschäftigten wir uns unter anderem mit der Frage, woher es kommt, dass in traditioneller kirchlicher Lehre die Frau als untergeordnetes Wesen, als ›Mensch zweiter Klasse‹ galt und manchmal heute noch gilt. Und wir überlegten auch, ob und wie dieser uralten Argumentation zu begegnen sei. Damals wurde mir zum ersten Mal bewusst, dass es zwei Schöpfungserzählungen gibt, die bei ihren LeserInnen Unterschiedliches bewirken wollten. Es kann sein, dass mir das vorher schon mal jemand mitgeteilt hatte, aber wirklich gewusst habe ich es bis dahin nicht.

Fragen tauchten auf: Warum gibt es zwei Schöpfungserzählungen – oder wichtiger noch: Zu welchem Zweck gibt es sie? Mir wurde deutlich: Diese ganzen biblischen Texte sind nicht direkt für heutige Menschen geschrieben, dass wir sie lesen und einfach so verstehen könnten. Sie sind auch nicht als Gottes Wort für alle Zeit und Ewigkeit geschrieben.

Vielmehr sind sie in einer bestimmten, lange vergangenen Zeit entstanden, sie spiegeln die Lebensumstände dieser Zeit und sie bewahren und verarbeiten die Erfahrungen der damaligen Menschen. Sie sind für Menschen geschrieben worden, die in einer bestimmten geschichtlichen Situation standen.

So bedrängten die Menschen des Volkes Israel im 6. und 5. Jahrhundert v. Chr. – der möglichen Entstehungszeit der Schöpfungserzählung in Genesis 1 – die Erfahrungen von Krieg, Tod, Unterdrückung und Vertreibung. Sie waren von den Babyloniern verheerend besiegt worden. Ihre Hauptstadt Jerusalem war erobert und der Tempel in der Hauptstadt war zerstört worden. Die Angehörigen der Oberschicht mussten ins Exil an den königlichen Hof nach Babylon gehen. Im Land herrschten Not und Elend der Nachkriegszeit.

Die grundlegende Frage, die sich an diese Leiderfahrungen knüpfte, war die Frage nach der Treue und der Macht des Gottes Israels. Warum sorgte Gott nicht besser für sein Volk? Warum ließ er dieses entsetzliche Leiden zu? Hatte Gott sein Volk ver-

stoßen? Ließ er es absichtlich leiden? Oder war er gar nicht der
Mächtige, war er etwa den Göttern Babylons unterlegen?

Hilfe, um die Leiderfahrungen zu bewältigen, gab es damals für
die Menschen des Volkes Israel in Form von Erzählungen. In den
Erzählungen wird die neue, schmerzhafte Erfahrung mit dem
Leben in Übereinstimmung gebracht mit dem, was man bisher von
Gott geglaubt hat. Wie das im Einzelnen im Schöpfungsbericht geschieht, soll gleich betrachtet werden. Zunächst sei aber der Perspektivenwechsel im Umgang mit der biblischen Erzählung auf
den Punkt gebracht:

Damit, dass eine Erzählung Hilfe bei der Bewältigung von
Erfahrung sein will, kommt die Erfahrung der Menschen damals
in unseren Blick. Und wir heute können an diese Erfahrungen
anknüpfen, wenn wir folgende Frage als Brille benutzen, um den
Text zu lesen:

*Welche Erfahrungen mit dem Leben und mit der Welt könnten
die Menschen gemacht haben, denen diese Geschichte erzählt
wurde?*

Mit einer solchen Fragehaltung kommen wir von der Engführung
weg, dass nur dann von der Wahrheit eines Textes gesprochen
werden kann, wenn das in ihm Berichtete sich historisch nachweisen lässt. Statt dessen gibt es ein anderes Maß für Wahrheit:
Wie geht die Erzählung mit den Erfahrungen von Menschen um?
Werden verschiedene Erfahrungen wahrgenommen, ernst genommen, reflektiert? Welche Angebote zur Verarbeitung von Erfahrung enthält der Text? Beschwichtigt und beruhigt er bloß? Be-
dient er lediglich die Erwartungen seiner LeserInnen? Oder mutet
die Erzählung auch Veränderungen und ganz andere Sichtweisen
zu, die eingefahrene Seh- und Deutegewohnheiten aufbrechen
können?

Mit dieser Fragehaltung gewinnen wir meiner Ansicht nach
viel, denn wenn wir biblische Erzählungen so lesen, sind wir nah
an der Frage nach unserer eigenen Erfahrung und danach, ob der
Text jedem und jeder Einzelnen dazu noch etwas anzubieten hat.

3. Ein Beispiel für erfahrungsbezogene Bibellektüre: Der Schöpfungsbericht in Genesis 1

Das Gemeinte sei für den sogenannten ersten Schöpfungsbericht nun konkretisiert. Liest man – vorzugsweise laut und nach Möglichkeit mit einer Gesprächsgruppe – Gen 1,1–2,4a, kann man verschiedenartige Beobachtungen am Text zusammentragen.

Zunächst fällt die dichterische Form des Textes auf: Die einzelnen Schöpfungstage werden sozusagen rhythmisch beschrieben, die Beschreibung jedes Einzelnen ist gleich aufgebaut und enthält bestimmte wiederkehrende Elemente wie »Dann sprach Gott:« und »Es wurde Abend, und es wurde Morgen: x-ter Tag.«

Sammelt man in einem nächsten Schritt Beobachtungen zum Inhalt des Textes, lässt sich Besonderes dazu beobachten, auf welche Weise denn die Welt geschaffen wird. Gott tritt nicht als Töpfer oder anderweitiger Handwerker in Aktion, der die Geschöpfe herstellt. Vielmehr gestaltet Gott die Welt, indem er spricht. Allein auf sein Wort hin werden, d.h. entstehen die einzelnen Schöpfungswerke. Außerdem gestaltet Gott, indem er das Gewordene benennt und auf diese Weise die verschiedenen Geschöpfe voneinander abgrenzt und unterscheidbar macht.

Ab dem dritten Tag findet sich dann als Abschluss der einzelnen Schöpfungsvorgänge jeweils der Satz »Gott sah, dass es gut war.« Das Geschaffene wird also ausdrücklich gut geheißen und für die LeserInnen als Gottes gute Schöpfung gekennzeichnet.

Auch ein Blick auf die Reihenfolge der Schöpfung lohnt sich – man sollte diesen Aspekt nicht vorschnell durch einen Vergleich mit der Evolutionstheorie beiseite lassen. Fasst man V. 1 als Überschrift für den gesamten Schöpfungsbericht auf, beginnt der Text in V. 2 mit einer Beschreibung von vier Elementen, die gemeinsam das bedrohliche und lebensfeindliche Chaos bilden: eine feindliche Erde, die noch Tohuwabohu, d.h. »wüst und leer«, ist, Finsternis, Urmeer und Wasser.

Zunächst grenzt Gott aus diesem Chaos die geordnete Welt aus (VV. 3–10). Er schafft das Chaos nicht ab, aber er setzt ihm Grenzen, indem er z.B. Licht von Finsternis scheidet, die Wasser des Urmeers von den Wassern des Himmels und das trockene Land vom Wasser. Zudem wird das Chaos durch Namensgebung gebändigt, denn das, was benannt werden kann, wird in gewisser Weise angeeignet.

Ausführlich beschreibt der Text danach, wie Gott nach und nach die geordnete Welt als Lebenshaus einrichtet und mit Lebewesen füllt (VV. 11–31). Am Schluss übergibt Gott den Menschen die Welt als guten Lebensraum für alle Geschöpfe (VV. 28–30) und vollendet die Schöpfung durch den siebten Tag als Ruhetag (2,2–3).

Welche Erfahrungen bewegten nun die Menschen, für die dieser Text verfasst worden ist? Und welche Erfahrungen bewegen heute Menschen, denen ein solcher Text wichtig ist? Geht es ihnen um die Frage, wann und wie tatsächlich die Welt entstanden ist? Ich meine, es wird keine Chronologie der Weltentstehung im Sinne der Evolutionstheorie geboten, sondern etwas anderes:

In Genesis 1 ist die Welt eine geordnete und eine von Gott für gut befundene Welt. Sie ist, das entspricht einer allgemeinen positiven Lebenserfahrung, ein Haus für den Menschen und alle anderen Lebewesen, d. h. ein Ort der grundsätzlichen Geborgenheit, an dem sich leben lässt und an dem Leben gelingt. In diesem Lebenshaus hat der Mensch die besondere Aufgabe, über die Schöpfung zu herrschen, d. h. für die übrige Schöpfung zu sorgen, Verantwortung für sie wahrzunehmen.

Ein solcher Textaspekt ist für Menschen aller Zeiten wichtig, um sich selbst in der Welt zu verstehen, um eine Antwort zu finden auf die grundsätzliche Sinnfrage: Wozu bin ich / ist der Mensch auf der Welt? – Er wird heute wichtig angesichts großer Umweltschädigungen durch uns Menschen. Aber er wird auch heute noch positiv erfahren, wenn wir uns draußen bewegen und so etwas spüren können wie einen Einklang mit der Natur, unserer Mitschöpfung.

Die Welt ist eine von Gott geschaffene Welt. Alles in der geordneten Welt ist Schöpfung, ist Geschöpf Gottes. Sonne und Gestirne, Naturphänomene und andere Lebewesen sind nicht selbst Götter, sondern Mit-Geschöpf.

Das ist ein Aspekt, der vor allem im Hinblick auf die damaligen Nachbarvölker Israels wichtig war: Ägypter, Sumerer, Babylonier.

Bei diesen Völkern, die für das Volk Israel immer eine militärische Bedrohung darstellten, galten beispielsweise die Gestirne als Götter, denen der Mensch zu dienen hatte. Diese Götter werden nun als Götzen entlarvt und als Lampen, die der Gott Israels an das Himmelsgewölbe setzte, fast lächerlich gemacht. Der biblische Schöpfungsbericht entzaubert somit die Natur und setzt damit den Menschen in ein freieres Verhältnis zu ihr. Heute wird in unserem Kulturraum weniger die Natur vergöttert als andere Aspekte des Lebens: Wirtschaftsfaktoren, sogenannte Sachzwänge und seit neuestem die Nachrichten von der Börse, die inzwischen einen unverhältnismäßig großen Anteil in Nachrichtensendungen einnehmen.

Die geordnete Welt ist eine Welt, in der das drohende Chaos und seine Mächte nicht einfach verschwunden sind: Das Licht ist zwar geschaffen und von der Finsternis getrennt – aber es gibt noch die Finsternis. Die Wasser des Urmeeres sind zwar vom trockenen Land getrennt und gebändigt, aber es gibt sie noch. Sie könnten wieder hervorbrechen und das Lebenshaus erneut bedrohen oder gar zerstören, wie es bei der Sintflut geschieht. Dennoch ist in dieser geordneten Welt das Chaos von Gott gebändigt. Die Welt des Anfangs ist eine gute und geschützte Welt.

In wessen Erfahrung könnte dieser Aspekt der Geschichte sprechen? Zum einen handelt es sich um eine Aufnahme einer alltäglichen Erfahrung: Die Welt ist nicht einfach ein problemloser, in allem geregelter, geordneter und leicht zu handhabender Ort. Es gibt die Erfahrung anderer, bedrohlicher, chaotischer Mächte. – Dieser Textaspekt lässt sich leicht auf heutige Erfahrung übertragen: Man denke nur an die Erdbeben im Sommer 1999 in der Türkei und Griechenland, an die Waldbrände in den USA und die Überschwemmungen in Indien und Bangladesch im Sommer 2000.

Dahinter stecken aber weitere Erfahrungen: Als dieser Text im 5. Jahrhundert v. Chr. erzählt wurde, lag der letzte Krieg in Israel noch nicht weit zurück. Krieg bedeutet für die betroffenen Menschen, dass das Leben fundamental bedroht ist, dass die Ordnung außer Kraft gesetzt ist und das Chaos herrscht.

In einer solchen Situation spricht dieser Text Mut und Trost zu. Der Mensch darf sich darauf verlassen: Gott hat diese Welt dem Chaos abgerungen. Er hat seine Energie hineingesteckt – sie ist ihm wichtig – er wird sie nicht im Stich lassen. Das Chaos wird nicht das letzte Wort behalten, wird im Letzten nicht übermächtig sein. Der Mensch darf darauf vertrauen: Gott wird, wie schon am Anfang, dem Chaos wieder die Ordnung abringen. Er hat die Macht, mitten im Chaos eine geordnete Welt zu erschaffen.

Das Volk Israel erfuhr Chaos und Lebensbedrohung in der Nachkriegsnot, der Unterdrückung und Vertreibung bzw. Verbannung im 6. und 5. Jahrhundert – und seitdem immer wieder. Angesichts dieser Chaotisierung der Welt und Desorientierung der Menschen hält Genesis 1 den Glauben an die ordnende und lebensfreundliche Macht des Gottes Israels aufrecht. Wir können als Volk und Staat die Leiderfahrung des von Menschen verursachten Chaos im Moment nicht unmittelbar teilen. Ähnliche Chaoserfahrungen gibt es jedoch auch im Leben Einzelner, und der nächste kriegerische Konfliktherd ist weder räumlich noch zeitlich weit von uns entfernt.

4. Die Gottesvorstellungen des Ersten Testaments als kritischer Maßstab unseres Glaubens

Wohin führt nun die vorgestellte Art des Bibellesens, die nicht so sehr nach dem historischen Wahrheitsgehalt der biblischen Erzählungen fragt, sondern danach, welche Erfahrungen von Menschen der Text bewahrt und verarbeitet? Nach meiner Überzeugung ermöglicht ein derartiger Umgang mit dem Text ein Gespräch – ein Gespräch zwischen der im Text bewahrten Erfahrung anderer Menschen zu anderen Zeiten und den Erfahrungen, die Menschen – wir – heute machen. So erschließt sich die Wahrheit des Bibeltextes auf eine andere Weise. Heutige Erfahrungen können dadurch in einem neuen, anderen Licht erscheinen und vielleicht auf neue, andere Weise verarbeitet werden.

Das zeigt zum Schluss die Notwendigkeit, sich mit den in der Bibel bewahrten Zeugnissen auseinanderzusetzen: Wer nur im Saft der eigenen Erlebnisse kocht, gewinnt nicht viel dazu. Um Erlebnisse zu Erfahrungen verarbeiten zu können, bedarf es des Gesprächs und der Auseinandersetzung mit Deutungsmustern. Das Erste Testament bietet eine Fülle solcher Deutungsmuster, nicht nur nette und gefällige, sondern auch überraschende und unbequeme. Gehen Sie auf die Suche nach den Gottes- und Glaubenserfahrungen der Menschen vor Ihnen und verbinden Sie sie, so kreativ Sie können, mit Ihren eigenen Deutungsmustern. Gott kann dann in diesem Gespräch mit den Bibeltexten erfahrbar werden.

Online unter:
http://www.bibfor.de/archiv/00-1.bickmann.htm

Hubertus
Lutterbach

Was das christliche Mönchtum mit der neutestamentlichen Indifferenz gegenüber dem Fleischverzehr anfing

Bemerkenswerterweise prägte das Christentum im Verlaufe seiner Geschichte Gewohnheiten und Lebensformen aus, die die ersten Christen gewiss als fremd empfunden hätten. Beispielhaft ist an die Anfänge des christlichen Mönchtums zu erinnern: Kein Wort in der Heiligen Schrift deutet auf die Existenz oder gar die Empfehlung einer Kommunität hin, die in klausuriert-ummauerten Grenzen, unter hierarchischem Gehorsam gegenüber einem Abt sowie in Absetzung von den Durchschnitts- oder Alltagschristen als Jesu ›Super-Nachfolger‹ entsprechend dem Neuen Testament leben sollen. Und doch kann man sich den Verlauf der abendländischen Kirchengeschichte im Rückblick für die Zeit spätestens seit dem 4. Jahrhundert überhaupt nicht vorstellen ohne den Einfluss dieser religiösen Virtuosen. Natürlich sahen diese sich in ihrem Lebensstil trotz des neutestamentlichen Schweigens zum Mönchtum genau durch diese Grundurkunde des Glaubens in ihrer monastischen Existenz legitimiert, wie ein exemplarischer Blick in die aus der 1. Hälfte des 6. Jahrhunderts stammende Benediktsregel zeigt: Schon das erste Wort der Regel »Höre!«, gewissermaßen das Schlüsselwort dieser Lebensordnung[1], rekurriert in vielfältiger Weise auf die Heilige Schrift[2]; die Mönchsgemein-

---

1 RB Prolog 1: Obsculta, o fili, praecepta magistri, et inclina aurem cordis tui, et admonitionem pii patris libenter excipe et efficaciter conple, ut ad eum per oboedientiae laborem redeas, a quo per inoboedientiae desidiam recesseras.

2 Spr 4,20; 1,8, 6,20; Ps 44,11.

schaft also als ›Hörgemeinschaft‹, überdies tätig in der klösterlichen »Schule für den Dienst des Herrn«[3], welche sich durch das Wort Mt 11,29 (»Nehmt mein Joch auf euch und lernt von mir«) bestätigt sieht. Christoph Joest hat vor einigen Jahren eine umfassende »Bibelstellenkonkordanz zu den wichtigsten älteren Mönchsregeln« zusammengetragen, die eindrucksvoll belegt, wie sehr sich das von der Heiligen Schrift nicht vorgesehene Mönchtum immer wieder auf die Jesus-Botschaft beruft[4]. Mehr noch: Das Mönchtum nimmt nichts weniger für sich in Anspruch, als lebendige Auslegung der Heiligen Schrift zu sein[5]. Im Blick auf das Schweigen des Neuen Testaments vom Mönchtum einerseits und den legitimierenden Rekurs des Mönchtums auf Grundworte des Neuen Testaments könnte man erklärend auf Jan Assmann verweisen, der im Anschluss an Maurice Halbwachs hinsichtlich des Kollektivgedächtnisses darauf hinweist, »dass sich in keinem Gedächtnis die Vergangenheit als solche zu bewahren vermag, sondern dass nur das von ihr bleibt, ›was die Gesellschaft in jeder Epoche mit ihrem jeweiligen Bezugsrahmen rekonstruieren kann‹.«[6] Mit anderen Worten: Die Wahrnehmung dessen, was aus der Vergangenheit überliefert ist, hängt von dem je aktuellen Bezugsrahmen ab; und wenn dieser eben asketisch mitgeprägt ist, treten entsprechende Tendenzen des Neuen Testaments umso deutlicher in die Wahrnehmung.

Nicht allein das Mönchtum insgesamt, sondern vielmehr auch einzelne Elemente seiner Lebenswirklichkeit waren zwar von den Urchristen nicht vorgesehen, wurden aber durch die Asketen gleichwohl mit dem Neuen Testament, oftmals unter Hinzuziehung des Alten Testaments begründet, wie im folgenden anhand der Ursprünge des christlichen Vegetarismus aufgewiesen werden soll. Im Sinne eines Paradoxes ließe sich sowohl hinsichtlich des Mönchtums insgesamt als auch hinsichtlich des Vegetarismus im besonderen formulieren: Kirchengeschichtliche Phänomene und Entwicklungen, die unter Bezug auf das Neue Testament ihren

---

3 RB Prolog 45: Constituenda est ergo nobis dominici scola servitii.
4 Joest (1994).
5 Hagemeyer (1985); auch Frank (1980).
6 Assmann (1992) 40.

Anfang nahmen, brauchen in dieser Anfangsurkunde christlichen Glaubens keinesfalls notiert zu sein!

A. Das Verständnis des Fleischverzehrs in der Heiligen Schrift

Im Blick auf die Frage, was das christliche Mönchtum mit der bereits in der Überschrift angesprochenen neutestamentlichen Indifferenz gegenüber dem Fleischverzehr anfing, empfiehlt sich als erstes ein vertiefter Blick in die Heilige Schrift. Das Alte Testament überliefert verschiedene Beurteilungen des Fleischverzehrs: »Grundsätzlich ist im Alten Testament das Essen von Tierfleisch erlaubt.«[7] Mit Blick auf den Pentateuch gilt es zu konstatieren, dass der im Alten Testament für »Fleisch« gebräuchliche hebräische Terminus בשר (›basar‹) in der jahwistischen Schicht, in der elohistischen Schicht, in älteren Sondertraditionen sowie im Deuteronomium niemals mit einer im Blick auf das Fleisch der Tiere negativen Konnotation benutzt wird.[8] Erst die priesterliche Tradition lässt in Ex 16,3 eine »bestimmte ethische Bewertung des tierischen Fleisches als Nahrung« erkennen.[9] Dieser Vers spricht von den »Fleischtöpfen Ägyptens« im Sinne eines Symbols für die rein animalische Begierde, die das Volk Israel in der Wüste dazu verleitet, die ihm von Gott angebotenen, allerdings allein unter Verzicht und Mühen erreichbaren Heilsgüter auszuschlagen: »So erscheint das ›Fleisch‹, das zur Nahrung dient, geradezu als Gegensatz zu den religiösen Heilsgütern.«[10] Auf die priesterliche Redaktionsstufe geht zudem die religiöse Grundregel zurück, der zufolge den Menschen jeder Kontakt mit Blut kultisch verunreinigt und den Tod unwiderruflich nach sich zieht: »Ich [Jahwe] habe zu den Israeliten gesagt: ›Das Blut irgendeines Wesens aus Fleisch dürft ihr nicht genießen; denn das Leben aller Wesen aus Fleisch ist ihr Blut. Jeder, der es genießt, soll ausgemerzt werden‹«

---

7 Bratsiotis (1973) 852.
8 Scharbert (1967) 17–46.
9 Scharbert (1967).
10 Scharbert (1967).

(Lev 17,14). Entsprechend erläutert der priesterliche Geschichtstheologe und Gesetzeslehrer im Zeichen des Bundes Gottes mit Noah nach der Sintflut, dass dem Menschen alle auf der Erde befindlichen Lebewesen, also auch die Tiere, als Nahrung dienen sollen. Allein der Verzehr des die Seele enthaltenden und deshalb Sühne wirkenden Blutes bleibe Jahwe als dem Geber und Hüter des Lebens exklusiv vorbehalten (Gen 9,3–5): »Der Mensch hat über sie [die Seele], sogar bei den Tieren, keine Verfügungsgewalt; er muss sie darum, weil sie im Blut sitzt oder gar mit ihm identisch ist, Gott zurückgeben, indem er das Blut ausgießt, wenn er tierisches Fleisch genießen will.«[11]

Im Unterschied zum Alten Testament kennt das Neue Testament keinerlei Speiseverbote. Vielmehr gilt die Grundregel: »Nichts, was von außen in den Menschen hineinkommt, kann ihn unrein machen, sondern was aus dem Menschen herauskommt, das macht ihn unrein« (Mk 7,15). Die aktuelle exegetische Forschung zählt diesen Vers mit seiner impliziten Nichtigkeitserklärung der alttestamentlichen Speisegebote[12] »zum sichersten Bestand echter Jesusüberlieferung.«[13] Mehr noch: »Mk 7,15 [ist] möglicherweise das einzige Jesuswort, das diese Vorstellung [Betonung des Gegensatzes von äußerer und innerer Reinheit] aufweist.«[14] Insofern Unreinheit »nicht naturhaft bedingt« ist, hat sich der Mensch dem Neuen Testament zufolge nicht des Fleischverzehrs zu enthalten, sondern dessen, »was aus seinem Innersten selbst, seinem ›bösen Herzen‹ kommt.«[15] Im Sinne einer »vergeistigten Reinheitsauffassung«[16] zieht der Evangelist Markus die ausdrückliche Folgerung im Blick auf die Reinheit aller Speisen: »Indem er [Jesus] alle Speisen für rein erklärte, sagte er aber: ›Das, was aus dem Menschen herauskommt, jenes verunreinigt den Menschen‹« (Mk 7,19f.).

---

11 Scharbert (1967).
12 Kümmel (1973) 38f.; auch Merkel (1968) 359.
13 Kümmel (1973) 35.
14 Kümmel (1973) 42.
15 Pesch (1976) 379; im Blick auf par. Mt 15, 11.17–18 s. Gnilka (1988) 24–26; Schnackenburg (1985) 142f.
16 Pesch (1976) 381.

Der Apostel Paulus sah sich in der Gemeinde von Rom mit Gemeindemitgliedern konfrontiert, die den Fleischverzicht für alle Christen verbindlich vorschreiben wollten. Er bleibt den jesuanischen Vorgaben treu, indem er die hier »zum erstenmal in der Geschichte des Christentums auftauchende Streitfrage«[17] in dem Sinne beantwortet, dass die Einnahme der freien oder asketischen Haltung eine Frage des persönlichen Gewissens sei, es allerdings grundsätzlich keine unreinen Speisen gebe: »Der eine [der Starke] glaubt alles essen zu dürfen, der Schwache isst nur Gemüse. (...) Auf Jesus, unseren Herrn, gründet sich meine feste Überzeugung, dass an sich nichts unrein ist« (Röm 14,2.14)[18]. – In der Gemeinde von Korinth bezieht Paulus in der Frage des Fleischverzichts aus gegebenem Anlass abermals Stellung: »Speise aber wird uns nicht vor Gott bringen. Weder haben wir einen Nachteil, wenn wir [Fleisch] nicht essen, noch einen Vorteil, wenn wir [Fleisch] essen. Seht aber zu, dass dieses euer Freiheitsrecht nicht zum Anstoß für die Schwachen werde« (1 Kor 8,8–9). Nach Paulus gilt: »Liberalität in der Speisefrage bringt keine Vor-, Askese keine Nachteile coram Deo.« Vielmehr komme es auf gegenseitige »Rücksichtnahme« an, um die allen Menschen durch Christi Tod geschenkte Liebe nicht durch den »Schindluder« mangelnder Nächstenliebe unbeantwortet zu lassen.[19] Insgesamt gilt Paulus jeder Ausdruck dualistisch-gnostischer Askese als unvereinbar mit der freiheitlichen Botschaft vom angebrochenen Gottesreich.

Ziehen wir ein Fazit: Weder in alttestamentlicher noch in neutestamentlicher Tradition erlangt der Fleischverzicht eine tragende Bedeutung. Zwar kam es über diese Frage bisweilen zur Auseinandersetzung; eine umfassende und verbindliche Vorschrift der Abstinenz von Fleisch ist daraus allerdings ebenso wenig hervorgegangen wie die Empfehlung einer vegetarischen Lebensweise.

17 Arbesmann (1969) 472.
18 Wilckens (1982) 98.
19 Schrage (1995) 268; dazu auch Meggit (1995).

B. Das Aufkommen des Vegetarismus in der Alten Kirche

In dem Maße, wie sich die Kirche nach dem Ende der Christenverfolgungen und aufgrund ihrer offiziellen Tolerierung durch Kaiser Galerius 311 zur Großkirche entwickelte, begann sich ein ›Zwei-Klassen-Christentum‹ Bahn zu brechen: auf der einen Seite die einmal getauften Christen zumeist mit Familie und Kindern, auf der anderen Seite die aufgrund ihrer klösterlichen Profess als Menschen mit einer zweiten Taufe wertgeschätzten Christen, die sich von der Welt absonderten und das Leben in der auch räumlich abgeschlossenen geistlichen Familie des Klosters demjenigen in der Welt vorzogen.[20] Wer innerhalb des Klaustrums lebte, nahm für sich in Anspruch, dort ein engelgleiches Leben zu führen;[21] ein Leben also, das sich dadurch auszeichnet, dass es möglichst frei bleibt von den unruhigen Regungen der Seele und den zerstreuenden Einflüssen der Welt, um so auf Erden ein Leben in bewusster Anknüpfung an die paradiesischen Ursprünge zu führen. In diesem schon von der stoischen Philosophie vertretenen Streben nach der Ruhe der Seele sowie in dem Mühen der christiani perfecti um die Reaktualisierung des Paradieses lagen die Hauptmotivationen für die Ausprägung eines vegetarischen Lebensstils unter den asketisch-monastisch lebenden Christen.

Die für die Ausbreitung des Fleischverzichts unter den Christen entscheidenden Impulse gehen auf den Kirchenvater Hieronymus (†420) zurück. Besonders in einem 393 in Bethlehem gegen den Häretiker Jovinianus († vor 406) abgefassten Werk äußert er sich dezidiert auch zum Fleischverzicht[22]. Diese Stellungnahme war nötig geworden, weil Jovinianus unter den Christen judaisierende Tendenzen ausgemacht hatte und dagegen die Auffassung herausstellte, es gebe keinerlei Unterschiede in den Verdiensten zwischen Fasten und Gott gedanktem Genuss von Speisen aller Art; viel-

20 Lutterbach (1995) 148–154.
21 Zu diesem Motiv grundlegend, allerdings ohne Berücksichtigung des Fleischverzichts, Frank (1964).
22 Hieronymus Iovinianum; einige knappe Hinweise zur vegetarischen Option des Hieronymus finden sich bei Grimm (1996) 167f.175f.187.

mehr käme es allein darauf an, die Taufe rein zu bewahren: Alle
Menschen, die in dieser Lebensausrichtung erfolgreich seien,
würden den gleichen Lohn im Himmel erhalten.[23] Gegen diese
Tendenz der ›Gleichmacherei‹ zieht Hieronymus zu Felde, wenn
er maßgeblich die Lanze zugunsten des Fleischverzichtes bricht.

Einleitend unterstreicht Hieronymus einen Sachverhalt, der
dem zeitgleich aufkommenden Asketen- und Mönchtum als ent-
scheidendes Argument gegen den Fleischverzicht diente: Die Erlaubnis des Fleischverzehrs wurzele nicht im ersten Bund Gottes
mit den Menschen, sondern gehe erst auf den zweiten Bund
Gottes mit Noe zurück: »Wegen der Härte unserer Herzen wurde
uns die entsprechende Erlaubnis durch Mose gewährt. So war das
Essen von Fleisch bis zur Sintflut unbekannt.«[24] In seiner Darle-
gung erinnert Hieronymus wiederholt an die Anfänge der Heilsgeschichte, dessen A und O der Heiland selbst sei,[25] um alsdann im
Blick auf den Fleischverzicht anzuschließen: »Seit dem Anfang des
menschlichen Daseins ernährten wir uns nicht von Fleisch (...). In
dieser Weise verhielt es sich bis zur Sintflut. Nach der Sintflut jedoch mit der Übergabe des Gesetzes, das niemand erfüllen konnte,
wurde das Fleisch aufgetischt, um es zu essen. Die Abschaffung
[des Fleischverbots] wurde dem Menschen aufgrund seiner Ge-
fühllosigkeit zugestanden (...). Nachdem jedoch Christus am Ende
der Zeiten in die Welt gekommen sein und das Omega zum Alpha
und das Äußerste wieder zum Anfang zurückgerollt haben wird,
dann (...) werden wir kein Fleisch mehr essen, wie schon der Apostel sagt: ›Es ist gut, keinen Wein zu trinken und kein Fleisch zu
essen (Röm 14,21).‹ Und der Wein mit dem Fleisch ist [dem Men-

---

23 Durst (1996): Jovinian war zu dem Zeitpunkt, als Hieronymus seine
   Widerlegung schrieb, bereits aus der Kirche exkommuniziert, und zwar
   390 durch Papst Siricius; zu den Kernargumenten des Jovinian im Blick
   auf die allgemeine Bedeutung des Fastens s. Grimm (1996) 174.
24 Hieronymus Iovinianum : Quod autem nobis objicit, in secunda Dei bene-
   dictione comedentatum carnium licentiam datam, quae in prima concessa
   non fuerat, sciat quomodo repudium juxta eloquium Salvatoris ab initio
   non dabatur; sed propter duritiam cordis nostri, per Moysen humano
   generi concessum est: sic et esum carnium usque ad diluvium ignotum
   fuisse.
25 Hieronymus Iovinianum I 18.

schen] erst nach der Flut zugestanden worden.«[26] Der Argumentation des Hieronymus zufolge kannte man während der goldenen Zeit des Anfangs im Gefolge des ersten Bundes keinen Fleischgenuss; erst mit dem zweiten Bund erhielten die Menschen die bis zur Wiederkunft des Herrn geltende, göttlich erteilte Erlaubnis zum Verzehr von Fleisch. Diese Differenzierung zwischen der goldenen Zeit des wunderbaren Anfangs und der späteren Abkehr von der ursprünglichen Reinheit musste sich auf die Ausbildung des christlichen Asketentums folgenreich auswirken. Mit dem Ziel der Verwirklichung perfekten Christentums orientierten sich die Anachoreten und in ihrem Gefolge die Zönobiten an dieser Zeit des goldenen Anfangs; allzumal im Blick auf den Fleischverzicht! Das Ziel ihres Lebens bestand schließlich darin, in Jesu Nachfolge schon auf Erden das Leben der Engel zu führen.

Unter diesem Horizont alttestamentlicher Vergewisserung ruft Hieronymus im Rahmen seiner Argumentation zugunsten des Fleischverzichts auch die neutestamentlichen Worte in Erinnerung, die den Weg zur christlichen perfectio weisen wollen, ohne dass sich diese in ihrem ursprünglichen Kontext in irgendeiner Weise auf Fragen der Ernährung bezögen.[27] So rekurriert er nachhaltig auf Mt 19,21: »Wenn du vollkommen sein willst, geh, verkaufe alles, was du hast und gib es den Armen. Und dann komm, folge mir nach«, um daraus im Blick auf die Speisevorschriften eigenmächtig zu folgern: »Deshalb auch sage ich dir: Wenn du vollkommen sein willst, ist es gut, keinen Wein zu trinken und kein Fleisch zu essen. Wenn du vollkommen sein willst, ist es

---

26 Hieronymus Iovinianum I 18: Ab exordio conditionis humanae, nec carnibus vescebamur, nec dabamus repudium, nec praeputia nobis eripiebantur in signum. Hoc cursu usque ad diluvium pervenimus. Post diluvium autem cum datione legis, quam implere nullus potuit, carnes ingestae sunt ad vescendum, et repudia concessa duritiae, et cultellus circumcisionis appositus. Quasi Dei manus plus in nobis creaverit, quam necesse est. Postquam autem Christus venit in fine temporum, et Omega revolvit ad Alpha, et extremitatem retraxit ad principium: nec repudium nobis dare permittitur, nec circumcidimur, nec comedimus carnes, dicente Apostolo: Bonum est vinum non bibere, et carnes non comedere. Et vinum enim cum carnibus post diluvium dedicatum est.

27 Zu den für das Mönchtum grundlegenden Berufungsworten s. Angenendt (1972)127–137.

besser, die Seele zu füttern als den Leib.«[28] Von diesen christiani perfecti setzt er in nachhaltig abwertender, beinahe zynischer Weise die Christen ab, die als Ausdruck ihrer laxen christlichen Lebensauffassung nicht auf Fleisch verzichten wollen: »Wenn du jedoch schwach bist und dich die Suppen mit Gekochtem (also Fleisch) erfreuen – kein Mensch entreißt deiner Kehle die essbaren Speisen. Iss und trink, so wie es dir gefällt und wie es in einem Lied der Israeliten heißt: ›Lasst uns essen und trinken, denn morgen sind wir tot‹ (1 Kor 15,85). Derjenige isst und trinkt, der nach dem Essen den Untergang erwartet; derjenige, der mit Epikur sagt: ›Nach dem Tod ist nichts, und der Tod selbst ist nichts.‹ Wir aber glauben den Worten des Apostels Paulus: ›Die Speisen sind für den Bauch da, und der Bauch ist für die Speisen da, der Herr aber wird beide vernichten‹« (1 Kor 6,13).[29]

Mit Blick auf die Bedeutung der goldenen Anfangszeit für den Fleischverzicht, die Hieronymus unter Rückgriff auf Zitate aus dem Neuen Testament bestätigt sieht, beruft er sich ergänzend auf Traditionen innerhalb der griechischen Philosophie. »Fast alle griechischen Zeugnisse«, so resümiert er, sprächen davon, dass zur Zeit des goldenen Anfangs der Erdboden alles hervorgebracht und deshalb niemand Fleisch gegessen hätte; alle hätten von Erdfrüchten und Äpfeln gelebt, die die Erde von selbst wachsen gelassen hätte. Dem Zeugnis des Stoikers Chaeremon zufolge sei den alten ägyptischen Priestern jedwede weltliche Beschäftigung ein Gräuel gewesen; und Hieronymus stellt im Blick auf seinen Gewährsmann weiter heraus: »Sie enthielten sich stets von Fleisch und Wein, und zwar wegen der Zartheit ihrer Wahrnehmung und wegen des Schwindels ihres Kopfes (...); vor allem aber wegen der Anregung des Geschlechtstriebes, die aus diesem Essen und aus diesem Trank erwächst. Stattdessen ernährten sie sich von ein wenig Brot und überaßen sich nicht.«[30] Ganz im Sinne der griechischen Philosophie, der es vor allem um die innere Wachsamkeit und die Therapie der menschlichen Leidenschaften ging, unterstreicht auch Hieronymus den Fleischgenuss als Wurzel der

28 Hieronymus Iovinianum II 6.
29 Hieronymus Iovinianum II 6.
30 Hieronymus II 13.

Leidenschaftlichkeit: »Das Essen des Fleisches und das Trinken des Weines sowie die Völlerei des Bauches sind eine Pflanzstätte der Leidenschaften.«[31] Was den Philosophen an asketischer Praxis möglich sei, müssten die Christen angesichts ihres Anspruchs, die einzig wahren Philosophen zu sein, mit weit größerem Nachdruck verwirklichen: »Wenn jedoch die krotoniatischen Männer des Milo schon kein Speiseöl auftragen, das aus Fleisch gewonnen und gefördert worden ist; um wie viel mehr ist es dem Weisen und Philosophen Christi notwendig, eine ebenso große Stärke zu zeigen, die den Athleten und dem Soldaten nötig ist?«[32]

Fassen wir zusammen: Unter Rückgriff auf den paradiesisch-fleischlosen Anfang des Menschengeschlechts optiert Hieronymus in unmissverständlicher Weise zugunsten des Fleischverzichts unter den Christen. Obgleich sich das Neue Testament im Blick auf den Fleischverzehr indifferent gibt, vermag Hieronymus innerhalb seines gleichermaßen paradiesisch-ideal wie philosophisch-asketisch geprägten Bezugsrahmens die Wurzeln für den Vegetarismus im Neuen Testament sehr wohl zu erkennen; allein wer seine Leidenschaften mittels Fleischabstinenz bekämpft, darf die christliche Vollkommenheit für sich in Anspruch nehmen. Auf die weitere christliche Tradition wirkte Hieronymus auch insofern prägend, als seine Geringschätzung des Fleischverzehrs nicht in einer dualistischen Abkehr von der Materie wurzelt, so dass er den Ve-

---

31 Hieronymus Iovinianum II 7: Quid ad nos, quorum conversatio in coelis est; qui super Pythagoram et Empedoclem, et omnes sapientiae sectatores, non ei debemur cui nascimur, sed cui renascimur: qui repugnantem carnem, et ad libidinum incentiva rapientem, inedia subjugamus? Esus carnium, et potus vini, ventrisque saturitas, seminarium libidinis est. Zu Mutmaßungen hinsichtlich des genauen Zusammenspiels von Nahrungsaufnahme, Säftestand innerhalb des menschlichen Körpers (entsprechend der Humoralpathologie) und sexuellem Begehren in der Sicht des Hieronymus s. Grimm (1996) bes. 164–168.

32 Hieronymus Iovinianum II 7: Si autem Milonis illius Crotoniatae vires olera non ministrant quae nascuntur et aluntur ex carnibus; quid necesse est viro sapienti et philosopho Christi, tantam habere fortudinem, quae athletis et militibus necessaria est. Hieronymus Iovinianum II 13 317A verweist Hieronymus ergänzend auf Orpheus, der das Essen von Fleisch in seinem Gedicht aus der innersten Tiefe verflucht hätte; gleiches gelte für Pythagoras, Sokrates und Antisthenis.

getarismus im Sinne der Gnostiker kompromisslos hätte vorschreiben können; vielmehr versteht Hieronymus das Fleisch und den Konsum von Fleisch entsprechend dem damaligen, auch von vielen paganen Philosophen geteilten Stand der ›Naturwissenschaften‹ als hilfreiches Mittel zur Förderung der Leidenschaften. Vor diesem Hintergrund sollte ihm der Fleischverzicht zugleich als geeignetes Instrument zur Vergegenwärtigung des paradiesischen Urzustandes erscheinen.

Was Hieronymus an eindeutigen Indizien zugunsten des Vegetarismus aus dem Neuen Testament entnehmen zu können glaubte, wurde von zeitgenössischen Überlieferungen noch in erstaunlicher Weise überboten. So befanden sich damals sogar Traditionen in Umlauf, die in Jesus und seinen Aposteln die persönlichen Begründer eines christlich-vegetarischen Lebensstils sehen wollten: Entsprechenden Überlieferungen zufolge, wie sie unter den Asketen in Umlauf waren, hätte sich Jakobus als Vertreter einer strengen Fleisch- und Weinabstinenz ausgezeichnet.[33] Matthäus galt als Vegetarier,[34] Petrus als strenger Faster bei vollständiger Fleischenthaltung.[35] Ja, schließlich kursierten gar Berichte, die die Fleisch- und Weinabstinenz für alle Jünger gleichermaßen bezeugen;[36] selbst die Apostel hielt man für konsequente Vegetarier.[37] Jedoch ging allein die Sekte der Ebioniten so weit, Jesus selbst als einen konsequenten Vegetarier herauszustellen; unter ›Manipulation‹ der kanonischen Version von Lk 22,15 ließen sie ihn gegen den Vorwurf protestieren, er äße am Paschafest Fleisch.[38]

33 Hieronymus inlustribus 2.
34 Clemens Paedagogus II 1, 16, 1.
35 Gregor Monitum 14,4.
36 Eusebius Evangelica III 5,74.
37 Johannes Mattheum 563.
38 Epiphanios XXX 22,4.

C. Der Fleischverzicht im mittelalterlichen Mönchtum

Im Unterschied zur Großkirche traf die Enthaltung von Fleisch unter den Asketen ab dem 4. Jahrhundert auf ein beinahe ungeteiltes Echo: »Die Enthaltung von Fleisch und Wein wird von den Aszeten fast ausnahmslos durchgeführt.«[39] Als leitende Motive wirkten sich vor allem das Mühen um eine Therapie der Leidenschaften sowie die persönliche Aktualisierung der paradiesisch-fleischfreien Urzeit lebenspraktisch aus. So stand die Fleischabstinenz ab dem 4. Jahrhundert in einer Reihe mit anderen Zeichen, die zeitgleich aufkamen, um den Unterschied zwischen den ›gewöhnlichen‹ und den ›besonderen‹ Christen augenfällig zu machen, wie er vor allem in der Unterscheidung zwischen der allen Christen gemeinsamen Wassertaufe einerseits und der zweiten Taufe der Mönchwerdung andererseits wurzelt.[40]

Mit seiner Option zugunsten des Fleischverzichts blieb Hieronymus in den folgenden 1000 Jahren maßgeblich; man folgte ihm in der Grundüberzeugung, dass auf diese Weise die Therapie der Leidenschaften am ehesten zu bewältigen sei und die Revitalisierung des paradiesischen Ursprungs auf diese Weise am aussichtsreichsten gelingen könne. Unter diesen Vorzeichen verstand man weiterhin auch die neutestamentlichen Nachfolgeworte zu Aufforderungen in Richtung auf einen vegetarischen Lebensstil. Beispielhaft sei auf Abt Odo von Cluny († 942) verwiesen, der sich ausdrücklich auf die entsprechenden Ausführungen des Kirchenvaters stützt, wenn er den Menschen den Fleischverzehr erst im Anschluss an die Sintflut ausdrücklich zugestanden sieht; bei der Übergabe des Gesetztes hätte sich der Herr an das innerste Wesen und das unruhige Fleisch der mit den Zähnen Murrenden erinnert, so dass er ihnen nicht mehr auferlegte, als sie auch erfüllen konnten.[41] – Die schon bei Hieronymus herausgestellte Unter-

---

39 Schümer (1933) 45.
40 Lutterbach (1997).
41 Odo Collationes II 18: Supra dictum est quia de fragilitate causamur, et ob hoc quasi per condesecensionem carnes ad esum praesumimus. Sed praedictus Hieronymus in libro contra Jovianum perhibet quod esus carnium usque ad diluvium ignotus fuit. Postea vero dentibus murmurantium nervos, et virulentas carnes commemorat injectas, cum datione videlicet

scheidung zwischen der ›fleischlosen‹ Zeit vor der Sintflut und der Konzession des Fleischverzehrs im Anschluss an die Flut hallt auch in Alcuins († 804) Ausführungen zum Buche Genesis wider: »Frage: Warum wurde dem Menschen das Verspeisen von Fleisch nach der Flut und nicht vor ihr zugestanden? Antwort: Wegen der Unfruchtbarkeit der Erde [im Blick auf die Vegetation nach der Sintflut], wie man glaubt, und wegen der menschlichen Gebrechlichkeit.«[42] Ähnlich argumentiert Hrabanus Maurus († 856) in seinem Werk »De institutione clericorum«: Zwar sei den Menschen der Fleischverzehr seit der Sintflut bis zum Ende der Welt grundsätzlich gestattet worden; Noe selbst hätte schließlich die Erlaubnis zum Essen aller Tiere (cuncta animalia) ausgesprochen. Doch hätte Christus durch den Apostel Paulus kundgetan, dass es gut sei, kein Fleisch zu essen (Röm 14).[43] Im Rahmen seines Genesis-Kommentars verlagert Hrabanus Maurus seine Akzentsetzung: Zwar sei der Fleischverzehr den Menschen seit der Sintflut erlaubt, jedoch müsse er sich unter allen Umständen vor dem Genuss von Blut, Ersticktem und Götzenopferfleisch hüten.[44] Trotz dieser grundsätzlichen Erlaubnis des Fleischverzehrs stellt Hrabanus Daniel und die drei Jünglinge im Feuerofen als geistli-

---

legis quam implere nullus potuit.

42 Alcuin Genesim, qu. 132: Cur esus carnium post diluvium homini conceditur et non ante (vers. 3)? Resp. Propter Infecunditatem terrae, ut aestimatur, et hominis fragilitatem.

43 Hrabanus clericorum 109f.: Carnes autem et vinum post diluvium sunt hominibus in usum concessa, nam in initio permissum non fuerat, nisi tantum illud, ut scriptum est: ›Lignum fructiferum et herbam seminalem, dedi vobis in escam.‹ Postea vero per Noe data sunt in esum cuncta animalia, vinique attributa licentia est. Sed postquam Christus, qui est principium et finis, apparuit, hoc, quod in principio suspenderat, etiam in temporum fine retraxit, loquens per Apostolum suum: ›Bonum est non manducare carnem, et non bibere vinum (Rom 14)‹; et iterum: ›Qui infirmus est, olera manducet‹.

44 Hrabanus Genesim II 8; Hrabanus Deuteronomium II 4: Cum ergo Domini praecepto constet carnem brutorum animalium ad esum hominibus esse concessum, sanguinis vero edulium interdictum. Zur Bedeutung der Jakobus-Klausel im Blick auf die mittelalterlichen Speisevorschriften s. Lutterbach (1988) bes. 25–27.

che Vorbilder heraus, insofern diese die weltlichen Freuden hinter sich gelassen und Gemüse gegessen hätten.[45]

Dieser knappe Überblick über die im Mittelalter beinahe standardisierte und Hieronymus im wesentlichen folgende Argumentation zugunsten des Fleischverzichts erweist, dass die entsprechenden Mahnungen nicht nur Mönche und Asketen als die christiani perfecti im Blick haben. Anempfohlen wurde die Abstinenz vielmehr auch den in der Welt lebenden Christen; gar unverzichtbar war der Fleischverzicht während der obligatorischen ›Fastenzeiten‹ sowie im Falle der öffentlichen Buße. So ist hier zumindest daran zu erinnern, dass die zwischen dem 6. und 12. Jahrhundert entstandenen Bußbücher den Fleischverzicht als Gegenmaßnahme bei vielerlei Delikten auferlegen. In eben diesem Sinne bezieht Hrabanus Maurus die Notwendigkeit des Fleischverzichts ausdrücklich nicht allein auf die Mönche, sondern in gleicher Weise auf die Büßer: »damit sie den Fehler der Schlemmerei vermeiden«, ja im Blick auf die Speisen stets Besonnenheit und Maß walten lassen und sich nicht der Leidenschaft hingeben.[46]

Obwohl sich die Argumentation des Hieronymus zugunsten des Fleischverzichts auf alle Christen bezieht und er im Mittelalter sinnentsprechend überliefert worden ist, zeichnete der Fleischverzicht die christiani perfecti stets besonders aus. In der Nachfolge der Anachoreten verwirklichten die ab dem 4. Jahrhundert gleichfalls aufkommenden Gemeinschaftsmönche die Abstinenz von Fleisch in nachdrücklicher Weise: So versteht beispielsweise Petrus Damiani († 1072) den Verzicht auf Fleisch als Ausdruck des monastischen »Demutskleides«[47]; Mönch sein heiße eben, in der

---

45 Hrabanus universo XIX 3: … ipse Daniel et tres pueri cum eo, contemptis deliciis realibus, appetunt esum leguminum: contritis carnalibus desideriis, merito viri desideriorum spiritalium possunt nuncupari.

46 Hrabanus ecclesia III: … Haec tamen non ita dicimus quasi monachorum regulam quae a quadrupedum esu prohibet vituperemus, vel poenitentes carnium esu abstinere prohibeamus, sed ut quomodo gulae vitium devitandum sit doceamus. Oportet enim ut qui a vino et carnibus se abstinet non sit in caeteris cibis vel potibus ultra modum avidus: sed in omnibus sobrius et moderatus.

47 Petrus 153: … coniugium sprevimus, esum carnium devitamus, mundi pompas et gloriam perhorrescimus, nitorem saecularis habitus humili veste mutamus,16, Z. 26.

Weise zu leben, wie es schon die Menschen in den 1600 Jahren vor der Sintflut getan hätten.[48] Angesichts dieses Selbstverständnisses verwundert es nicht, dass zahlreiche Klosterregeln dezidiert auf die Frage des Fleischverzichts eingehen.[49] Dabei fördert die Analyse der zönobitischen regulae des 5. bis 7. Jahrhunderts eine im Vergleich zu den anachoretischen Zeugnissen zumindest gegenüber alten und schwachen Klosterinsassen nachsichtigere Haltung zutage.[50] So heißt es in der Benediktsregel:»Alle, mit Ausnahme der sehr Schwachen sowie der Kranken, sollen sich vom Fleisch der Vierfüßler (quadrupedes) enthalten.«[51] Im Unterschied zu dieser Weisung des 39. Regelkapitels verfügt Benedikt im 36. Regelkapitel mit Blick auf die Kranken:»Für die Wiederherstellung ihrer Kraft darf den Kranken und solchen von schwacher Konstitution auch Fleisch (caro) als Speise erlaubt werden. Allerdings sollen sie sich, sobald es ihre Gesundheit wieder zulässt, wie alle anderen Brüder von Fleisch enthalten.«[52] Kurzum: Die Position der Benediktsregel ist für die meisten zeitgenössischen Klosterregeln repräsentativ, insofern auch ihr das tierische Fleisch als Sitz der Leidenschaften galt und dessen Verzehr für den zur sexuellen Enthaltsamkeit verpflichteten Mönch große Gefahren in sich barg. Mit anderen Worten: Nicht das verzehrte Fleisch an sich zeigt polluierende Wirkung; gleichwohl leistet es der kultischen˙Befleckung des Mönches insofern Vorschub, als es seine Leidenschaft, besonders die sexuelle Lust, stimuliert und so die monastisch hergestellte Realpräsenz des Paradieses behindert.[53]

48 Petrus 97 82, Z. 27: ... post mundi quippe nascentis exordium per mille ferme atque sexcentos annos humanum genus sine vini poculo et esu carnium vixit; nec tamen quispiam, quem Scriptura commemoret, usque ad obitum languore contabuit.
49 Überblick über die überlieferten Klosterregeln bei de Vogüè (1985).
50 Lutterbach (1999) 194–203.
51 Regula Benedicti 39,11: Carnium uero quadripedum omnimodo ab omnibus abstineatur comestio praeter omnino deuiles egrotos.
52 Regula Benedicti 36,9: Sed et carnium aesus infirmis omnino deuilibus pro reparatione concedatur; adubi meliorati fuerunt, a carnibus more solito omnes abstineant.
53 Zu den polluierenden Auswirkungen der Sexualität s. umfassend Lutterbach (1999); Lutterbach (1998).

Im Mittelalter nahmen die Mönche des zu Anfang des 10. Jahrhunderts unweit des heutigen Taizé gegründeten Klosters Cluny und seiner Tochtergründungen sowie die maßgeblich durch Bernhard von Clairvaux († 1153) mitbegründeten Zisterzienser jeweils für sich in Anspruch, den Anspruch der Benediktsregel in besonderer Weise in die Tat umzusetzen. Wie wirkte sich diese Option im Blick auf den Fleischverzicht aus?

Die verschriftlichten Klostergewohnheiten der Cluniazenser lassen keinen Zweifel daran, dass der Fleischverzehr gesunden Mönchen nicht erlaubt war. Zugestanden wurde er allein den Kranken, wie sich anhand der zwischen 1063 und 1087 abgefassten monastischen Gepflogenheiten des cluniazensischen Mönches Bernard exemplarisch belegen lässt. Diesem Zeugnis zufolge waren die Kranken, die Fleisch zu sich nahmen sowie die fleischabstinenten Brüder auf der Krankenstation auch räumlich streng voneinander abgeschirmt.[54] Die Kranken, die Fleisch aßen, hatten ihre Ausnahmestellung dadurch kenntlich zu machen, dass sie einen Stock trugen und sich die Kapuze aufsetzten, wenn sie sich auf dem Klostergelände bewegten.[55] Überdies ist bemerkenswert, dass die Kranken, die zu ihrer Gesundung auf Fleisch angewiesen waren, bei ihrer Rückkehr in den Konvent ›stufenweise‹ wiedereingegliedert werden sollten: Die Bernard-Consuetudines sprechen unter anderem davon, dass die von der Krankenstation in den Konvent zurückkehrenden Brüder am Tag ihrer Rückkehr weder bei der Messe im Konvent singen noch diese feiern dürfen.[56] Auch von der Kommunion müssen sie sich an dem Tag enthalten, an dem sie die Infirmerie verlassen.[57] Die offensichtliche Unvereinbarkeit von Fleischverzehr und Kommunionempfang zeigt sich besonders dann, wenn Brüder für längere Zeit in der Infirmerie bleiben und aus gesundheitlichen Gründen Fleisch zu sich nehmen müssen, so dass ihnen die Kommunion aus diesem

---

54 Bernard Ordo I 23.
55 Bernard Ordo I 23: ... nusquam absque baculo incedit et caput capello coopertus.
56 Bernard Ordo I 74, Nr. 45; Hugo 1200 1.
57 Hugo 1200 1.

Grunde allein an den fünf Hauptfesten gestattet ist.[58] Zwar kommen die untersuchten Dokumente nicht auf die Motivation für diese Auflage zu sprechen, doch wird man auch hier die Therapie der Leidenschaften sowie eine an paradiesischen Maßstäben orientierte Christus-Nachfolge im Hintergrund vermuten dürfen. Diese Therapie bzw. dieses Streben nach perfectio wurden offenbar nur dann ausgesetzt, wenn Mönche körperliche Krankheit und Schwäche zeigten.

Die Zisterzienser wollten die Fleischabstinenz der Cluniazenser noch übertreffen, insofern sie das nachhaltige Verbot des Verzehrs tierischer Fette als Gegensatz zu den Cluniazensern herausstellten.[59] Eher kurz und knapp gibt sich die grundlegende Verfügung des Exordium Cistercii et Capitula: »Die Gerichte im Kloster seien immer und überall ohne Fleisch und Fett zubereitet, ausgenommen für Kranke.«[60] Im gleichen Sinne heißt es in Statuten aus dem Jahre 1134, dass sowohl im Kloster als auch auf den angeschlossenen Bauernhöfen (Grangien) außer den Kranken niemand befugt sei, Fleisch oder tierisches Fett zu sich zu nehmen.[61] Ent-

58 Bernard Ordo I 23.
59 So heißt es 1152 unter Hinzufügung einer Buße sowie in Abgrenzung von den Cluniazensern: »Diejenigen [aus den Reihen der Zisterzienser], die in den Häusern der schwarzen Mönche [d. h. der Cluniazenser] wissentlich Fett zu sich nehmen, fasten sieben sextis feriis bei Wasser und Brot.« (Statuta 1152 11: Qui in domibus nigrorum monachorum scienter sagimen comederint, septem sextis feriis in pane et aqua ieiunabunt). 1180 verfügen die zisterziensische Statuten, dass diejenigen, die in Häusern anderer Orden essen und glauben, daß die Kost mit tierischem Fett zubereitet sei, sich von der Speise ganz und gar enthalten; für den Falle der Zuwiderhandlung drohen empfindliche Bußauflagen (Statuta 1180 4: Qui in domibus alterius Ordinis comedunt, si credunt in pulmentariis esse sagimen, ab eis prorsus abstineant. Si contra conscientiam comederint, septem sextis feriis ieiunent in pane et aqua, et si in consuetudinem vertant, gravius puniantur). Zum Fleischverzicht bei den Zisterziensern finden sich nützliche Hinweise bei Schreiner (1982) 106f.
60 Exordium 27.
61 Statuta 1134 24: Intra monasterium nullus vescatur carne aut sagimine, nisi omnino infirmi et artifices conducti. Similiter et intra curtes grangiarum nisi propter easem causas, et etiam propter mercenarios; Statuta 1183: In quibusdam domibus passim et nimis facile dantur carnes. Eapropter monemus ut in hoc abbates conscientius provideant firmiterque authoritatem regulae observent, que tantum infirmis omninoque debilibus

sprechend einem Beschluss des Generalkapitels von 1157 dürfen weder ein Abt noch ein Mönch noch ein Konverse des Zisterzienserordens außerhalb der Infirmerie Fleisch verspeisen. Wenn jedoch jemand diesem Verbot wegen eines bischöflichen Befehls, aus Entrüstung oder aufgrund der Exkommunikation zuwidergehandelt hat, fastet er für jeden einzelnen Fleischkonsum drei Tage bei Wasser und Brot. Ein in dieser Sache schuldig gewordener Abt möge dafür vor dem Generalkapitel um Verzeihung bitten, ein Mönch vor dem Kapitel seines Hauses.[62] Somit wird man auch im Blick auf die Zisterzienser nicht fehlgehen in der Annahme, dass der klösterliche Vegetarismus im Sinne der früheren monastischen Tradition weiterhin der Therapie der Leidenschaften und dem Streben nach paradiesischen Idealzuständen Vorschub leisten sollte.

D. Schluss

Die Längsschnittuntersuchung zum christlichen Fleischverzicht zwischen der biblischen Anfangszeit und dem Ausgang des Hohen Mittelalters hat zum Ergebnis, dass Hieronymus mit seiner Option zugunsten der Fleischabstinenz vor allem im Blick auf die Asketen und schweren Büßer Maßstäbe zu setzen vermochte. Ohne Übertreibung wird man dem Fleischverbot für diese Zielgruppen Heilsrelevanz zubilligen dürfen: als Maßnahme zur Therapie der Leidenschaften in pagan-philosophischer Tradition; vor allem im

carnes indulget; Statuta 1195 10: Nulli penitus in abbatiis, grangiis vel cellariis, carnes dentur exceptis infirmis in abbatia. Transgressor, sive abbas, sive quilibet alius, eodem die quo hoc fecerit, sit in pane et aqua. Statuta 1195 28: De esu carnium in infirmitorio sicut statutum est antiquitus teneatur; hoc tamen dilegentius observetur ut omnis superfluitas auferatur.

62 Statuta 1157 14: Nullus abbas vel monachus sive conversus nostri ordinis extra infirmitoria nostri ordinis carnes comedat. Quod si alicuius episcopi iussu, vel indignatione, aut excommunicatione fecerit, pro singulis vicibus quibus carnes comederit, tres dies ieiunet in pane et aqua. (…) Et si abbas est, in capitulo Cisterciensi inde veniam petat; si monachus vel conversus, in suo capitulo.

Blick auf die Mönche als Vergegenwärtigung des paradiesischen Urzustandes im Sinne der monastischen vita angelica.

Im Blick auf das, was die christlichen Asketen und Mönche mit der neutestamentlichen Indifferenz gegenüber dem Fleischverzehr anfingen, ist festzuhalten, dass sie daraus innerhalb des seit dem Ende des 3. Jahrhunderts zunehmend asketisch-weltabgewandt orientierten Bezugsrahmens eine Bestätigung auch des Fleischverzichts erblickten, die bis dahin reicht, dass auch Jesus sowie seine Jünger und Apostel als Vegetarier reklamiert werden konnten, ohne dass man in diesem Zusammenhang dualistischen Versuchungen nachgegeben hätte. Was die mittelalterlichen Mönche mit der neutestamentlichen Indifferenz gegenüber dem Fleischverzehr anfingen, zeigt sich unübertroffen, wenn die Zisterzienser siegesgewiss davon ausgingen, dass Gott beim Jüngsten Gericht die wirklichen Mönche des Heiligen Benedikt an ihrem Mageninhalt identifizieren werde; so dürften allein sie sich rühmen, dass bei ihnen ausschließlich vegetarische, asketisch-einfache Nahrung gefunden werde.[63]

Literatur

Quellen / Textausgaben

Alcuin, Interrogationes et responsiones in *Genesim*, qu. 132,
    ed. Jean-Paul Migne (Patrologia Latina 100), Paris: Brepols 1892.
Bernard von Cluny, *Ordo* Cluniacensis par Bernardum,
    ed. M. Herrgott: Vetus Disciplina Monastica, Paris 1726.
Clemens von Alexandrien, *Paedagogus* II 1, 16, 1,
    ed. Otto Stählin u. a. (GCS 12), Berlin: Akademischer Verlag 1906.
Epiphanios von Salamis, *Haereses* XXX 22,4,
    ed. Karl Holl (GCS 25), Berlin: Akademischer Verlag 1915.
Eusebius von Caesaraea, *Demonstratio* Evangelica III 5,74,
    ed. Ivar A. Heikel (GCS 23), Leipzig: Hinrichs 1913.

63 Jakob Sermones 26–27.

Exordium Cistercii et Capitula 13,
ed. Ambrosius Schneider: Die Cistercienser. Geschichte – Geist – Kunst, Köln: Wienand 1974.

Gregor von Nazianz, *Monitum* in orationem 14,4,
ed. Jean-Paul Migne (Patrologia Graeca 35), Paris: Keutron 1888.

Hieronymus, Adversus *Iovinianum*,
ed. Jean-Paul Migne (Patrologia Latina 23), Paris: Brepols 1888, 221–352.

Hieronymus, Liber de viris *inlustribus* 2,
ed. Ernest Cushing Richardson (Texte und Untersuchungen zur Geschichte der altchristlichen Literatur 14,1), Leipzig: Hinrichs 1896.

Hrabanus Maurus, De institutione *clericorum*,
ed. Alois Knöpfler (Veröffentlichungen aus dem kirchenhistorischen Seminar München 5), München: Lentner 1900.

Hrabanus Maurus, Enarratio super *Deuteronomium* II 4,
ed. Jean-Paul Migne (Patrologia Latina 108), Paris: Brepols 1884.

Hrabanus Maurus, Commentarium in *Genesim* II 8,
ed. Jean-Paul Migne (Patrologia Latina 107), Paris: Brepols 1880.

Hrabanus Maurus, De *ecclesia* disciplina III (De gula),
ed. Jean-Paul Migne (Patrologia Latina 112), Paris: Brepols 1889.

Hrabanus Maurus, De *universo* XIX 3,
ed. Jean-Paul Migne (Patrologia Latina 111), Paris: Brepols 1884.

Johannes Chrysostomus, Commentarius in S. *Mattheum* Evangelistam,
ed. Jean-Paul Migne (Patrologia Graeca 58), Paris: Keutron 1889.

Jakob von Vitry, *Sermones* feriales et communes,
ed. v. J. Greven, Heidelberg: Winter 1914.

Odo von Cluny, *Collationes* II 18,
ed. Jean-Paul Migne (Patrologia Latina 133), Paris: Brepols 1881.

Petrus Damiani, Ep. 97,
ed. Kurt Reindel: Die Briefe des Petrus Damiani 3 (MGH. Die Briefe der deutschen Kaiserzeit 3), München: Monumenta Germaniae Historica 1989.

Petrus Damiani, Ep. *153*,
ed. Kurt Reindel: Die Briefe des Petrus Damiani 4 (MGH. Die Briefe der deutschen Kaiserzeit 4), München: Monumenta Germaniae Historica 1993.

Regula Benedicti
 ed. Rudolf Hanslik (Corpus Scriptorum Ecclesiasticorum Latinorum 75), Wien: Hoelder-Pichler-Tempsky [2]1977.

Statuta OCist,
ed. Joseph-M. Canivez: Statuta Capitulorum Generalium Ordinis Cisterciensis I, Louvain: Bureaux de la Revue 1933.

Statuts de Hugo (Abbé de Cluny) (a. 1200),
ed. G. Charvin: Statuts, chapitres généraux et visites de l'ordre de Cluny 1–5, Paris: de Boccard 1965–1970 .

Sekundärliteratur

Angenendt, Arnold (1972):
Monachi Peregrini. Studien zu Pirmin und den monastischen Vorstellungen des frühen Mittelalters (Münstersche Mittelalter-Schriften 6), München: Fink 1972.

Arbesmann, Rudolf (1969):
Art. *Fasten*, in: RAC 7 (1969), 447–493.

Assmann, Jan (1992):
Das kulturelle Gedächtnis. Schrift, Erinnerung und politische Identität in frühen Hochkulturen, München: Beck 1992.

Bratsiotis, Nikolaos P. (1973):
Art. בשׂר, in: ThWAT 1 (1973), 850–867.

de Vogüé, Adalbert (1985):
Les règles monastiques anciennes. 400–700 (Typologie des sources du moyen âge occidental 46), Turnhout: Brepols 1985.

Durst, Michael (1996):
Art. *Jovinianus*, in: LThK 5 (1996), 1020–1021.

Frank, Karl-Suso (1964):
Bios Angelikos. Begriffsanalytische und begriffsgeschichtliche Untersuchung zum ›engelgleichen Leben‹ im frühen Mönchtum (Beiträge zur Geschichte des alten Mönchtums und des Benediktinerordens 26), Münster: Aschendorff 1964.

Frank, Karl-Suso (1980):
»*Siehe das Gesetz, unter dem du dienen willst.*« *Der geschichtliche Ort der Benediktusregel*, in: Benediktinische Monatsschrift 56 (1980), 427–440.

Gnilka, Joachim (1988):
Das Matthäusevangelium. 2. Teil (HThK.NT 1,2), Freiburg / Basel / Wien: Herder 1988.

Grimm, Veronika E. (1996):
From Feasting to Fasting. The Evolution of a Sin. Attitudes to Food in Late Antiquity, London / New York: Routledge 1996.

Hagemyer, Oda (1985):
Ecce lex ... (zu RB 58,10), in: Studien und Mitteilungen zur Geschichte des Benediktinerordens und seiner Zweige 96 (1985), 238–246.

Joest, Christoph (1994):
Bibelstellenkonkordanz zu den wichtigsten älteren Mönchsregeln (Instrumenta Patristica 9), Steenbrugge: Abbatia S. Petri 1994.

Kümmel, Werner Georg (1973):
Äußere und innere Reinheit des Menschen bei Jesus, in: Balz, Horst / Schulz, Siegfried (Hrsg.): Das Wort und die Wörter. FS Gerhard Friedrich, Stuttgart u. a.: Kohlhammer 1973, 35–46.

Lutterbach, Hubertus (1995):
Monachus factus est. Die Mönchwerdung im frühen Mittelalter. Zugleich ein Beitrag zur Frömmigkeits- und Liturgiegeschichte (Beiträge zur Geschichte des alten Mönchtums und des Benediktinertums 44), Münster: Aschendorff 1995.

Lutterbach, Hubertus (1997):
›*Chartas aut venditiones aut donationes facere*‹. *Literalität und Mönchwerdung im frühen Mittelalter*, in: Kasper, Clems M. / Schreiner, Klaus (Hrsg.): Viva vox und ratio scripta. Mündliche und schriftliche Kommunikationsformen im Mönchtum des Mittelalters (Vita Regularis 5), Münster: Lit 1997, 75–95.

Lutterbach, Hubertus (1998):
Gleichgeschlechtliches sexuelles Verhalten – Ein Tabu zwischen Spätantike und Früher Neuzeit?, in: Historische Zeitschrift 267 (1998), 281–311.

Lutterbach, Hubertus (1999):
Der Fleischverzicht im Christentum. Ein Mittel zur Therapie der Leidenschaften und zur Aktualisierung des paradiesischen Urzustandes, in: Saeculum 50 (1999), 177–209.

Lutterbach, Hubertus (1999a):
Sexualität im Mittelalter. Eine Kulturstudie anhand von Bußbüchern des 6. bis 12. Jahrhunderts (Beihefte zum Archiv für Kulturgeschichte 43), Köln / Weimar: Böhlau 1999.

Meggit, Justin (1995):
Meat Consumption and Social Conflict in Corinth, in: JThS NS 45 (1995), 137–141.

Merkl, Helmut (1968):
Markus 7,15. Das Jesuswort über die innere Verunreinigung, in: Zeitschrift für Religions- und Geistesgeschichte 20 (1968), 340–363.

Pesch, Rudolf (1976):
Das Markusevangelium. 1. Teil (HThK.NT 2,1), Freiburg / Basel / Wien: Herder 1976.

Scharbert, Josef (1967):
Fleisch, Geist und Seele im Pentateuch (SBS 19), Stuttgart: Verlag Katholisches Bibelwerk [2]1967.

Schnackenburg, Rudolf (1985):
Matthäusevangelium 1,1–16,20 (NEB.NT 1), Würzburg: Echter 1985.

Schrage, Wolfgang (1995):
Der erste Brief an die Korinther. 2. Teilband: 1 Kor 6,12–11,16 (EKK 7,2), Zürich u. a. / Neukirchen-Vluyn: Benziger / Neukirchener Verlag 1995.

Schreiner, Klaus (1982):
Zisterziensisches Mönchtum und soziale Umwelt. Wirtschaftlicher und sozialer Strukturwandel in hoch- und spätmittelalterlichen Zisterzienserkonventen, in: Elm, Kaspar (Hrsg.): Die Zisterzienser. Ordensleben zwischen Ideal und Wirklichkeit. Ergänzungsband (Schriften des Rheinischen Museumsamtes Bonn 18), Köln: Habelt 1982, 79–135.

Schümmer, Johannes (1933):
Die altchristliche Fastenpraxis. Mit besonderer Berücksichtigung der Schriften Tertullians (Liturgiegeschichtliche Quellen und Forschungen 27), Münster: Aschendorff 1933.

Wilckens, Ulrich (1982):
> *Der Brief an die Römer* (EKK 6,3), Zürich u. a. / Neukirchen-Vluyn: Benziger / Neukirchener Verlag 1982.

Online unter:
http://www.bibfor.de/archiv/00-1.lutterbach.htm

Interview

Jesaja
Michael
Wiegard

Die fremde Welt der Bibel
Ein Gespräch mit Thomas Ruster

Seit knapp drei Jahren liegt die Quaestio disputata „Der ver-
wechselbare Gott. Theologie nach der Entflechtung von Christentum und Religion"[1] als Buch vor – und ihr Verfasser Thomas Ruster hat einige Unruhe ausgelöst, vor allem in der Pastoraltheologie
und Katechese.

▸ Hubertus Halbfas spricht in einem Beitrag für das Forum der
  rhs davon, dass die Akzeptanz der Thesen Rusters „einen Pa-
  radigmenwechsel des Faches und zugleich dessen Ende im
  staatlichen Schulwesen zur Folge hätte[n]"[2].
▸ Georg Baudler sieht im gleichen Heft die „Korrelationsdidak-
  tik auf dem Prüfstand" und befasst sich in diesem Zusammenhang ebenfalls mit den Thesen Rusters.[3]
▸ In Publik Forum trafen sich Halbfas und Ruster zum Streitge-
  spräch.[4]
▸ Auf der Burg Rothenfels diskutierten Carl Amery, Michael
  Ebertz, Gotthard Fuchs, Ottmar John, Thomas Pröpper und
  Maria Widl mit Thomas Ruster in einem öffentlichen Streitge-
  spräch – ein ganzes Wochenende.

Einer der Streitpunkte, der diese Debatte auch für das *Biblische
Forum* interessant macht, ist die Forderung Rusters, der Religionsunterricht müsse in die Welt der Bibel, in das biblische Wirklichkeitsverständnis einführen. Im Gespräch mit Jesaja Michael Wiegard erläuterte Thomas Ruster einige Eckdaten seines Entwurfs.

---

1 Ruster (2000).
2 Halbfas (2001).
3 Baudler (2000).
4 Halbfas/Ruster (2001).

Einführung in die fremde Welt der Bibel

J. M. W.: *Das heißt, der Anknüpfungspunkt wären nicht die eigenen guten Erfahrungen. Wir halten Mahl im Kreis der Familie und das ist dann auch so, wenn wir mit Gott Mahl halten. Deswegen gehen wir zur Eucharistie, was ja, wenn man es durchdenkt und sich den Alltag der Kinder ansieht, tendenziell lächerlich wird. Das ist nicht mehr der Anknüpfungspunkt, sondern der Anknüpfungspunkt zur Vermittlung von Christentum wäre die Frage: Kannst du dich darauf einlassen, dass es überhaupt eine andere Wirklichkeit gibt, als das, was dich alltäglich begleitet, prägt und umgibt?*

Th. R.: Ja, würde ich auch so sagen, wobei die Frage so gar nicht gestellt werden muss. Mindestens so lange es Religionsunterricht gibt, hat er das Recht, einfach diese andere Wirklichkeit vorzustellen, in sie einzuführen, genauso wie der Französischlehrer eben die Wirklichkeit der französischen Sprache und ihrer Denkwelt und ihrer Kulturwelt vorstellt. Auch der Mathematiklehrer führt in eine fremde Welt ein, die Welt der Zahlen, die den Kindern keinesfalls von Anfang an vertraut ist. Und manche, nicht alle, aber manche finden Spaß daran und denken dann eben mathematisch. Und so kann es auch biblisch gehen. Der Religionsunterricht könnte darin bestehen, Schüler in den intertextuellen Zusammenhang der Bibel und ihrer späteren textlichen und kulturellen Hervorbringungen einzuführen.

Ich darf mal ein kleines Beispiel erzählen von einem Unterrichtsversuch in der Klasse 5. Da ging es um das Thema Himmelfahrt Jesu, und natürlich haben die Schüler oder hätten die Schüler von sich aus gedacht: ‚Himmelfahrt, das ist so was ähnliches wie Peterchens Mondfahrt oder wie Raumfahrt; er fliegt zum Himmel hoch.' Das ist in traditionellen Vorstellungsmustern durchaus denkbar. Aber wir haben es gar nicht daran zurückgebunden, haben gar nicht nach den Ausgangserfahrungen gefragt in diesem Unterrichtsprojekt, sondern haben ihnen einfach andere biblische Texte gegeben, die ähnliche Motive enthalten, z. B. die Himmelfahrt Elias oder auch die Wolke, die im Offenbarungszelt schwebt, oder die Wolke, die dem Volk Israel in der Wüste voran zieht, oder die Verklärung mit Mose und Elija, und haben sie einfach – in der Klasse 5 wohlgemerkt – aufgefordert, auf gemeinsame Motive in den Texten zu achten. Das haben sie auch sehr intensiv und sehr gerne gemacht, haben auch viel gefunden, und am Ende war die Tafel ein ganzes Netz von Verweisen: Das kommt da vor, die Wolke gibt es da schon, sie bedeutet da das oder sie hat diese Signifikanten, bedeutet eben das noch. So wird z. B. klar, etwa von Elija her, dass die Himmelfahrt etwas mit einer neuen Vollmacht zu tun hat, die die bekommen, die zurück bleiben. Das ist ja bei Elia das Motiv: Die Jünger des Elija können plötzlich auch Wunder wirken. Der Elischa kann sogar mit dem Mantel auf den Jordan schlagen und er teilt sich wie damals am Roten Meer – Aha! wieder eine Beziehung zum Exodus, wo ja auch schon die Wolke vorkommt. Und das Zurückgehen nach Hause in einer neuen Vollmacht ist ja offenbar auch ein wichtiges Motiv der Himmelfahrterzählung in der Apostelgeschichte. Solche, hier nur ansatzweise skizzieren innertextuellen Zusammenhänge und intertextuellen Zusammenhänge, das ist etwas Spannendes, und ich denke, da könnte ein Religionsunterricht Schritt für Schritt hineinführen.

Jenseits der historisch-kritischen Exegese

J. M. W.: *Das heißt, von der biblischen Theologie her wäre das Ungenügen an dem ‚Nur‘ der historisch-kritischen Forschung, das sich in den letzten Jahren Bahn gebrochen hat und zu Gegenentwürfen wie kanonischer oder synchroner Exegese geführt hat, tendenziell ein Bundesgenosse für einen solchen Entwurf?*

Th. R.: Ja, mit Sicherheit! Die historisch-kritische Exegese hat es ja – bei all ihren großen Verdiensten – auch dazu gebracht, dass die Bibel nach unserem neuzeitlichen, wissenschaftlichen Wirklichkeitsverständnis gelesen und gesehen wird.

Man kann es an einem Beispiel sehr klar sehen, bei dem Problem der Wunder. Das ist unserem neuzeitlichen Weltbild nicht kommensurabel. Also hat die Exegese und auch die darauf fußende Theologie dauernd versucht, die Wunder anders zu erklären, als bloße Zeichenhandlungen oder als Antitrick Jesu, um damals die Menschen zu überzeugen. Man hat quasi auf vernünftige Weise, nach unserer Vernunft, zu erklären versucht. Man hat das Wunder nicht Wunder bleiben lassen. Nach biblischem Wirklichkeitsverständnis können Wunder geschehen. Und die Frage ist nicht, wie können wir das verstehen, sondern die Frage ist, wie kommen wir in ein Wirklichkeitsverständnis hinein, wo so etwas wie diese Wunder überhaupt denkbar ist. Vielleicht ein kleines Beispiel, wir hatten letzten Sonntag das Evangelium von der Stillung des Seesturmes, das gilt als ein klassisches Naturwunder, das heute eben überhaupt nicht mehr verständlich ist. Wie kann man dem Wind und dem Wasser gebieten? Aber das Gebieten ist so ein biblisches Stichwort, es wird gewissermaßen ein Zeichensystem damit evoziert: ‚Aha, da geht es um jemanden, der gebietet.'

Und die Gebote, das weiß ein biblisch denkender Mensch erweisen sich als stärker als die Wirklichkeit. Also ist durchaus so etwas denkbar, dass, wenn jemand gebietet, und zwar Jesus, dass sich dann etwas ändern kann in der Wirklichkeit. Wie immer das jetzt im Einzelnen vorstellbar sein mag: Die Frage der Jünger „Was ist das für ein Mensch, das ihm Wind und Wellen gehorchen" deutet darauf hin, dass sie eben daran seine Göttlichkeit erkennen, dass er ein Gebietender ist, dass er gewissermaßen in der Logik der Gebote mit der Wirklichkeit umgeht.

Das ist nur ein kleiner Hinweis, aber in diese Richtung müsste man versuchen zu denken, um den Wundern das pure Mirakulöse und eben dann für uns auch nicht Begreifliche zu nehmen.

Das Christentum und die Tora

J. M. W.: *Fasziniert hat mich in Ihrem Buch der Bezug zu Jeshajahu Leibowitz zum Gottesverständnis, der mich sehr fasziniert, weil er auch ganz auf das Begreifen Gottes durch den Menschen verzichtet und stattdessen auf die Handlungen setzt, die sich aus dem Wissen um Gottes Existenz ergeben: „Es steht geschrieben ‚Ich bin Gott', und der Mensch muss ihn erkennen. Das ist alles. Der Glaube besteht nicht darin, dass ich etwas*

über Gott weiß, sondern darin, dass ich etwas über meine Pflichten gegenüber Gott weiß. Der Glaube, der darauf gegründet ist, dass ich über Gott Bescheid wüsste, ist Götzendienst. [...] Gott ohne Tora ist immer ein Götze.«[5]
Th. R.: Die Tora ist das, was Gott von den Götzen unterscheidet. Und in dem Sinne gehört die Tora ganz wesentlich zu Gott, weil sie ihn eben unterscheidet, und damit das erste Gebot ständig präzisierend erfüllt. Für uns Christen ist Jesus eben das, was die Tora für die Juden ist, nämlich das Unterscheidende an Gott. Damit allein schon gehört Jesus zu Gott. Wir als Christen können Gott ohne Jesus, ohne ihn als Definition, nicht erkennen. Gott definiert sich gewissermaßen so über Jesus, oder wir können Gott gar nicht anders als über Jesus, mit Jesus und in Jesus definieren, dass wir ihn als Gott eben darin erkennen.

Aber ich glaube, dass Jesus sehr gut begriffen werden kann, wenn er vor allem als Täter der Tora begriffen wird und als jemand, der seine Art, die Tora zu erfüllen, auch für andere vermittelt und sie einlädt, mit ihm zusammen in dieser Weise die Tora zu erfüllen. Und das ist eben seine Botschaft: Alle Menschen können die Tora erfüllen. Er traute sich zu, die Menschen dazu zu motivieren, dazu zu bewegen, und dann konnte er eben sagen, das Reich Gottes ist nahe. Das Reich Gottes ist nahe: In dem Augenblick, wo alle Menschen die Tora erfüllen, ist das Reich Gottes ja auch da.

J. M. W.: *Wenn das Reich Gottes dann nahe ist, wenn die Menschen die Tora erfüllen, wie kann ich mir dann den Gedanken plausibel machen, dass Gott selbst direkt in die Geschehnisse der Welt eingreift, wie also handelt Gott in dieser Welt?*
Th. R.: Wenn man Gott als höchstes Sein denkt und ihm von daher Wirkung zuspricht, eben im Begriff der Macht, dann kommt man ja notwendig zum traditionellen Begriff der göttlichen Omnipotenz, der Allmacht. Der ergibt sich zwangsläufig aus diesem Gottesbegriff und ist ja auch wirklich die Spitze der traditionellen Gotteslehre, zu sagen, dass Gott allmächtig ist, also alles das tun

---

5 Leibowitz/Shashar (1994) 128.

kann, was er tun will, ja sogar, das tun kann, was er wollen könnte. Das ist ja ein zutiefst aporetischer Gottesbegriff geworden.

Ein solcher allmächtiger Gott, der irgendwie seine Allmacht
auch zeigen müsste, der existiert nicht mehr in unserer Welt, der
kann nicht mehr geglaubt werden. Darum denke ich, wir müssen
damit anfangen, den Begriff der Macht Gottes ganz anders zu
denken, d. h. einmal nicht gewaltförmig, das ist die Mindestforde-
rung, die erfüllt werden muss, aber auch anders als eben Macht
überhaupt sonst gedacht wird, nämlich eben als Durchsetzung
gegen den Willen anderer, eben als eine Macht, die auch zwingen
kann. Indem Gott Gebote geben kann, erweist er sich als allem
überlegen.

Denn das Gebot ist, indem es eben etwas fordert, was noch
nicht der Fall ist, stärker als alles, was der Fall ist. Die Macht
Gottes liegt allein darin, dass er gegenüber allem, was existiert,
eben noch etwas anderes sagen kann, nämlich das Gebot sagen
kann, und dass dieses Gebot mit einer Verheißung verknüpft ist,
nämlich der Verheißung, dass das Gebot erfüllt wird. Und wenn es
erfüllt wird, dass eben dann das eintritt, was das Gebot will, nämlich Frieden, Gerechtigkeit, gutes Zusammenleben der Menschen.
Und das hat eine eigene Evidenz für sich, wenn man so will auch
eine erfahrungsmäßige Evidenz: Was die Weltgeschichte, was die
Menschen wirklich bewegt, ist nicht das, was ist, sondern: Hoff-
nungen, Erwartungen, Verheißungen, die über das Bestehende
hinaus gehen, die unabgegoltenen Erwartungen der Geschichte bewegen die Weltgeschichte. So wirkt Gott. Man kann sich Gott ruhig, wenn man will, im menschlichen Sinne als völlig machtlos
vorstellen, aber in dem Augenblick, wo er ein Gebot geben kann,
ist er mächtiger als alles.

Gott und die Götter

*J. M. W.: Für Sie heißt das „fundamentale[s] biblische Thema
[...] Jahwe und die anderen Götter"*[6]*. Soweit ich das nachvoll-*

---

6 Ruster (2000) 166. Dort beginnt Kapitel V: Gottesdienst und Götzendienst.

ziehen kann, orientieren Sie sich dabei am Werk des Schweizer Theologen Leonhard Ragaz (1868–1945) und an Gedankengängen des rabbinischen und talmudischen Judentums. Prägend sind dabei die philosophisch geprägte Form durch Jeshajahu Leibowitz (1900–1997) und Steven S. Schwarzschild (1924–1989), wobei mich besonders die Gestalt und Gedankenwelt von Leibowitz fasziniert. Wie stellt sich für Sie die entscheidende Frage innerhalb der christlichen Tradition, besonders für die Exegese, angesichts dieses Fundamentalthemas?

Th. R.: Da kann ich mich gut selbst zitieren, aus dem Buch, über das wir gerade sprechen: „Wie ist die Unterscheidung von Gott und Abgott christlich zu vollziehen? Für Christen ist Jesus Christus der Weg zu Gott und zum Leben, zu dem Leben, das aus der Befreiung von den todbringenden Mächten und Götzen erwächst. Da aber jüdisch-biblisch unbedingt gilt, was Leibowitz auf die Formel gebracht hat: „Gott ohne Tora ist immer ein Götze", stehen wir zuletzt auch hinsichtlich der Unterscheidung im Gottesverständnis vor der Grundfrage aller christlichen Exegese, der Beziehung zwischen Christus und der Tora. [...] Wird christlicher Glaube so verstanden und gelebt, dass Christus nach Röm 10,4 das ‚Ziel' und die ‚Vollendung', die für die Heiden vermittelte ‚Aktualität' der Tora bedeutet, dann wird er im Kampf zwischen Gott und Götzen, zwischen Leben und Tod als die Gnade erfahrbar, die Gott mit Jesus über die Völker ausgegossen hat."[7]

Christentum: Jenseits der „Religion"?

J. M. W.: Große Schwierigkeiten haben Sie damit, das Christentum als eine Religion zu bezeichnen oder zu verstehen. Welche Alternativen schlagen Sie vor, um den Fallstricken zu entgehen, die sie in dieser Begrifflichkeit entdecken:

Th. R.: Eine religionskritische Religion, eine Götzendienst-kritische Religion, eine Religion der Unterscheidungen. Darin liegt auch noch mal ein bedeutsamer Unterschied zur ‚Religion', weil

7 Ruster (2000) 186.

Religion normalerweise versucht, eine letzte Einheit der Wirklichkeit zu gewährleisten im Sinne dessen, was Kaufmann Kosmisierungsfunktion nennt, um damit eben auch Kontingenzen des Daseins bewältigen zu können: In aller Gebrochenheit und Vielfalt soll irgendwie etwas Einheitliches sichtbar werden. Das ist eigentlich eine Grundfunktion von Religion, meine ich jedenfalls. Und biblische Religion ist zwar im gleichen Zeichensystem beheimatet, aber sie stellt genau diese Art von Kosmisierung ständig in Frage – damit ist sie eine religionskritische, eine Religion sogar aufhebende Religion. Wenn es eben losgeht mit Abraham, der auszieht aus Vaterstadt und Vaterland und Familie oder mit dem Volk Israel, es ist jeweils der Auszug aus bestehenden Weltdeutungssystemen.

Das ständige Unterwegssein, das nicht Festgelegte, das immer Offene, das ist ein schwacher Begriff dafür. Das gehört ganz wesentlich zum biblischen Religionsbegriff dazu. Der immer in der Gefahr steht, auch biblisch immer in der Gefahr stand, natürlich zur Religion im richtigen klassischen Sinne zu werden. Aber es war nie unwidersprochen. Da gab es die Propheten, die da immer gegen angegangen sind. Darum ist das Christentum auch in seiner Geschichte sehr oft Religion geworden – und konnte es auch werden, weil das auch sicherlich ein biblischer Strang war, den es da aktualisiert hat. Aber es konnte und kann auch heute eben nicht einfach nur in diesem Sinne Religion sein, es muss seine innere Widersprüchlichkeit oder eben ein sich ständiges Selbstaufheben behalten. Wie es im ersten Gebot gesagt ist: Gott nur im Gegensatz zu Gott, zu Göttern, zu dem was mir gerade Gott ist.

Weiterführende Literatur

Baudler, Georg (2000):
> *Korrelationsdidaktik auf dem Prüfstand.* Antwort auf ihre praktische und theologische Infragestellung, in: rhs 1 (2001), 54–62.

Bickmann, Jutta (2003):
> *Weitergabe lebensrelevanten Wissens – aber wie?* Reflexionen zum Bibelunterricht im Gymnasium ab Klasse 10, in: Faßnacht, Martin / Leinhäupl-Wilke, Andreas / Lücking, Stefan (Hrsg.): Die Weisheit –

Ursprünge und Rezeption. FS Karl Löning (NTA.NF 44), Münster: Aschendorff 2003, 277–296.

Bongardt, Michael (2001):
Unverwechselbares Christsein? Zum Stand der Diskussion über die Religionskritik Thomas Rusters, in: Herder-Korrespondenz 55 (2001), 316–319.

Faber, Eva-Maria (2001):
Bekehrung zum fremden Gott. Steht eine theologische Wende an? In: Geist und Leben 74 (2001), 467–474.
[http://www.thchur.ch/EMF_Theologische_Wende.pdf]

Halbfas, Hubertus (2001):
Thomas Rusters „fällige Neubegründung des Religionsunterrichts". Eine kritische Antwort, in: rhs 1 (2001), 41–53.

Halbfas, Hubertus / Ruster, Thomas (2001):
An Gott glauben oder an das Geld? Ersetzt der Kapitalismus das Christentum? Und wer kann da noch widerstehen? In: Publik Forum 5 (2001), 26–29.

Halbmayr, Alois (2001):
Eine neue Eindeutigkeit? Thomas Rusters Plädoyer für eine Entflechtung von Christentum und Religion, in: Salzburger Theologische Zeitschrift 5 (2001), 144–166.
[http://www.sbg.ac.at/sathz/2001-2/03halbmayr.pdf]

Hoff, Gregor Maria (2001):
Entmachtung der Religion. Ist das Christentum keine Religion mehr? in: Theologie der Gegenwart 43 (2000), 135–143.

Leibowitz, Jeshajahu / Shashar, Michael (1994):
Gespräche über Gott und die Welt. Frankfurt am Main: Insel 1994.

Meurer, Thomas (2001):
Bibelkunde statt Religionsunterricht? Zu Thomas Rusters Konzept einer „Einführung in das biblische Wirklichkeitsverständnis", in: Religionsunterricht an höheren Schulen 44 (2001), 248–255.

Meurer, Thomas (2001):
Sprache der Bibel – terra incognita. Religionsunterricht als „Einführung in das biblische Wirklichkeitsverständnis"? in: Pastoraltheologische Informationen 21 (2001), 98–105.

Ruster, Thomas (2000):

> *Der verwechselbare Gott*. Theologie nach der Entflechtung von Christentum und Religion (QD 181), Freiburg i. Br. / Basel / Wien: Herder 2000.

Wacker, Bernd (2003):

> *Einige Thesen zum Buch „Der verwechselbare Gott" von Thomas Ruster*. Vortrag an der Karl Rahner Akademie am 15.01.2003.
> [http://www.kath.de/akademie/rahner/vortrag/wack_rus.htm]

Exkursionen

Andreas
Leinhäupl-
Wilke

»Seht, wie das Land beschaffen ist...« (Num 13,18)

Nachtrag zu einer wissenschaftlichen Exkursion (Teil 2) [*]

1. Übergänge – Von Judäa nach Galiläa

Nach acht aufregenden Tagen verließen wir Jerusalem und fuhren durch den Jordangraben nach Galiläa. Auf diesem Weg machten wir noch dreimal Halt: Der 3 km nördlich von Jericho gelegene Hisham-Palast bot uns ein eindrucksvolles Zeugnis frühislamischer Palastarchitektur, in Bet Shean erwartete uns das größte erhaltene römische Theater Israels sowie ein eindrucksvoller Nachweis hellenistisch-römischer Städtebaukultur und schließlich sahen wir in Hamath-Tiberias die ältesten Thermen der Welt sowie ein großartiges Bodenmosaik einer Synagoge.

Die Übergänge zwischen den beiden Teilen unserer Reise – das machten bereits die Eindrücke während der Fahrt deutlich – verliefen nicht fließend, sondern bedeuteten einen klaren Schnitt: Dabei fiel nicht nur die landschaftliche Veränderung ins Auge, sondern auch der Wechsel von der multikulturellen Situation der Metropole in die eher provinzielle Gegend des Sees von Genesaret, der Tausch also von jenem geschäftigen Treiben zur beruhigenden Atmosphäre Galiläas. Für unsere Reisegruppe ergab sich zudem noch ein anderer fundamentaler Bruch: Wir mussten die fast luxu-

---

[*] Die Beschreibung der ersten acht Tage dieser Exkursion findet sich in: Leinhäupl-Wilke, Andreas / Lücking, Stefan / Wiegard, Jesaja Michael (Hrsg.), *Texte und Steine* (Biblisches Forum Jahrbuch 1999), Münster 2000, S. 127–146.

riös anmutende Versorgungslage im Österreichischen Hospiz eintauschen gegen einen umgebauten Schweinestall in Tabgha und komplett auf Selbstversorgung umstellen; nach einer kurzen Zeit der Eingewöhnung wirkte sich dieser *Einschnitt* allerdings durchaus produktiv für das Zusammenspiel der Gruppe aus.

2. Tabgha

Unser zweites *Basislager* hatten wir also in Tabgha aufgeschlagen, jener Oase am See Genesaret inmitten von Obstplantagen, die zwar täglich von einem nicht enden wollenden Touristenstrom heimgesucht wird, sich dem länger verweilenden Besucher erstaunlicher Weise dennoch als Inbegriff der Ruhe darstellt. An diesem Ort entspringen sieben Quellen, woraus sich der griechische Name *Heptapegon* ableitet, der wiederum im Arabischen mit *Tabgha* wiedergegeben wird. Den biblischen Hintergrund dieses Ortes bildet die Geschichte von der Brotvermehrung, die in unterschiedlichen Variationen überliefert ist (vgl. Mk 6,32–44; 8,1–10; Mt 14,13–21; 15,32–39; Lk 9,10–17; Joh 6,1–15).[1] Die Tradition der Brotvermehrung war wohl ursprünglich eher am Ostufer des Sees angesiedelt (vgl. dazu Mk 7,31; 8,1 sowie den Johannestext),[2] wurde dann allerdings im 3. oder 4. Jahrhundert im Sinne einer Kommemorialtradition in die Gegend der sieben Quellen verlegt.[3] Der Name *Dalmanutha*, der in Mk 8,10 für dieses Gebiet Verwendung findet, bezeichnet heute noch explizit jenen berühmten, mit großen Steinen eingefassten Platz direkt am See, dessen

---

1 Zu den markinischen Brotgeschichten vgl. Sand (1998).
2 Über dies bringt man die in Joh 21 erzählte dritte Erscheinung des Auferstandenen mit diesem Ort in Verbindung.
3 Vgl. dazu Gorys (1986) 304, sowie Röwekamp (1995) 162. Beide weisen auf den Bericht der Pilgerin Aetheria (Ende des 4. Jahrhunderts) hin: »Über dem See gibt es eine Wiese; sie hat viel Gras und viele Palmenbäume. Bei diesen liefern sieben Quellen reichlich Wasser. Auf diesem Feld hat der Herr mit fünf Broten und zwei Fischen das Volk gesättigt. Fürwahr, der Stein, auf den der Herr das Brot legte, ist zum Altar geworden. Von diesem Stein nehmen jetzt die Besucher Stückchen weg für ihre Gesundheit, und es nützt allen.«

Wahrzeichen ein großes Holzkreuz bildet und an dem um einen Altar herum jeden Tag zahlreiche Gottesdienste gefeiert werden.

Mittelpunkt des *archäologischen* Interesses ist sicherlich die Brotvermehrungskirche[4] und v. a. die darin zu bewundernden einzigartigen *Mosaike*: Vor dem Altar trifft der Betrachter auf das Brot-und-Fisch-Mosaik, was nach dem Befund der Fachleute zwischen dem 5. und 6. Jahrhundert entstand und in neuerer Zeit eine unbeschreibliche Kariere als Andenkenmotiv gemacht hat. Was ist zu sehen: In der Mitte des Mosaiks, zwischen zwei gedrungen dargestellten Fischen, befindet sich ein Korb, der erstaunlicherweise nur *vier Brote* enthält. Nun kann man rätseln, wo das fünfte Brot geblieben ist. Die Interpretationen sind unterschiedlich; die gängigste Auslegung besagt, das fünfte Brot befinde sich unter den vier sichtbaren. Wie dem auch immer sei: Die Interpretation der Steine ähnelt an dieser Stelle der der Texte. Dem berühmten Tabgha-Mosaik scheint eine fast metakommunikative Dimension zu eignen, indem der Betrachter definitiv in die Aktualisierung des Sinns einbezogen ist.

Kunstgeschichtlich fast noch interessanter sind die Mosaike im nördlichen und südlichen Querschiff, die zu den schönsten im Heiligen Land zählen: Zu sehen ist eine aus der hellenistisch-römischen Kunst bekannte Nillandschaft mit einer ganzen Reihe entsprechender Tiere (wie z. B. Störche, Kormorane, Reiher etc.). Dieses Mosaik bietet für den Raum Palästina zum ersten Mal einen Übergang zur figürlichen Kunst und überträgt die aus der Nillandschaft bekannten Details auf den See Genesaret, wobei so-

---

4 Zur Geschichte sei soviel gesagt: Bereits um 350 n. Chr. entstand hier auf Veranlassung Konstantins eine Kirche, die den »heiligen Stein« beherbergte, auf den Jesus die Steine gelegt haben soll; sie fiel allerdings 419 einem Erdbeben zum Opfer. Mitte des 5. Jahrhunderts entstand auf den Trümmern eine neue Kirche, die bereits annähernd die Grundrisse des heutigen Bauwerks hatte. Nachdem diese Kirche im Zuge des Persereinfalls 614 zerstört wurde, blieb es eine ganze Zeit ruhig um den Ort der Brotvermehrung, bis 1887 der Deutsche Verein vom Heiligen Land das Terrain erwarb, die Reste der letzten Kirche ausgraben und zunächst eine Notkirche über den Mosaiken sowie ein Kloster errichten ließ. Zu Beginn der achtziger Jahre entstand dann auf den Fundamenten der Kirche aus dem 5. Jahrhundert die heutige Kirche.

gar ein so genanntes Nilometer – ein Turm mit Hilfe dessen man den Wasserstand ablesen kann – abgebildet ist.

Direkt in der Nähe von Tabgha befinden sich die *Primatskapelle*, die im Sinne von Joh 21,1–17 an den wunderbaren Fischfang und an die besondere Beauftragung des Simon Petrus erinnert, sowie die Kapelle der Seligkeiten, die ihren Ort innerhalb der Pilgertradition in der Bergpredigt hat. Beide Gebäude gehörten nicht zum vorgegebenen Programm unserer Exkursion, boten sich allerdings für die Teilnehmerinnen und Teilnehmer in den (wenigen …) zur Verfügung stehenden Zeiten als optionale Programmpunkte an und unterstützten ihrerseits den bereits angedeuteten Eindruck der Erkundungen vieler der *Spuren Jesu* am See Genesaret: Es handelt sich im wahrsten Sinne des Wortes um *Gedenk-Stätten* der biblischen Botschaft, die das Heilswirken Jesu in die direkte Nähe des Sees situieren und damit mehr oder weniger aus einer eigenen Perspektive heraus deuten, für die die jeweiligen zeitlichen Umstände für eine Bewertung unbedingt mit zu berücksichtigen sind. Die Botschaft für die Teilnehmerinnen und Teilnehmer unserer Exkursion war dennoch klar: »Irgendwo am See lohnt es, sich etwas Zeit zu nehmen, um ein paar der Worte Jesu neu zu hören.«[5]

3. Kafarnaum – Das dörfliche Leben zur Zeit Jesu

Das 4 km südwestlich der Einmündung des Jordans in den See gelegene *Kafarnaum* bot sich aufgrund der zahlreichen neutestamentlichen Belege sowie aufgrund der besonderen archäologischen Details ausgezeichnet dazu an, Spekulationen über das dörfliche Leben zur Zeit Jesu anzustellen. Zwar gibt es weder einen ersttestamentlichen Nachweis noch andere vorchristliche Quellen, dennoch lässt sich anhand von Analysen der untersten Siedlungsschichten die Entstehung eines Dorfes im 2. Jh. v. Chr. nachweisen.[6]

---

5 Röwekamp (1995) 154.
6 Zur Geschichte der Stadt vgl. Gorys (1986) 309.

Der neutestamentliche Befund zeigt, dass es sich bei Kafarnaum zur Zeit Jesu bereits um ein größeres Dorf handelte, das durch eine *Zollstation* und einen *Militärposten* das Galiläa des Herodes Antipas von der Gaulanitis des Phillipos trennte (vgl. Mk 2,13ff.; Mt 8,5ff.) und über einen Fischerhafen verfügte.[7] Der Leser der Evangelien erfährt zudem, dass Jesus sich des öfteren nach Kafarnaum begibt (Mk 4,13; 9,33; Joh 2,12), dass er am Seeufer von Kafarnaum seine ersten Jünger findet (Mt 4,18), in der Synagoge lehrt (Mk 1,21f.) und dass er dort verschiedene Menschen heilt (vgl. Mk 1,23–28; 1,29–31; 1,32–34; 2,1–12; 5,21)[8]. Besonders hervorzuheben sind zusätzlich die große Rede Jesu über das Brot des Lebens (Joh 6) sowie die Verwünschung Kafarnaums in 11,23 (»Und du Kafarnaum, meinst du etwa, du wirst bis zum Himmel erhoben? Nein, in die Unterwelt wirst du hinabgeworfen«).[9]

Als Hauptanziehungspunkte fungieren zweifelsohne die *Synagoge* und das so genannte *Haus des Petrus*. Die Rekonstruktion der Synagoge aus weißem Kalkstein bezieht sich auf einen Bau, den die Archäologen nach neueren Erkenntnissen auf das 4. Jh. n. Chr. datieren,[10] dem allerdings gleichwohl (mindestens) ein anderes Bauwerk vorangegangen ist. Der Wiederaufbau zeigt sehr schön, dass die Synagoge vom Charakter her an den antiken Versammlungsraum angelehnt ist: Über eine dreizehnstufige Frei-

---

7 Einen Hinweis auf die Lage gibt das Bruchstück einer Säule, das man in der Nähe gefunden hat und das offensichtlich einen Teil einer römischen Meilensäule darstellt, die wiederum die alte Hauptstraße des Landes kennzeichnete.

8 Vgl. die entsprechenden synoptischen Parallelen.

9 Dass sich dieser Ort an einer äußerst fruchtbaren und landschaftlich reizvollen Stelle des Sees befand, bestätigt zudem ein kurzer Hinweis bei Flavius Josephus. Vgl. BellJud III 10,8: »Der Boden bringt die verschiedenen Obstsorten nicht bloß einmal im Jahr, sondern fortwährend hervor. So liefert er die königlichen Früchte, Weintrauben und Feigen, zehn Monate ohne Unterbrechung, während die übrigen Früchte das ganze Jahr hindurch reif werden. Zu dem milden Klima gesellt sich die Bewässerung durch eine sehr kräftige Quelle, die von den Eingeborenen des Landes Kapharnaum genannt wird«.

10 Die Datierung war lange Zeit umstritten: Zunächst setzte man aus stilistischen Gründen auf eine Datierung ins 2./3. Jahrhundert. Erst die unter dem Fußboden der Synagoge gefundenen Münzen machten eine Datierung in das 4. Jahrhundert wahrscheinlicher.

treppe gelangt man zu der 25 m langen Terrasse vor der Süd-
fassade und von hier aus in das verhältnismäßig große Atrium, das
wiederum durch drei Portale den Eintritt in den eigentlichen Syn-
agogenbereich ermöglicht. Die Synagoge selbst war mit Hilfe von
Säulenreihen in drei Bereiche unterteilt. Sie trugen eine (offensichtlich den Frauen zugedachte) Empore, sodass man im Gesamt-
eindruck von einem zweistöckigen Gebäude ausgehen kann. Der
untere Raum der Synagoge war mit umlaufenden Sitzbänken ver-
sehen. Zahlreiche Verzierungselemente vom Innen- und Außen-
bereich des Bauwerks sind im angrenzenden Garten aufgestellt.

Das große *Wohnhaus*, das man neben der Synagoge ausge-
graben hat, wird als *Haus des Petrus* identifiziert. Dabei ist
folgender archäologischer Befund zu berücksichtigen: Die drei
konzentrischen achteckigen Grundmauern gehören zu einer by-
zantinischen Basilika aus dem 5. Jh. n. Chr. mit einem Durch-
messer von 16,5 m, an die zwei miteinander verbundene Sakristei-
en anschlossen waren. Diese Basilika wurde (möglicherweise etwas später) durch eine kleine Apsis mit Taufbecken ergänzt und
ihre Mitte durch ein Mosaik mit einem radschlagenden Pfau ver-
ziert. Unter diesem Oktogon fand man ein Haus, das mit einer
Grundfläche von 7 × 6,5 m deutlich größer war als die umliegenden Wohnhäuser und das sich auf das 2. Jahrhundert datieren
lässt. In der Südwestecke ist der Name Πέτρος sowie die Darstellung eines Fischerbootes eingeritzt, so dass man hier eine Art
Hauskirche vermutet. Wiederum unterhalb dieser Ausgrabungen
fanden sich weitere Schichten, die bis in das 1. Jh. n. Chr. zurück-
reichen. Das heutige Fußbodenniveau deckt sich mit jenem *Ver-
sammlungshaus des Petrus* aus dem 2. Jahrhundert. Die moderne
Form der Erinnerung ergänzt diese sehenswerte Ausgrabung durch
eine neu errichtete, gewissermaßen *über den Dingen schwebende*
Kirche, insgesamt ein Versuch der Korrelation von alt und neu,
die – die Architekten mögen es mir verzeihen – nur mittelmäßig
gelungen ist.

Gerade die zahlreichen, auf dem Gelände verteilten Einzelteile
– neben den Verzierungen der Synagoge auch Gegenstände des
alltäglichen Lebens – leiten über zur thematischen Fragestellung

an diesem Ort:[11] Nach einer grundsätzlichen Verhältnisbestim-
mung von Land und Stadt erhielten wir einen Einblick in die
Lebens-, Arbeits-, und Wohnverhältnisse der Landbevölkerung.
Dabei ergaben sich im Blick auf die Steine folgende (stichwort-
artigen) Verbindungen: Synagoge als Versammlungsstätte (s. o.);
sozialer Abstieg durch große finanzielle Belastung (Pacht, Steuern,
etc.); starke Präsenz von handwerklichen Berufen (Ölpresse,
Mühlsteine, etc.); Zusammenleben auf so genannten Wohninseln
(Haus des Petrus); überwiegend sehr primitive Verhältnisse (es
sind einige weitere winzige und sehr ärmliche Häuser ausge-
graben).[12] Insgesamt lässt sich in der Kürze dieser Andeutungen
bereits erkennen, dass sich die Beschäftigung mit den Ausgrabungen in Kafarnaum ganz hervorragend dazu anbietet, einen
Eindruck jener Lebensverhältnisse zu erhalten, durch deren
Bilderwelt die biblischen Zeugnisse so stark geprägt sind.

4. Im Norden des Landes – Dan, Banias und Nimrod

Eine Tagesexkursion führte uns ganz in den Norden des Landes.
Bei dieser Tour besuchten wir zunächst eines der sehenswertesten
Naturreservate Israels am Fuße des Hermon nahe der libane-
sischen Grenze, dem urwaldähnlichen Quellgebiet des Flusses
Dan, welcher zusammen mit einigen anderen Quellflüssen im so
genannten Hulebecken zum Jordan zusammenfließt. Die biblische
Stadt Dan,[13] die unter dem Namen Lajisch bereits für das
2. Jahrtausend v. Chr. belegt und in der Liste des Tutmosis III.
(1468–1436 v. Chr.) zu den eroberten Städten Palästinas zählt,
bildete den nördlichsten Punkt der Ausdehnung des *klassischen Israels*. Die im Ersten Testament des öfteren auftauchende Formulierung »Von Dan bis Beerscheba« (vgl. z. B. Ri 20,1) fungiert als

11 Vgl. dazu als Basisliteratur etwa Bösen (1985); Malina (1993); Stege-
   mann/Stegemann (1995).
12 Vgl. Malina (1993) 88–113 sowie Stegemann/Stegemann (1995) 58–94.
13 Vgl. etwa Gen 14,14; 30,6; 49,16f.; Jos 19,47; Ri 18; 20,1; 1 Sam 3,20;
   2 Sam 3,10; 17,11; 1 Kön 12,29f; Jer 4,15; 8,16; Am 8,14.

Symbol des Einflussgebiets der Israeliten.[14] Auf dem Tel Dan ist
neben dem mächtigen Stadttor aus dem späten 10. Jh. v. Chr. v. a.
jenes 18 × 18 m großes Podest sehenswert, auf dem einer der
beiden *Goldenen Stiere* verehrt wurde, die Jerobeam I. zur Sicht-
barmachung der Reichsspaltung in Dan und Bet El aufstellen ließ
(1 Kön 12,29) und die für das Volk Anlass zur Sünde wurden:
»Das Volk zog sogar bis nach Dan, vor das eine Kalb« (1 Kön
12,29).[15] Gegen ein solches Vorgehen erhob sich der prophetische
Widerstand, der die Statuen ironisch als Goldene Kälber dekla-
rierte, wie es etwa Hos 13,2 zum Ausdruck bringt: »Nun sündigen
sie weiter und machen sich aus ihrem Silber gegossene Bilder,
kunstfertig stellen sie Götzen her, nur ein Machwerk von Schmie-
den; ihnen müsst ihr opfern, sagen sie, Menschen küssen
Kälber«.[16]

Unser thematisches Interesse galt hier v. a. dem *Tor* und seiner
Funktion, denn neben der bereits erwähnten israelitischen Dop-
peltoranlage mit 4 Türmen und 2 Wachräumen, fanden die Archäologen ein Stück weiter östlich eine echte Sensation: Ein komplett erhaltenes kanaanitisches Vier-Kammer-Tor aus dem 18. Jh.
v. Chr.; der wohl bisher weltweit älteste Fund in dieser Richtung.

Das Tor diente im alten Israel als Versammlungsort der Bürger
und Ältesten, es war der Ort, an dem Politik gemacht wurde, Ent-
scheidungen getroffen wurden, es galt als Handels- und Markt-
platz und nicht zuletzt als Ort, an dem Gericht gehalten wurde.
Ein solcher Befund lässt sich über weite Teile des Ersten Testaments nachweisen[17] und wird auch stellenweise in den neutestamentlichen Schriften sichtbar, wenn mit dem Begriff πύλη tatsächlich Stadttore bezeichnet werden, wie z.B. Lk 7,12 (Nain);
Apg 9,24 (Damaskus), 16,13 (Philippi); Heb 13,12 (Jerusalem)
zeigen.[18] Sowohl in ersttestamentlichen als auch in neutestamentlichen Zusammenhängen bekommt das Tor darüber hinaus aller-

14 Zur Bebauung und Bedeutung der Stadt Dan vgl. Fritz (1990) 62f.
15 Vgl. Fritz (1990) 62.
16 Vgl. auch Am 18,14.
17 Vgl. die zahlreichen Hinweise bei Giesen (1997) 356f.
18 Mit πύλη werden weiterhin das Tor des Tempels (Apg 3,10) und das Ge-
 fängnistor (Apg 12,10) sowie die Hadespforten (Mt 16,18) bezeichnet.
 Vgl. dazu insgesamt Kratz (1992b).

dings sehr oft eine übertragene Bedeutung: Über das Lexem θύρα wird dabei im NT das Bild des Tores / der Tür verwendet für die Inbeziehungsetzung zwischen Himmel und Erde, wobei nicht selten eine eschatologisch-apokalyptische Perspektive impliziert ist (vgl. nur die häufigen Anspielungen in Offb) – übrigens durchaus ein gängiges Muster in der frühjüdischen Literaturlandschaft, wie z. B. 4 Esr 3,19; TestLev 5,1; syrBar 22,1; äthHen 14,15; etc. zeigen. Das antike Verständnis – und in diesem Sinne unsere Erfahrungen *vor Ort* – wird (z. B. in diesem Sinne)[19] in den Texten theologisch aufgegriffen und weiterverarbeitet.

Die zweite Station dieses Tages war *Banias*: Für die am Süd-West-Fuß des Hermon gelegene Stadt, die im Neuen Testament unter dem Namen Caesarea Philippi bekannt ist (vgl. Mt 16,13; Mk 8,27), fehlt zwar eine ausführliche archäologisch Erforschung, das zu besichtigende Terrain bietet allerdings ein sehr eindrucksvolles Bild durch die riesige *Pangrotte* und die kleineren *Nischen* und *Höhlen*. Innerhalb der großen Grotte entsprang ursprünglich der Fluss Banias – ein weiterer Quellfluss des Jordan –, bis ein Erdbeben die Quelle blockierte, so dass das Wasser unterhalb der Grotte aus dem Felsen herausläuft und sich in den mehrstufigen Teichen sammelt.[20] Die rechts neben der Grotte in den Fels geschlagenen Nischen stammen aus hellenistisch-römischer Zeit. In ihnen waren offensichtlich Statuen des bockfüßigen Pan und anderer Naturgottheiten zu sehen. Die in den Nischen aufgefundenen griechischen Inschriften hat man noch nicht eingehend untersucht.

19 Die angedeuteten semantischen Gehalte des Begriffs θύρα müssten natürlich vertieft werden und bieten im Blick auf die unterschiedlichen Texte ein viel differenzierteres Bild; vgl. dazu Giesen (1997) 357–359 sowie Kratz (1992a).

20 Ein lesenswertes Zeugnis von diesem Ort gibt Flavius Josephus, BellJud I 21,3: »Hier steigt ein Berg in eine schwindelnde Höhe auf, und neben der unten am Berg befindlichen Schlucht öffnet sich eine düstere Grotte, in der sich ein Abgrund in unermessliche Tiefe hinabsenkt, der mit stehendem Wasser angefüllt ist. Will man mit dem Senkblei die Tiefe ausloten, so reicht keine noch so lange Schnur aus. An den äußeren Rändern der Grotte, ganz unten entspringen die Quellen; einige sind der Ansicht, es handle sich um die Jordanquellen«.

Wir nutzten den Aufenthalt in Banias – übrigens ein beliebtes Ausflugsziel der Drusen[21] –, um ein wenig auszuruhen und uns auf den dritten und letzten Programmpunkt dieser Tagesexkursion, den Besuch in Nimrod, vorzubereiten.

Über eine der kurvenreichen Golan-Straßen erreichten wir die schon von weitem sichtbare, auf einem schmalen Felsrücken 816 m über dem Meer gelegene Festung *Nimrod*.[22] Da diese riesige Ruine aufgrund ihrer problematischen Lage in den Golanhöhen noch nicht touristisch erschlossen ist und die baulichen Restbestände nicht restauriert sind, bekommt man hier fast einen ursprünglichen Eindruck der 430 m langen und bis zu 150 m breiten Kreuzfahrerburg.[23] Gleich nach Betreten der Festung durch den heutigen Zugang verschafften wir uns einen Überblick über die Kreuzfahrerzeit anhand eines thematischen Ortsreferates, das eine – sicherlich ungewollte – Eigendynamik entwickelte und allen Teilnehmerinnen und Teilnehmern zum unvergessenen Erlebnis geworden sein dürfte: Der Referent bot nach der überblickartigen Darstellung der allgemeinen Fakten zu den Kreuzzügen eine sehr anschauliche und die umliegenden Steine einbeziehende Beschreibung zum Thema *Festungen und Belagerungen während der Kreuzzüge*. Nur all zu gut waren die Ausführungen über den Aufbau und die Funktion der Befestigungsanlagen, die Art der Kriegsführung und die Kampfweise der Kreuzritter sowie die detaillierten Hinweise zu den teilweise äußerst brutalen uns psychologisch und taktisch geschickten Methoden zur Ausschaltung von Gegnern

---

21 Sie verehren an einem auf halber Höhe des Berges gelegenen Ort den El-Kadr, den *grünen Propheten.*

22 Die Geschichte dieser Stadt beginnt mit den Sagen um Nimrod, dem biblischen Städtegründer und Jäger (vgl. Gen 10,9), einem Urenkel des Noah. Gorys (1986) 355 erzählt folgende Legende der Drusen: »Nimrod habe auf dem hoch über Banyas gelegenen Plateau eine riesige Burg erbaut, von der aus er seine Pfeile in den Himmel schoss, um Gott seine Macht zu beweisen. Der Allmächtige aber sandte eine Fliege, die durch Nimrods Nase in dessen Gehirn kroch und dort solange nagte, bis der eitle König unter furchtbaren Schmerzen starb. Darauf übernahm die Fliege (hebräisch Zebub) die Herrschaft über die Burg, die fortan Zubeiba (Subeibe) hieß. Qual'at Subeibe bedeutet also ›Fliegenburg‹«

23 Zur Geschichte der Burg vgl. Gorys (1986) 355.

nachvollziehbar, saßen wir doch gewissermaßen mitten in einem möglichen Raum des vorgetragenen Geschehens.

Nach diesem großartigen Stück Anschauungsunterricht und einer kurzen Einweisung in die Gesamtstruktur der Anlage, konnten die Teilnehmerinnen und Teilnehmer dann auf eigene Faust das Gelände erkunden. Die wichtigsten Eckpunkte in aller Kürze: Gleich neben dem Eingang befindet sich eine große zweigeteilte *Zisterne* (25 × 9 m), in der Regenwasser gesammelt wurde. Von hier aus gelangt man über eine überwölbte Rampe in den obersten Stock des insgesamt drei Stockwerke umfassenden, wuchtigen *Südturmes*, der einen ersten Eindruck der damaligen Wehrtechnik vermittelt (Schießscharten etc.). Dass sich die Anlage ehemals in zwei Teile gliederte – die *Unterburg* und die *Oberburg* – wird an den beiden eigens für jeden dieser Bereiche in die Wehrmauer eingebauten Tore sichtbar. Innerhalb der Unterburg fallen noch besonders die Überreste einer Kreuzfahrerkapelle auf. Das Zentrum der Oberburg, die man über eine Doppeltreppe erreicht, bildet der so genannte *Donjon*, gewissermaßen eine Festung in der Burg, die von schweren Türmen umgeben war. Der Donjon hatte den Zweck, den Herrn der Burg und dessen eigenen Bereich zu schützen. Er galt als letzte Fluchtmöglichkeit, sollte die Burg eingenommen werden. Den äußeren nördlichen Punkt dieser integrierten Festung bildet ein runder Wehrturm, der auf einer Felsnase steht und fast komplett aus dem Mauerwerk heraustritt. Ein interessantes Detail im Zusammenhang mit dem Donjon stellt der dreischiffige Festsaal (33 × 7 m) dar, der für offizielle Anlässe genutzt wurde, allerdings für den heutigen Betrachter erst nach einer gewissen Zeit des Suchens und mit einem notwendigen Maß an klettertechnischer Raffinesse zugänglich ist. Innerhalb des gesamten Burggeländes weisen einige Spuren auf das Leben in der Anlage (Wohngebäude, Magazine, Werkstätten, Ställe etc.) hin.

Der Tag im Norden Israels bot insgesamt ein sehr breites Spektrum an Eindrücken, die weit in die israelitische und darüber hinaus sogar bis in die kanaanitische Zeit zurückgingen und v. a. anhand der ausgegrabenen Toranlagen tatsächliche Verbindungen zwischen Steinen und Texten aufwiesen und von daher religionsgeschichtliche Vorbedingungen für das Verständnis neutestamentlicher Texte boten. Andererseits erhielten wir über die Betrachtung der Kreuzfahrerarchitektur – Nimrod lässt sich aufgrund der Naturbelassenheit der Steine wohl als Kulminationspunkt der unendlich vielen Beispiele im ganzen Land klassifizieren – einen sichtbaren Beleg für einen konkreten Teil der Wirkungsgeschichte biblischer Texte.

5. Caesarea Maritima – Stippvisite an der Mittelmeerküste

Der letzte Tag der Reise bot noch einen besonderen Höhepunkt: Der Besuch in Caesarea Maritima ermöglichte es uns, die bisher noch ausgelassene Mittelmeerküste anzusteuern. Darüber hinaus erwies sich diese Stadt aufgrund der vielfältigen archäologischen Angebote noch einmal als aussagekräftige Station im Blick auf die für uns interessanten historischen Rahmenbedingungen.

Selbst wenn für den ersten Eindruck des Betrachtens sehr stark die Kreuzfahrerarchitektur im Mittelpunkt steht (wie etwa die massiven Stadtmauern oder der Kreuzfahrerhafen), lassen verschiedene Details erahnen, dass Caesarea in der neutestamentlichen Zeit bzw. für das frühe Christentum von großer Bedeutung war. Unter Herodes dem Großen wurde die Stadt zwischen 22 und 10 v. Chr. zur schönsten und prächtigsten Hafenstadt entlang der Mittelmeerküste ausgebaut, die er seinem Gönner Augustus zu Ehren »Caesarea Maritima« nannte. Die bereits weiter oben einige Male angedeutete Baukunst des Herodes ist beispielsweise an den Überresten der riesigen künstlichen *Akropolis* zu erahnen, die er errichten ließ, da es keine natürliche Anhöhe für einen Tempel und einen Palast gab. Des weiteren erbaute Herodes ein freistehendes *Theater* im südlichen Teil der Stadt, dass etwa 4 000 Zuschauern Platz bot. Dieses älteste in Israel gefundene Theater ist heute restauriert und steht in den Sommermonaten für Musikveranstaltungen zur Verfügung. Im Nord-Osten der Stadt befand sich ein *Amphitheater* (etwa 250 × 50 m) mit 12 Sitzreihen und 10 000 Plätzen, ganz im Osten ein riesiges *Hippodrom* (320 × 80 m), das ca. 20 000 Zuschauer fasste. Eindrucksvollstes Zeugnis dieser Zeit sind allerdings zweifellos die beiden *Aquädukte*, die sich außerhalb der Stadtmauern etwas weiter im Norden befinden: Über den *Hohen Aquädukt*, von dem noch 28 Bogen aus den Sanddünen herausragen, ließ Herodes aus Quellen der südlichen Karmelausläufer Trinkwasser in die Stadt leiten und überbrückte auf diese Weise eine Entfernung von 12 km, für die damalige Zeit eine nicht unerhebliche Entfernung, bedenkt man zusätzlich, dass sowohl die sumpfige Küstenlandschaft als auch eine Hügelkette überwunden werden mussten. Der *Tiefe Aquädukt* entstand zur Zeit Hadrians, hatte eine Lauflänge von 5 km und führte aus einem künstlich angelegten Staubecken in einem geschlossenen gemauerten Kanal Wasser in die Stadt, das überwiegend zur Bewässerung der Gärten und Felder genutzt wurde. Als Hafenstadt hatte Caesarea schon seit dem 4. Jh. v. Chr. eine wichtige Funktion als Handelsplatz. Herodes ließ den Hafen (Limen Sebastos) – den man heute vom Kreuzfahrerhafen aus nur noch erahnen kann – entsprechend seinen sonstigen Gepflogenheiten ausbauen (Außenhafen; 400 m langer Wellenbrecher; Innenhafen; Mole).

Das Wirtschaftssystem zur Zeit Jesu war für uns auch thematischer Schwerpunkt in Caesarea: Neben den bereits in Kafarnaum problematisierten Notständen der Landbevölkerung ging es hier v. a. um die städtischen Möglichkeiten des Handels sowie um die ökonomischen Prinzipien des römischen Reiches, wie etwa die Geldwirtschaft oder das Abgabensystem. Zentrale Erkenntnis war der starke Antagonismus zwischen einer kleinen reichen Oberschicht und der großen ausgebeuteten Landbevölkerung. Das Verwaltungswesen der Römer mit Hilfe von Prokuratoren führt uns zu dem für den Bereich der neutestamentlichen Schriften bedeutsamen Namen Pontius Pilatus und einer letzten archäologischen Besonderheit: Inmitten einer Zusammenstellung besonderer archäologischer Details findet man einen Stein, der 1961 im Theater als wiederbenutzter Baustein entdeckt wurde und der die Aufschrift *Tiberium, Pontius Pilatus, Praefectus Judaeae* trägt. Es handelt sich offensichtlich um den einzigen archäologischen Nachweis der Residenz des Prokuratoren in Caesarea und damit um einen durchaus historisch nicht zu unterschätzenden Beleg für die Rahmenbedingungen unseres Arbeitsgegenstandes.

Nach dem Besuch in Caesarea Maritima steuerten wir noch Akko an, mussten allerdings unser Programm aufgrund der fortgeschrittenen Zeit sowie wegen der sich daraus ergebenden verschlossenen Türen bei den ausgewählten Bauwerken auf einen durch einige Spezialhinweise angereicherten Stadtbummel beschränken. Die besondere Funktion Akkos für die Kreuzfahrerzeit war Thema des Ortsreferates und aufgrund des aussagekräftigen Titels *Der Letzte macht das Licht aus* ein guter Abschluss unserer inhaltlichen Beschäftigung.

6. Schluss

Am frühen Morgen des 4. Oktobers gegen 3.00 Uhr klingelten im *Schweinestall von Tabgha* mehrere Wecker und kündigten auf unliebsame Weise das Ende einer Reise an. Mehr oder weniger schlaftrunken begaben wir uns mit dem Bus zum Flughafen nach Tel Aviv und von dort aus über Frankfurt zurück nach Münster.

Es war ein überaus anstrengendes, an manchen Stellen vielleicht aufgrund der Kompaktheit der ausgewählten Programmpunkte auch fast stressiges Unternehmen, das trotzdem bei allen Teilnehmerinnen und Teilnehmern bleibende Eindrücke hinterlassen hat. Das geplante Ziel, nämlich dem alltäglichen Studium des Neuen Testaments und seines zeit- und religionsgeschichtlichen Umfeldes im Hörsaal und am Schreibtisch einen visuellen und erfahrungsbezogenen Hintergrund beizusteuern, wurde nach meinem Ermessen in vollem Umfang erreicht. Dabei sind es gerade die völlig unterschiedlichen Komponenten, die dieses Gesamtbild zustande kommen lassen: Auf der einen Seite bietet die tatsächliche Korrespondenz von Steinen und Texten (Qumran, Masada, Kafarnaum) einen eindrucksvollen Nachweis jener historischen Voraussetzungen und Bedingungen, die die Kommunikation über die uns vorliegenden biblischen Texte notwendig und teilweise sogar verstehbar machen. Auf der anderen Seite eignet aber auch den kommemorialen Traditionen (vgl. v. a. den Ölberg und die Grabeskirche) in ihrer wirkungsgeschichtlichen Relevanz für den heutigen Betrachter ein gutes Stück Verstehenshilfe im

Umgang mit jenem zweiteiligen Grunddokument christlichen Glaubens, sei es auf einer wissenschaftlichen oder auf einer eher persönlich-spirituellen Ebene.

Literatur

Bösen, Willibald (1985):
  Galiläa als Lebensraum und Wirkungsfeld Jesu. Eine zeitgeschichtliche und theologische Untersuchung, Freiburg u. a.: Herder 1985.

Fritz, Volkmar (1990):
  Die Stadt im alten Israel. München: Beck 1990.

Fritz, Volkmar (1985):
  Einführung in die biblische Archäologie. Darmstadt: Wissenschaftliche Buchgesellschaft 1985.

Giesen, Heinz (1997):
  Art. *»Tür«,* in: Hainz, Josef / Sand, Alexander (Hrsg.): Münchener Theologisches Wörterbuch zum Neuen Testament, Düsseldorf: Patmos 1997, 356f.

Gorys, Erhard (1984):
  Das Heilige Land. Historische und religiöse Stätten von Judentum, Christentum und Islam in dem 10000 Jahre alten Kulturland zwischen Mittelmeer, Rotem Meer und Jordan, Köln: DuMont 1984.

Keel, Othmar / Küchler, Max (1982):
  Orte und Landschaften der Bibel. Ein Handbuch und Studienreiseführer zum Heiligen Land. Band 2, Zürich u. a. / Göttingen: Benziger / Vandenhoek & Ruprecht 1982, 348–378.

Kratz, Reinhard (1992a):
  Art. θύρα, in: EWNT II (1992), 398.

Kratz, Reinhard (1992b):
  Art. πύλη, in: EWNT III (1992), 474–476.

Malina, Bruce J. (1993):
  Die Welt des Neuen Testaments. Kulturanthropologische Einsichten, Stuttgart u. a.: Kohlhammer 1993.

Oz, Amos (1984):
  Im Lande Israel. Frankfurt: Suhrkamp 1984.

Raheb, Mitri (1994):

> *Ich bin Christ und Palästinenser.* Gütersloh: Gütersloher Verlags-Haus 1994.

Röwekamp, Georg (1995):

> *Israel.* Ein Reisebegleiter zu den heiligen Stätten von Judentum, Christentum und Islam, Freiburg u. a.: Herder [2]1995, 228–238.

Sand, Anne (1998):

> *»Versteht ihr noch nicht?«* Das Unverständnis der Jünger in den Boot- und Broterzählungen in Mk 4,35–8,21, in; Leinhäupl-Wilke, Andreas / Lücking, Stefan (Hrsg.): Fremde Zeichen. Die neutestamentlichen Texte in der Konfrontation der Kulturen (Theologie 15), Münster: Lit 1998, 41–56.

Stegemann, Ekkehard W. / Stegemann, Wolfgang (1995):

> *Urchristliche Sozialgeschichte.* Die Anfänge im Judentum und die Christusgemeinden in der mediterranen Welt, Stuttgart u. a.: Kohlhammer 1995.

Online unter:
http://www.bibfor.de/archiv/00-1.leinhaeupl.htm

Stichproben

Ulrike
Kostka

Zwischen Theologie und Medizin – welches Gespräch?

Vortrag auf der Promotionsfeier der Katholisch-Theologischen Fakultät Münster im Sommersemester 1999

Wer heute durch die Kanäle der Fernsehsender schaltet oder die Tageszeitungen aufschlägt, begegnet immer wieder den Themen »Kostenexplosion im Gesundheitswesen«, »akute Finanzkrise« oder der Frage »ist unsere medizinische Versorgung überhaupt noch gesichert?«. Ärzte, Kostenträger, Spitzenverbände und Politiker ringen um die Gesundheitsstrukturreformen und befürchten zum Teil den Zusammenbruch der Qualität der medizinischen Versorgung.

Gleichzeitig erreichen uns immer wieder Meldungen über neue medizinische Handlungsmöglichkeiten, z.B. im Bereich der Gendiagnostik. Die Medizin fängt jetzt bereits weit vor dem Lebensbeginn an und kann das Ende des Lebens zum Teil wesentlich hinauszögern. Die Erfolge der modernen Medizin in den westlichen Industriestaaten treffen jedoch nicht nur auf uneingeschränkten Beifall. Da ist auf der einen Seite die schon erwähnte Finanzierungskrise in den Gesundheitssystemen zu nennen oder auf der anderen Seite die Kritik an einer hochtechnisierten Medizin zu beobachten.

Wer allerdings die Quote der Meldungen in den Medien verfolgt, wird feststellen, dass die Medizin deutlich mehr im Gespräch der Öffentlichkeit ist als etwa Fragen der Theologie oder einer christlichen Praxis.

Vielleicht noch eher diskutierte Berührungspunkte der modernen Medizin mit der Theologie sind Grenzfragen im Bereich der vorgeburtlichen Medizin oder der Umgang mit Sterben und Tod. Theologie und Medizin scheinen sich in der alltäglichen Praxis weniger zu begegnen.

In diesen Ausführungen soll die Frage beleuchtet werden, wie das Verhältnis von Theologie und Medizin in der Geschichte ausgesehen hat, wie und wo sich das Gespräch zwischen den beiden Disziplinen heutzutage realisiert und wo die Chancen dieses Dialoges liegen.

Das Gespräch gliedert sich in drei Teile. Im ersten Schritt erfolgt ein Blick auf den historischen Dialog zwischen den beiden Disziplinen, im zweiten Schritt knüpft ein systematischer Blick auf die beiden Gesprächsteilnehmer und ihre Beziehungen untereinander an und zum Abschluss sollen Chancen und Impulse des Dialoges aufgezeigt werden.

Der historische Dialog

In der frühen Hochkulturen Ägyptens und Mesopotamiens war die Heilkunde ein Privileg der Priesterklasse. Nach dem damaligen Weltbild glaubten die Menschen, Krankheiten würden durch dämonische bzw. göttliche Mächte verursacht. Aufgabe der Priester war es, diese Mächte zu besänftigen und zu bekämpfen.

In Ägypten wurden die Priesterärzte an den Tempelschulen ausgebildet. So beschreibt Herodot in seinen Historien (II, 84) die Tätigkeiten der Ärzte Ägyptens in folgender Weise:«Jeder Arzt behandelt nur eine bestimmte Krankheit, nicht mehrere, und alles ist voll von Ärzten. Da sind Ärzte für die Augen, für den Kopf, für die Zähne, für den Leib und für innere Krankheiten.«[1]

Entsprechend gab es hier bereits regelrechte Fachärzte für einzelne Organe und Körperteile. In der ägyptischen Medizin existierten Ansätze einer empirisch-rationalen Heilkunde, z.B. in Form einer differenzierten Pharmakologie neben und verbunden mit einer magisch inspirierten Heilkunde. Berühmte Zeugnisse dieser Beobachtung sind die zahlreichen Papyri medizinischen Inhalts, z.B. der Papyrus Ebers, der ca. 1555 v.Chr. niedergeschrie-

1 Vgl. Eckart (1998) 21.

ben wurde. Dort werden Chirurgie, innere Medizin und Pharmakologie abgehandelt, gleichzeitig nehmen auch dämonische Formeln einen großen Raum ein.[2] Rüster bemerkt: »Der Arzt war wie jeder andere Ägypter der magisch-religiösen Weltvorstellung unterworfen [...]. Folgerichtig wendete der Arzt nicht nur seine Medikamente an [...], sondern genauso selbstverständlich und unmittelbar auch Beschwörungen und Zaubersprüche.«[3]

Finden wir in Ägypten eine ausgefeilte Medizin, die insbesondere ein gutes Wissen über Arzneimittelkunde und die Behandlung von Wunden und Knochenbrüchen besaß, existierte hingegen in Israel keine differenzierte Heilkunde.

Als Urheber von Krankheit und Heilung wurden zwar auch dämonische Mächte bezichtigt, aber der eigentliche Geber der Krankheit und Heilung ist Gott selbst.[4] Aus der Heilkunde Israels sind auf der Grundlage des biblischen Textbefundes höchstens volksmedizinische Maßnahmen bekannt. Ein Beispiel ist die Anlage eines Feigenpflasters. Krankheiten werden in den biblischen Texten mit wenigen äußeren Merkmalen beschrieben. Über innere Organe und ihre Funktionszusammenhänge bestanden nur sehr ungenaue Vorstellungen, weil aus kultischen Gründen keine Sektionen vorgenommen wurden. Denn eine Berührung mit dem Tod hätte für alle Beteiligten zur kultischen und damit auch zur sozialen Unreinheit geführt. Einzige Heilungsmöglichkeit liegt in der exklusiven Heilungsmacht Gottes.[5]

Die entscheidende Trennung der engen Verbindung von Medizin, religiösen und magischen Vorstellungen und der Zuständigkeit der Priester für die Heilkunde vollzog sich im antiken Griechenland. Eine der frühesten Schilderungen über eine ärztliche Tätigkeit findet sich in der Erzählung über den Trojanischen Krieg

2 Vgl. Rüster (1999).
3 Rüster (1999) 52.
4 Vgl. Seybold/Müller (1978).
5 Die Tätigkeit der Ärzte wurde deshalb sehr kritisch bewertet. Es existierte lediglich der Beruf des Wundarztes, der als Knochenflicker und Zusammennäher bezeichnet wurde. In den späteren Schriften des Alten Testamentes wird die Tätigkeit des Arztes in den Heilungsvorgang integriert. Sir 38 rechtfertigt die Heilkunde des Arztes und sieht den Arzt als erschaffenes Werkzeug Gottes.

in der Ilias von Homer. Er berichtet von Ärzten, die als Militär-
chirurgen tätig waren. Ihre Haupttätigkeit bestand in der Versorgung von Kriegswunden. Zaubersprüche und andere magische
Formeln sind hier nicht zu entdecken. In den folgenden Jahr-
hunderten entwickelten sich an der von den Griechen besiedelten
Westküste Kleinasiens und den vorgelagerten Inseln Schulen na-
turphilosophischen Denkens. Die Begründer dieser Schulen waren
auch häufig Ärzte.[6] Philosophie und Medizin beeinflussten sich also sehr stark. Das naturphilosophische Denken befreite sich von
einem magischen Weltbild und erstrebte, den Zusammenhang der
Dinge und der menschlichen Natur zu beobachten und zu erkennen. Zentrales Kennzeichen der griechischen Medizin ist die Verbindung von empirischem Nachfragen und naturphilosophischer
Deutung des Einzelphänomens im Rahmen einer Gesamtschau des
Kosmos. Berühmtester Vertreter dieser Medizin ist Hippokrates,
Mitglied der Ärzteschule von Kos, die im 6. Jh. v. Chr. entstand.[7]
Das umfangreiche hippokratische Schrifttum bildete gemeinsam
mit den Schriften des römischen Arztes Claudius Galen (129–199
n. Chr.) bis in die Neuzeit den Kernbestand der medizinischen Literatur und des medizinischen Wissens.

Gerade das Beispiel der griechischen Medizin und Heilkunde
zeigt jedoch, dass sich die Medizin nicht vollends aus dem religiösen und magischen Kontext löste und sich bis heute wohl auch
nicht gelöst hat. Denn neben der wissenschaftlichen Medizin existierten in Griechenland verschiedene Heilkulte, der bekannteste
unter ihnen ist der Asklepios-Kult (Äskulap) in den Heilstätten
von Epidaurus.[8] Diese kultischen Heilstätten waren für alle
Schichten offen. Man suchte die Heilstätte auf, weil man dort im
Heilschlaf Heilung durch den Heilgott erhoffte. Die empirisch-ra-
tionale Medizin trat dabei nicht in volle Distanz zu diesen kultischen Heilstätten, sondern Ärzte wirkten dort an der Therapie der
Patienten mit.

Die ersten christlichen Gemeinden zählten die Krankenfürsorge
zu den zentralen Aufgaben ihrer Diakonie. Das Frühchristentum

6 Vgl. Eckart (1998).
7 Vgl. Müri (1986); Krug (1993).
8 Vgl. Eckart (1998) 44–48.

sah in dem Engagement für den kranken Menschen eine Form der Konkretisierung der karitativen Hingabe, der Nächstenliebe. Motivation dafür ist die Haltung Jesu, der die Kranken heilte. Diese spiegelte sich wieder im Motiv des Christus Medicus, das die Spiritualität und die pastorale Tätigkeit der frühen Kirche nachhaltig prägte. Auf der anderen Seite war aber das Verhältnis von Theologie und Kirche gegenüber der Wissenschaft und speziell der Medizin nicht ohne Befremden.

Das Verhältnis der Kirche zur Medizin weist in der historischen Rückschau eine deutliche Ambivalenz auf. Neben dem Gebot der Nächstenliebe, der Sorge um die Kranken, stand zugleich eine grundsätzliche Scheu der Kirche vor den Wissenschaften und folglich auch vor der Medizin.

Die Gründe lagen zum einen in einem fundamentalen Skeptizismus gegenüber den Wissenschaften, der nur langsam überwunden werden konnte. Gleichzeitig wurde Theologen und Klerikern der Zugang zur Medizin stufenweise verboten. Ursache des Verbots des Medizinstudiums waren bestimmte Tabus, asketische Reinheitsforderungen, das Schamgefühl und die Heiligkeit des Lebens.

Kennzeichnend für das kirchliche Postulat der Nächstenliebe und Sorge für die Kranken ist die Benediktusregel. Das 36. Kapitel der Regel mit dem Titel »Über die kranken Brüder« beginnt mit der Weisung: »Um die kranken Brüder soll man vor allem und über alles besorgt sein.«[9] Diese Weisung bezog sich nicht nur auf die Brüder, sondern auf alle Kranken, die das Kloster aufsuchten. Gemäß dem Gebot der Gastfreundschaft, das Benedikt im 53. Kapitel aufstellte, hatten bald fast alle Klöster ein Hospitale Pauperum zur Aufnahme von Armen. Medizin als Wissenschaft wurde im kirchlichen Kontext fast ausschließlich in den Klöstern betrieben.

Neben den Krankenabteilungen in den Klöstern wurden auch an den Domstiften und Kirchengemeinden Herbergen für Bedürftige eingerichtet. Diese Herbergen dienten jedoch vorwiegend der

9 Steidle (1975).

pflegerischen Versorgung der Kranken und Siechen und boten keine medizinische Versorgung.[10]

Diese Beobachtung lässt jedoch nicht den Schluss zu, dass die wissenschaftliche Medizin im Mittelalter völlig danieder lag. So wurden im 12. und 13. Jahrhundert verschiedene Universitäten gegründet, die ein Medizinstudium anboten. Die Medizin gehörte neben der Theologie und der Jurisprudenz zu den ersten Wissenschaften, die an der Universität gelehrt wurden. Berühmtes Beispiel sind die Ärzteschulen von Salerno, Montpellier und Paris.[11] Die Medizin wurde teilweise von Geistlichen gelehrt.[12]

Das Weltbild des Mittelalters war durch die Einheitlichkeit eines christlichen Ordnungs- und Menschenbildes geprägt. Menschliches Leiden, Krankheit und Siechtum wurden innerhalb des religiösen Weltbildes interpretiert.

Im Zuge der Neuzeit, dem damit verbundenen Aufbrechen des mittelalterlichen Weltbildes und der Aufklärung kommt es zu einer Emanzipation der menschlichen Vernunft und Entwicklung der modernen Wissenschaften. Ein wesentlicher Begründer der neuen wissenschaftlichen Erkenntnistheorie war der englische Philosoph Francis Bacon (1561–1626). »Unter seinem maßgeblichen Einfluß vollzog sich die Abkehr vom scholastisch deduktiv-logischen Denken und die Hinwendung zum induktiven Erkenntnisverfahren. Beobachtung, Experiment und induktives Erkennen bildeten die tragenden Säulen der von Bacon angestrebten ›instauratio magna‹. [...] Die neue Erkenntnishaltung bestimmte die neuen Forschungsziele ebenso wie die Wege dorthin. Sie weckte das Bedürfnis nach geistig und technisch verfeinerten Erkenntnismethoden, die sich dem neuen Forscher quasi zwangsläufig bei seiner Beschäftigung mit den Problemstellungen in Physik, Chemie, Ma-

10 Vgl. Holtel (1997); Agrimi/Crisciani (1996).
11 Vgl. Eckart (1998) 107–111.
12 In dieser Zeit wurden vorwiegend die hippokratischen Schriften rezipiert und weniger eigene Erkenntnisse entwickelt. Ein Grund dafür lag z. B. in dem teilweise bestehenden Sektionsverbot und in dem Verbot der Chirurgie durch die Hände ärztlich tätiger Kleriker. Das Konzil von Tour 1163 hatte nämlich bekundet: »Ecclesia abhorret a sanguine« – »Die Kirche vergießt kein Blut«. Die Chirurgie wurde dadurch zum Handwerk und wurde den Badern und Quacksalbern überlassen.

thematik und Medizin anboten. Sie befähigten ihn, das Erkannte nicht mehr im alten Sinne dogmatisch, sondern modern naturwissenschaftlich zu erkennen, zu interpretieren und schließlich naturphilosophisch einzuordnen. Dieser Prozeß hatte ja seinen Ausgang in der Anatomie mit Andreas Vesal bereits im 16. Jahrhundert genommen. Er schritt nun im 17. Jahrhundert konsequent voran: in der Anatomie, [...], in der Physiologie«.[13]

Im Zuge dieser Entwicklung wurde auch die Medizin zur empirisch-rationalen Wissenschaft, die durch die Erkenntnisse anderer Wissenschaften wesentlich befruchtet wurde.

Zentrale Voraussetzung für die Entwicklung der modernen Medizin war dann die Einführung der Naturwissenschaften in die Medizin im 19. Jahrhundert. Die Erkenntnisse der Biologie und Chemie führten schließlich zu einem immer größeren Verständnis des menschlichen Organismus.[14] Die naturwissenschaftliche Methodik wurde zum Handwerkszeug des medizinischen Forschers und Klinikers. Die ärztliche Ausbildung orientierte sich zunehmend am Katalog der Naturwissenschaften.

Es wurden Krankheitsmodelle, Diagnose- und Therapiekonzepte auf der Basis naturwissenschaftlicher Methodik entwickelt und überprüfbar. Durch die Synthese naturwissenschaftlicher Methodik und technischer Verfahren erreichte die Medizin neue ungeahnte Diagnose- und Therapiemöglichkeiten. Gleichzeitig ergaben sich durch die starke Dominanz der naturwissenschaftlich-technischen Ausrichtung massive Veränderungen in der klinischen Praxis und der Arzt-Patienten-Beziehung.

Zentrale Kriterien dieser neuen Medizin waren und sind wissenschaftliche Rationalität und Objektivität, das Kausalprinzip und die wissenschaftlich fundierte physiologische bzw. pathologische Betrachtung des menschlichen Organismus und auftretender Krankheiten.

Das naturwissenschaftlich-technische Konzept erwies sich für zahlreiche Krankheitsbilder bis heute als sehr erfolgreich und ermöglichte einen medizinischen Fortschritt, der im Zusammenwirken mit zahlreichen anderen zivilisatorischen Faktoren die

13 Eckart (1998) 172. Vgl. Bacon (1620).
14 Vgl. Rothschuh (1978); Schipperges (1990).

durchschnittliche Lebenswartung in den Industrienationen im 20. Jahrhundert um Jahrzehnte erhöhte.

Die Distanz zwischen Theologie und Medizin vergrößerte sich im Verlauf dieser Entwicklung zunehmend. Die Medizin verstand sich nun als Naturwissenschaft und negierte Ansätze eines metaphysischen Denkens. Sie emanzipierte sich von einem kosmologischen Weltbild hin zu einer naturwissenschaftlich orientierten Anthropozentrik und entwickelte eine eigenständige Epistemologie und Methodik. Die Berührungspunkte der Theologie mit der Medizin lagen nun vorwiegend in der christlichen Praxis der Krankenfürsorge. Gerade im 19. Jahrhundert wurden zahlreiche Krankenpflegegemeinschaften gegründet, etwa die Clemensschwestern oder die Barmherzigen Schwestern des Heiligen Vinzenz v. Paul, die Hospitäler einrichteten. Das Ideal der immer zur Verfügung stehenden Barmherzigen Schwester prägt zum Teil bis heute die Erwartungshaltung an den Beruf der Krankenschwester.[15]

Im 20. Jahrhundert ist nun eine wachsende Hochschätzung der modernen Medizin durch das kirchliche Lehramt zu beobachten. Verfolgt man die lehramtlichen Schriften des 20. Jahrhunderts, sind dort auf der einen Seite der Respekt vor der Medizin festzustellen und auf der anderen Seite mahnende Stimmen hinsichtlich potentiellen Einseitigkeiten der Medizin zu hören.

So bemerkte Papst Pius XII.:«Die Medizin als Wissenschaft und Kunst zugleich nimmt in der Zivilisation einen wirklich einzigartigen Platz ein.«[16]

Entsprechend hoch wird der ärztliche Auftrag eingeschätzt: »Der Arzt soll wie der Priester Freund und Helfer der Menschheit sein: Er soll heilen, wo Menschen von Krankheit, Wunden und Schmerz heimgesucht werden.«[17]

Reduktionistische Tendenzen einer organzentrierten Medizin bzw. einer Medizin, die den Leib-Seele-Dualismus nicht überwunden hat, werden in den Texten indirekt kritisiert und eine Rück-

---

15 Vgl. Wolff/Wolff (1994).
16 Pius XII., Das Problem der Krankheit, SLI Nr. 17, 6 (OV 39). Zitiert nach Sailer (1982) 76.
17 Sailer (1982) 76.

besinnung auf die Einheit des menschlichen Wesens und die Individualität der menschlichen Person gefordert.

Insgesamt ist festzustellen, dass das kirchliche Lehramt die außerordentlich wichtige Bedeutung der Medizin für Gesundheit und Krankheit der Menschen hervorhebt und betont, dass wissenschaftlich-technische Entwicklungen auch in der Medizin zum Wohle des Menschen beitragen und entsprechend eingesetzt werden sollten.

Das systematische Gespräch – Theologie und Medizin – die Wissenschaften und ihr Gegenstand

Will man das Selbstverständnis der Medizin als Wissenschaft beschreiben, stößt man heute auf sehr unterschiedliche Meinungen. Medizin wird als Naturwissenschaft, angewandte Naturwissenschaft, Handlungswissenschaft oder praktische Wissenschaft beschrieben. Zum Teil wird sie auch als τέχνη, als Heilkunst, bezeichnet. Ohne an dieser Stelle die Diskussion weiterführen zu wollen, soll die Aufmerksamkeit auf einen wesentlichen Aspekt gerichtet werden, der meiner Beobachtung nach gerade in dem Diskurs über das Selbstverständnis der Medizin zu selten in den Mittelpunkt gestellt wird: Das Menschenbild der Medizin.[18]

Die Medizin wird als Humanmedizin bezeichnet, sie unterscheidet sich von anderen Wissenschaften vor allen Dingen dadurch, dass der Gegenstand der Theorie und der Praxis, die Zielgröße dieser Disziplin der Mensch ist. Sie ist damit eine zutiefst anthropologische Disziplin. Medizin wäre ohne den Menschen nicht denkbar.

Engelhardt bemerkt nach einer Analyse der medizingeschichtlichen Entwicklung von der Antike bis zur Gegenwart:«Im Blick auf die historische Entwicklung erweist sich als bleibende Grundfigur der Medizin und damit auch der medizinischen Ethik gegenüber allem offenkundigen Wandel: ein Mensch in Not – ein Mensch als Helfer – gemeinsam im sozialen Umfeld.»[19]

18 Vgl. Kostka (2000).
19 Engelhardt (1987).

Ausgangspunkt und Zielpunkt der Medizin ist somit der einzelne Mensch in Krankheit, Heilung und Gesundheit, der durch andere Menschen, ihr spezifisches Wissen und Können, Hilfe erfährt. Die hier von Engelhardt skizzierte Grundfigur der Medizin ist allerdings auch außerhalb der Medizin zu identifizieren und muss deshalb spezifiziert werden. So sind ihre weiteren Kennzeichen u. a. das professionelle Wissen und Können der medizinischen Helfer, die durch ein besonderes Vertrauen gekennzeichnete Arzt-Patienten-Beziehung und ein bestimmter fachlicher, juristischer und ethischer Normenkontext, die diese Disziplin ausmachen.

Bei einer näheren Betrachtung wird deutlich, dass das Menschenbild eine entscheidende Bedeutung für das Selbstverständnis der Medizin, der Ärzte und Pflegenden und der Patienten selbst und ihr Handeln hat. In der Geschichte zeigte sich, dass ein bestimmtes Menschen- und Weltbild einen starken Einfluss auf das medizinische Handeln und somit auf den Umgang mit den Patienten ausüben kann. Berühmtes und wirkungsreiches Beispiel ist die Descartesche Trennung des Menschen in res cogitans und res extensa, die Auftrennung des Menschen in Seele und Leib, die die Moderne zum Teil nachhaltig prägte. Diese Aufspaltung kennzeichnete auch die Entwicklung der modernen Medizin. Der naturwissenschaftlich geprägten Medizin begegnet, seitdem sie Forschung, Lehre und klinische Praxis dominiert, der Vorwurf einer einseitig mechanistisch-materialistischen Ausrichtung, die Krankheit auf ein Organgeschehen reduziert und den Menschen als Objekt seiner Krankheit behandelt. Historisch abgeleitet von der Descarteschen Skizze des Menschen lehre und agiere sie auf der Basis der Trennung von Leib und Seele und orientiere sich am reinen Körpergeschehen, ohne die Individualität und Person des kranken Menschen zu berücksichtigen.[20]

Dieser Vorwurf ist nach wie vor zu hören und ist angesichts der zunehmenden Technisierung der Medizin eher lauter geworden. Die Vorwürfe lassen sich unter den Stichworten einer organzentrierten, reduktionistischen oder seelenlosen Medizin zusammenfassen.

20 Vgl. Autiero (1993).

Zwar konnte dieser Vorwurf zu bestimmten Teilen durch Entwicklung einer psychosomatischen Medizin, Sozialmedizin und die Einbeziehung anderer Berufsgruppen etwas vermindert werden, trotzdem ist bis jetzt die Körperorientierung der Medizin ungebrochen.[21] Neue Gefahr für eine Körperzentrierung und damit für ein einseitiges Menschenbild droht zudem durch die rasante Entwicklung der Genetik, Gendiagnostik und -therapie. Es besteht hier die Gefahr, den Menschen auf die Gesamtzahl seiner Gene und ihren Zustand zu reduzieren. Bereits die genetische Anlage für psychische oder physische Fehlfunktion könnte als »Krankheit« eingestuft werden. Dies entspräche einem genetischen Reduktionismus.

Das jeweilige Menschenbild schlägt sich demnach nieder im Verständnis von Krankheit und Gesundheit und damit auch im Verständnis von Diagnose und Therapie. Bewertet der Arzt die Symptome vorwiegend als pathophysiologische Störung des Organismus oder der Patient seine Krankheit als Leistungsstörung seines reparaturbedürftigen Körpers, kann es dazu kommen, dass seelische oder soziale Ursachen der Krankheit über lange Zeit übersehen werden und sich das Leiden erheblich verlängert.

Was hat das jetzt mit dem anderen Gesprächsteilnehmer zu tun? Die These ist: Auch die Theologie ist eine zutiefst anthropologische Disziplin. Gerade im 20. Jahrhundert erkannte die Theologie die Bedeutung der Anthropologie. Eine Auseinandersetzung über das Verhältnis von Gott und Mensch, von Immanenz und Transzendenz als einige der zentralen Gegenstände der Theologie ist ohne eine Auseinandersetzung mit dem Wesen des Menschen, des Mensch-Seins nicht denkbar.[22]

Eine wichtige Quelle der christlichen Theologie und der theologisch-medizinischen Ethik sind die biblischen Texte und ihre theologischen und anthropologischen Aussagen. Die biblischen Texte enthalten eine Vielzahl von Aussagen über den Menschen in Krankheit, Heilung und Gesundheit. Basis des biblischen Menschenbildes sind folgende Züge des Menschen:

21 Vgl. Uexküll (1992).
22 Vgl. Pannenberg (1983).

Der Mensch ist nach biblischem Verständnis von Gott geschaffen. Er kann sein Leben nur im Verhältnis, in der Beziehung zu Gott und als Mitglied der menschlichen Gemeinschaft leben. Das Leben impliziert Vitalität, Kraft, Aktivität und Freiheit. Herr des Lebens ist Gott selbst, er kann es geben und nehmen.

Der Mensch agiert und kommuniziert mit seinem Körper. In und mit einzelnen Organen und Körperteilen werden einzelne Fähigkeiten des Menschen beschrieben, etwa die Handlungsfähigkeit durch die Hände oder die Erkenntnis- und Kommunikationsfähigkeit mit den Augen und Ohren.[23]

Die biblischen Texte kennen keine Trennung von Leib und Seele. Sie beschreiben Krankheit als eine umfassende Störung des Lebens des Menschen, die sich auf seine körperliche, soziale und religiöse Situation auswirkt. Die Krankheit wird als Schlag einer höheren Macht verstanden und als Situation der Schwäche, des akuten Lebensmangels und der Todesnähe empfunden. Einziger Ausweg aus der Krankheit ist die Hilfe Gottes.

Das Spektrum der biblischen Krankheiten reicht von Hautkrankheiten über Taubstummheit bis zur Besessenheit. Die Heilungen wecken schon lange das Interesse der Medizin. So wird bis heute vielfach versucht, die Heilungen medizinisch zu erklären und damit die so genannten Wunder aufzuklären.

Typisches Beispiel ist die Deutung der Krankheit der Besessenheit als Epilepsie oder der Lähmungen als Schlaganfälle.[24] Ein weiterer Zugang ist die psychogene Deutung der Krankheiten. Die Krankheiten werden als psychische Störungen bewertet und Jesus wird die Rolle des Psychotherapeuten zugeschrieben. So interessant aber solche Ansätze auch sein können, verkennen sie jedoch eine zentrale Voraussetzung dieser Texte. Sie sind nicht als medizinische Texte konzipiert, sondern als literarisch-theologische Texte angelegt und lassen entsprechend ihrer Konzeption keine Rückschlüsse auf rein medizinische oder psychologische Fakten zu.

Über das biblische Paradigma »Krankheit und Heilung«, die Krankheitserfahrungen von einzelnen oder Gruppen, wird auf der

23 Vgl. Wolff (1994).
24 Vgl. Stricker (1994).

erzählerischen Ebene die Beziehung zwischen Israel und Gott thematisiert und theologisch entfaltet.[25] Analog zu Texten des Alten Testamentes wird im Neuen Testament anhand einer konkreten Situation eines Menschen veranschaulicht, wie sich menschliches Leben nach biblischem Konzept gestalten sollte. Mit Hilfe der Negativfolie der Krankheit wird illustriert, was das Leben des Menschen eigentlich ausmacht. Die Heilung entspricht in diesem Sinn einer Emanzipation des Menschen zu seinem eigentlichen Menschsein. Die Verwirklichung seiner selbst ist untrennbar verbunden mit der Zuwendung Gottes, die dieses Leben zum menschlichen Leben befreit.[26] In der Person Jesu wird die göttliche Zuwendung als menschliche Begegnung und heilende Berührung und Beziehung erfahrbar.

Die Heilungstexte des biblischen Kanons sind also nicht als naturwissenschaftliche Krankenakten zu lesen. Sie geben hingegen einen Einblick in die menschliche Erfahrung von Krankheit, Leiden und Heilung. Bemerkenswert ist hier das differenzierte Krankheitsverständnis, das Krankheit als umfassende Störung des Lebens betrachtet und nicht nur als partielle Funktionsstörung eines Körperteils. Analog zu modernen Krankheitskonzeptionen wird außerdem die Prozesshaftigkeit von Krankheit und Heilung auf narrativer Ebene konstatiert. Krankheit wird auch als soziales Phänomen beschrieben, so werden Kranken zum Teil bestimmte Rollen zugewiesen – häufig Außenseiterpositionen in der Gesellschaft, sichtbar etwa an der blutflüssigen Frau (Mk 5,25–34). Die Krankheit führt zu einer Veränderung der persönlichen Identität des Kranken bis hin zu seinem völligen Identitätsverlust. Er wird zum Objekt seiner Krankheit und fühlt sich von ihr geschlagen. Diese Situation entspricht dem subjektiven Krankheitserleben vieler Patienten. Krankheit kann nach biblischem Verständnis zwar nur mit göttlicher Hilfe überwunden werden, schließt jedoch Eigeninitiative, die eigene Haltung und den heute in der Medizin und Psychologie häufig betonten Faktor »soziale Unterstützung« nicht aus. Die Bedeutung des sozialen Umfeldes wird in aktuellen Theorien zur Entstehung von Gesundheit auch stets hervorge-

25 Vgl. Kostka (1998).
26 Vgl. Löning (1987).

hoben. Der biblische Heilungsprozess vollzieht sich oft über Begegnung und Gespräch, in dem der Kranke als eigene Person angesprochen wird und die Rolle als Krankheitsobjekt verläßt.

Die Wiederherstellung der Gesundheit bedingt im biblischen Sinn eine umfassende Reintegration des Geheilten, die eine entsprechende Reaktion der Gesellschaft auslöst und bedingt. Die Entstehung von Gesundheit ist von gesellschaftlichen Bedingungen abhängig und nur durch diese zu fördern. Im Gegensatz zu einem reduktionistischen Krankheitsverständnis als pathophysiologische Störung des Organismus Mensch erscheint Krankheit und Heilung im Spiegel der biblischen Texte als Krise und Chance des Menschen in seinem Verhältnis zu sich selbst, zu seinem Körper und in seinen verschiedenen sozialen und religiösen Beziehungen.

Die Chancen des Gesprächs zwischen der Theologie und Medizin

Typische Geprächssituationen zwischen Theologie und Medizin ereignen sich in medizinethischen Foren wie Ethikkommissionen oder Expertentagungen. Mediziner, Philosophen, Juristen und Theologen diskutieren hier ethische Fragestellungen in ärztlichen und pflegerischen Entscheidungssituationen, z. B. die Frage des Therapieabbruchs bei Patienten mit infauster Prognose. So sinnvoll und notwendig dieser Austausch ist, beschäftigt er sich doch vorwiegend mit Grenzfragen in der Patientenversorgung. Meiner Ansicht nach sollte dieses Gespräch wesentlich früher ansetzen. Denn der Blick auf die anthropologische Dimension der beiden Disziplinen zeigte, dass hier Beziehungen auf einer wesentlich fundamentaleren Ebene existieren. Wenn die Medizin und Theologie sich bereits über ihre anthropologischen Voraussetzungen austauschen würden, könnte hier ein fruchtbarer Ort der Selbstreflexion beider Fächer entstehen.

Es könnte der Eindruck entstehen, dass der Theologie dabei vor allem die Rolle der weisen Ratgeberin für die Medizin zugeschrieben wird. Jedoch die Theologie kann und soll der Medizin nicht als anthropologische Korrekturinstanz gegenübertreten, sondern das Gespräch als Chance zur Selbstreflexion ihrer eigenen anthropologischen Postulate nutzen. Ein konkretes Beispiel ist die Frage nach der Wahrnehmung der Leiblichkeit des Menschen in der Theologie. Inwieweit wird in den einzelnen theologischen Fächern die leibliche Existenz des Menschen wahrgenommen und ist die historisch gewachsene Seelen- und Geistzentrierung in der Theologie schon überwunden worden?

Das Gespräch sollte sich jedoch nicht nur in exklusiven Expertenzirkeln ereignen, sondern bereits in der Ausbildung der Ärzte, Theologen und Pflegenden stattfinden. Angesichts der Überfülle des theoretischen Wissens, das sich gerade Medizinstudenten aneignen müssen, stößt dieses Gespräch natürlich auf diverse praktische Schwierigkeiten. Jedoch Versuche wie gemeinsame Seminare, wo Mediziner, Pflegende und Theologen miteinander diskutierten, haben den Sinn solcher Gespräche nachdrücklich demonstriert. Der Dialog zwischen beiden Fächern ist also sehr sinnvoll.[27]

Die Begründung dafür liegt vor allem auch in der Praxisdimension. Egal welcher wissenschaftstheoretische Ansatz für die beiden Fächer gewählt wird, ohne die Dimension der Praxis und ihrer Reflexion wären sie nicht denkbar.

Vor diesem Hintergrund ist auch ersichtlich, dass das Gespräch zwischen Theologie und Medizin notwendigerweise in der Frage münden muss, welche Folgen das diskutierte Menschenbild, das Verständnis von Krankheit, Heilung und Gesundheit für die praktische Dimension der beiden Fächer hat.

Theologische Fragen könnten lauten: Welche Folgen hat es für die Krankenhauspastoral, für ein neues Verständnis von Diakonie, für eine Option für Kranke in einer Gesellschaft, die Krankheit und Leid eher verdrängen möchte?

Für die Medizin könnten sich Fragen ergeben: Erreicht die medizinische Praxis den Menschen in seiner Krankheit, wie sollte ein ärztliches Gespräch gestaltet sein, damit der Patient seine individuelle Situation ansprechen kann und seine Eigeninitiative gestärkt wird?

27 Vgl. Zenger (1984).

Gerade in der Betrachtung der praktischen Dimension werden auch die Berührungspunkte der Disziplinen besonders ersichtlich. Denn die Erfahrung des Menschen von Krankheit und Heilung ist nicht aus der Frage nach seiner Existenz, nach dem Tod und dem Sinn des Lebens zu lösen. Ärzte, Pflegende, Patienten und ihre Angehörigen werden häufig mit diesen Fragen konfrontiert. Die Suche nach Antworten berührt damit zwangsläufig auch den Bereich des theologischen Fragens.

Gleiches gilt für die Motivation für den Einsatz für Kranke. Der professionelle medizinische oder pflegerische Helfer wird sich die Frage nach seiner Motivation zumeist irgendwann stellen. Ähnliches gilt für die Arbeit von Seelsorge und für den kirchlich-institutionellen Einsatz für Menschen in der Situation von Krankheit und Heilung.

Konkrete Begegnung von kirchlichem bzw. pastoralem Handeln und medizinischem Handeln ereignet sich zum Teil am Krankenhausbett, wenn Ärzte, Pflegende und Seelsorger dort aufeinander treffen. Im Sinne eines umfassenden Menschenbildes wäre es ideal, wenn diese unterschiedlichen Helfer im Sinne des Patienten intensiv miteinander kommunizieren und interagieren würden. Diese Interaktion, das Gespräch sollte sich dabei nicht erst in Krisensituationen ereignen, sondern zum Alltag dazugehören. Das Beispiel von Palliativstationen und Hospizen zeigt, wie effektiv Seelsorger, Ärzte und Pflegende als therapeutisches Team zusammenarbeiten können und der einzelne professionelle Helfer dadurch auch Entlastung und Anteilnahme erfahren kann. Bedingung für eine solche umfassende Betreuung im medizinischen und pastoralen Sinn sind jedoch auch institutionelle Voraussetzungen und Akzeptanz.

Theologie und Medizin im Kontext der Gesundheitsstrukturreform

Kennzeichen der aktuellen Situation im deutschen Gesundheitssystem sind die ökonomische Ressourcenknappheit und diverse Verteilungskämpfe auf unterschiedlichen Ebenen.[28] Die Diskussion orientiert sich vorwiegend an finanziellen Aspekten. Zwar wird auch die Qualität medizinischer Leistungen erörtert, aber grundsätzliche Fragen wie die Ziele des Gesundheitssystems und der Medizin, das geltende Menschenbild und Krankheits- und Gesundheitsverständnis spielen in den Debatten eine absolute Nebenrolle. Ich sehe hier eine wichtige Aufgabe der Theologie gerade in der Perspektive der Theologischen Ethik auf Einseitigkeiten der Diskussion und der Strukturveränderungen hinzuweisen und Möglichkeiten und Orte des Dialogs zu schaffen.

Denkbar wäre eine Initiative der Kirchen für einen kleineren Konsultationsprozess zum Gesundheitssystem ähnlich wie der Konsultationsprozess der Kirchen zur sozialen und wirtschaftlichen Lage in Deutschland, der in der Veröffentlichung des Gemeinsamen Wortes der Kirchen »Für eine Zukunft in Solidarität und Gerechtigkeit« im Jahr 1997 mündete.[29] In einem ähnlich strukturierten Konsultationsprozess könnten Dialogpartner aus den verschiedenen gesellschaftlichen und kirchlichen Gruppen, Patienten, Professionelle im Gesundheitswesen, Vertreter der Institutionen, Verbände und Politik die Probleme der medizinischen Versorgung gemeinsam wahrnehmen und über ihre zukünftige Gestaltung sprechen. Dabei könnte auch nach Formen der nichtinstitutionellen Solidarität mit kranken und alten Menschen gesucht werden, wie z. B. Stadtteilnetzwerke, in die sich auch christliche Gemeinden integrieren können.

Ein Resultat dieses Gespräches könnte sein, dass Professionelle der Medizin und Pflege, Politiker, kirchliche Institutionen und Patienten verstärkt nach Lösungen suchen, wie nicht nur ein technischer hoher Standard der medizinischen Versorgung gewahrt werden kann, sondern wie ein mitmenschlicher Umgang mit Menschen in der Situation von Krankheit und Heilung und ihren Helfern gefördert werden kann. Die Krise im Gesundheitssystem bietet der Theologie und Medizin auch die Chance, ihre eigenen Inhalte bezogen auf die Patientenversorgung zu reflektieren, alte

---

28 Vgl. Hohmann (1998); Breyer/Zweifel (1997); Sachverständigenrat (1998); Arnold (1997).
29 Vgl. Kirchenamt (1997).

Strukturen und Rollenzuweisungen neu zu überdenken. Im Sinne der Zukunftsfähigkeit einer menschenwürdigen medizinischen Versorgung wäre jetzt eine gute Zeit, das Gespräch zwischen den Disziplinen verstärkt zu suchen und nach gemeinsamen Zielen und Handlungsmöglichkeiten auch bei begrenzten Ressourcen zu suchen.

Literatur

Agrimi, Jole / Crisciani, Chiara (1996):
> *Wohltätigkeit und Beistand in der mittelalterlichen christlichen Kultur*, in: Grmek, Mirko D. (Hrsg.), Die Geschichte des medizinischen Denkens. Antike und Mittelalter, München: C. H. Beck 1996, 182–215.

Arnold, Michael (1997):
> *Die medizinische Versorgung zwischen Utopie und zunehmenden Kostendruck* (Berliner Medizinethische Schriften, H. 16), Dortmund: Humanitas-Verlag 1997.

Autiero, Antonio (1993):
> *Der Beitrag der Theologie zu einer Ethik in der Medizin*, in: Ausserer, Oskar / Paris, Walter: Medizin und Glaube, Meran: Alfred 1993, 155–174.

Bacon, Francis (1620):
> *Neues Organon.* Lateinisch-deutsch, hrsg. von Wolfgang Krohn, Hamburg: Meiner 1990.

Breyer, Friedrich / Zweifel, Peter (1997):
> *Gesundheitsökonomie.* Heidelberg u. a.: Springer ²1997 (¹1992).

Eckart, Wolfgang U. (1998):
> *Geschichte der Medizin.* Berlin: Springer ³1998 (¹1990).

Engelhardt, Dietrich v. (1987):
> *Dauer und Wandel in der Geschichte der medizinischen Ethik. Ein Beitrag zur Prüfung des Paradigmenwechsels des Thomas S. Kuhn in der Medizin*, in: Schlaudraff, Udo (Hrsg.): Ethik in der Medizin, Tagung der Evangelischen Akademie vom 13.–15. Dezember 1985, Berlin u. a.: Springer 1987.

Hohmann, Jürgen (1998):
   Gesundheits-, Sozial- und Rehabilitationssysteme in Europa. Gesell-
   schaftliche Solidarität auf dem Prüfstand, Bern: Huber 1998.
Holtel, Markus Klaus (1997):
   Die Grafschaft Bentheim medizinisch durchleuchtet. Eine Medizinalge-
   schichte, Bad Bentheim: Verlag Heimatverein der Grafschaft Bentheim
   e. V. 1997.
Kirchenamt der Evangelischen Kirche in Deutschland / Sekretariat der
deutschen Bischofskonferenz (Hrsg.) (1997):
   Für eine Zukunft in Solidarität und Gerechtigkeit. Wort des Rates der
   Evangelischen Kirchen in Deutschland und der Deutschen Bischofs-
   konferenz zur wirtschaftlichen und sozialen Lage in Deutschland
   (Gemeinsame Texte 9), Hannover / Bonn: Kirchenamt der Evangelischen Kirche in Deutschland (u. a.) 1997.
Kostka, Ulrike (1998):
   *Der Patient »Mensch« im Spiegel biblischer Texte. Das biblische Pa-
   radigma »Krankheit und Heilung« am Beispiel der Heilung des Blinden
   bei Jericho (Lk 18,35–43),* in: Leinhäupl-Wilke, Andreas / Lücking,
   Stefan (Hrsg.), Fremde Zeichen. Neutestamentliche Texte in der Kon-
   frontation der Kulturen, Münster: Lit 1998, 69–82.
Kostka, Ulrike (2000):
   *Der Mensch in Krankheit, Heilung und Gesundheit im Spiegel der
   modernen Medizin.* Eine biblische und theologisch-ethische Reflexion
   (Studien der Moraltheologie 12), Münster: Lit-Verlag 2000.
Krug, Antje (1993):
   Heilkunst und Heilkult. Medizin in der Antike, München: C. H. Beck
   [2]1993 ([1]1985).
Löning, Karl (1987):
   *Krankheit und Heilung im Verständnis der Wundertradition der
   Evangelien,* in: Nacke, Bernhard (Hrsg.): Dimensionen der Glaubens-
   vermittlung. In Gemeinde, Erwachsenenbildung, Schule und Familie,
   FS P. Schladoth, München: Pfeiffer 1987, 215–239.
Müri, Walter (Hrsg.) (1986):
   Der Arzt im Altertum. Griechische bis lateinische Quellenstücke von
   Hippokrates bis Galen mit der Übertragung ins Deutsche, München:
   Artemis [5]1986 ([1]1938).

Pannenberg, Wolfhart (1983):
Anthropologie in theologischer Perspektive. Göttingen: Vandenhoeck & Ruprecht 1983.

Rothschuh, Karl E. (1978):
Konzepte der Medizin in Gegenwart und Vergangenheit, Stuttgart: Hippokrates-Verlag 1978.

Rüster, Detlef (1999):
Alte Chirurgie. Von der Steinzeit bis zum 19. Jahrhundert, Berlin: Verlag Gesundheit [4]1999 ([1]1984).

Sachverständigenrat für die Konzertierte Aktion im Gesundheitswesen (Hrsg.) (1998):
Sondergutachten 1997. Gesundheitswesen in Deutschland. Kostenfaktor und Zukunftsbranche, Bd. II, Baden-Baden: Nomos-Verlagsgesellschaft 1998.

Sailer, Martin (1982):
Medizin in christlicher Verantwortung. Sittliche Orientierungen in päpstlichen Verlautbarungen und Konzilsdokumenten, Paderborn: Schöningh 1982.

Schipperges, H. (Hrsg.) (1990):
Geschichte der Medizin in Schlaglichtern. Mannheim / Wien / Zürich: Meyers Lexikonverlag 1990.

Seybold, Klaus / Müller, Ulrich B. (1978):
Krankheit und Heilung. Stuttgart u. a.: Kohlhammer 1978.

Steidle, Basilius (Hrsg.) (1975):
Benediktusregel. Lateinisch-Deutsch, Beuron: Beuroner Kunstverlag [2]1975 ([1]1963).

Stricker, Hans-Heinrich (1994):
Krankheit und Heilung. Anthropologie als medizinisch-theologische Synopse, Neuhausen / Stuttgart: Hänssler 1994.

Uexküll, Thure v. u. a. (Hrsg.) (1992):
Integrierte Psychosomatische Medizin in Praxis und Klinik. Stuttgart / New York: Schattauer [2]1992 ([1]1981).

Wolff, Horst-Peter / Wolff, Jutta (1994):
Geschichte der Krankenpflege. Basel / Eberswalde: Recom-Verlag 1994.

Wolff, Hans Walter (1994):
Anthropologie des Alten Testaments. Gütersloh: Kaiser [6]1994 ([1]1973).

Zenger, Erich (1984):
  Heilung und Heil – Gedanken zu einem notwendigen Zusammenhang von Medizin und Seelsorge, in: Stimmen der Zeit 109 (1984), 189–199.

Online unter:
http://www.bibfor.de/archiv/99-2.kostka.htm

Stefan
Lücking

Mit anderen Augen
sehen lernen
Überlegungen zur biblischen
Hermeneutik

»Wollen wir uns der Kunst, der Literatur annehmen, so müssen wir sie
gegen den Strich lesen, das heißt, wir müssen alle Vorrechte, die damit
verbunden sind, ausschalten und unsere eigenen Ansprüche in sie hin-
einlegen. Um zu uns selbst zu kommen, sagte Heilmann, haben wir
uns nicht nur die Kultur, sondern auch die gesamte Forschung neu zu
schaffen, indem wir sie in Beziehung stellen zu dem, was uns betrifft.«
Peter Weiss, *Ästhetik des Widerstands*. Frankfurt am Main: Suhrkamp
1988, 41.

Auch der Exegese müsste es darum gehen, die Texte der Bibel in
diesem Sinne gegen den Strich zu lesen. Biblische Texte sind eine
Ansammlung toter Buchstaben, solange sie nicht mit unseren
eigenen Erfahrungen, unserer Skepsis und unserer Phantasie zu
neuem Leben erweckt werden. Sobald die Rezeption biblischer
Texte jedoch durch eine Vorstellung von »Sakralität« dominiert
wird, die genau diesen Prozess der Aneignung verstellt, weil sie die
Texte aus dem »normalen«, »alltäglichen«, unseren eigenen Erfahrungen zugänglichen Bereich entrückt, ist es kein Wunder, dass
diese Texte schlichtweg nicht mehr verstanden werden. Die
Schrift offenbart ihre Heiligkeit von selbst – oder gar nicht. Das
gleiche gilt von einem Begriff wissenschaftlicher Objektivität, der
sich die Abstraktion von den subjektiven Interessen zum Maßstab
nimmt und darüber vergisst, wie sehr auch der wissenschaftliche
Forschungsprozess von Konventionen und Wahrnehmungsmustern beeinflusst ist.
  Dabei ist jedoch zu berücksichtigen, dass der Prozess der Aneignung einen dialektischen Charakter hat. Denn so sehr ich mir den

Sinn eines Textes nur aus meiner eigenen Erfahrungswelt heraus erschließen kann, so wenig wird es gelingen, wenn ich mich nicht an den Text verliere, mich nicht von ihm aus meinem Alltag herausreißen lasse. Gerade darin besteht ja auch das Interesse am Lesen. Die Exegese muss deshalb auf die Fremdheit und Andersartigkeit des Textes aufmerksam machen. Sie muss an den Differenzen zu unserem Weltverständnis die Besonderheit der Perspektiven herausarbeiten, die der Text in den Augen der Lesenden auf die Dinge entwirft – und das in einer Form, in der die Begrenztheit beider Horizonte spürbar wird, desjenigen unserer Weltsicht und desjenigen, den der Text eröffnet. Nicht zuletzt darin liegt die *raison d'être* der Exegese als wissenschaftlicher Disziplin: die Begrenztheit unseres Horizonts aufzuweisen und auf Möglichkeiten des Anders-Seins, Anders-Denkens, Anders-Fühlens aufmerksam zu machen, indem sie die unterdrückten Erfahrungen unserer Vergangenheit bloßlegt.

Der hermeneutische Kreislauf schließt sich darin, dass eine solche Auslegungspraxis nicht ohne einen Erfahrungshintergrund möglich ist, in dem ich als Forscher die Vielfältigkeit, Zerrissenheit und Unerlöstheit unserer gesellschaftlichen Wirklichkeit »hautnah« erlebe. Ein Text kann mir keine Erfahrungen vermitteln, die ich nicht selbst schon durchlebt habe, aber er kann mir eine Wirklichkeit erschließen, der ich bisher verständnislos gegenüberstand. Eine Exegese, die die Tradition der Unterdrückten lebendig erhalten will, ist nicht ohne die Erfahrung derjenigen möglich, die heute unterdrückt sind. Das hermeneutische Gespür für die Fremdheit des Textes setzt die Sensibilität für das gegenwärtige Unrecht voraus und schärft den Widerstand dagegen.

Diesen Ausgangspunkt müsste die Exegese gerade auch als theologische Disziplin wählen, will sie nicht, dass ihre theologischen Erkenntnisse zu abstrakten und leeren Formeln geraten. Sie müsste ihren »theologischen Interessen« im Alltäglichsten, scheinbar Unmittelbarsten nachspüren.[1] Aber sie darf dabei nicht stehen bleiben. Kritisch wird sie dadurch, dass sie dieses scheinbar »Unmittelbare« in seinen vielfältigen gesellschaftlichen Vermittlungen

---

1 Vgl. Adornos Begriff der Mikrologie in seinen »Reflexionen zur Metaphysik«: Adorno (1988) 354–400.

verortet, das alltägliche Leid, das nach Erlösung schreit, zurück-
führt auf die in unserer Sprache, unserer Körpererfahrung in-
ternalisierten Herrschaftsbeziehungen. Sie darf sich nicht davor
scheuen, am Ende mit leeren Händen dazustehen, ohne theologische Gewissheit im Gepäck. Denn der Glaube an Gott lässt sich
nicht durch theoretische Hilfskonstruktionen am Leben erhalten,
sondern erweist sich in einer Glaubenspraxis, die trotz aller feh-
lenden Gewissheit daran festhält, dass die Macht des Faktischen
nicht das letzte Wort behält.

Im Folgenden will ich versuchen, diese kurzen Überlegungen zu
vertiefen, an wissenschaftliche Diskussionen anzuschließen und
wenn möglich in Bezug auf die exegetische Forschungspraxis zu
konkretisieren.

Die unmittelbare Leseerfahrung:
Textrezeption als Mimesis

In meiner Studie zu Mk 14,1–11[2] habe ich die Komposition des
Evangeliums als einen mimetischen Prozess der Welterschließung
untersucht. Genauso gut lässt sich aber der Rezeptionsprozess, das
Verstehen des Textes, als eine Form der μίμησις begreifen. In Isers
rezeptionsästhetischer Analyse moderner Romane erscheint der
»Akt des Lesens« als eine kreative Tätigkeit, durch die aus der
Struktur des Textes erst sein »Sinn« geschaffen wird.[3] Aber so sehr
ich die Welt des Romans durch meine Phantasie selbst entwerfe
und mit meinen eigenen Erfahrungen in Verbindung bringe, setzt
der Prozess der Lektüre doch zugleich das intuitive, unreflektierte
Befolgen sprachlicher und ästhetischer Regeln voraus. Meine
Phantasie wird gerade dadurch in Gang gesetzt, dass ich mich am
Text verliere und auf die »Tricks« hereinfalle, mit denen der Text
Spannung erzeugt – und die ich doch eigentlich längst »durch-
schaut« habe.[4]

2 Lücking (1993) v. a. 38–47 und 111–121.
3 Vgl. z. B. Iser (1975).
4 Besonders deutlich wird dieses Phänomen bei Action- und anderen Spiel-
filmen, die stets nach dem selben Schema ablaufen und trotzdem wirken.

Auch der Verständigungsprozess in der unmittelbaren Gesprächssituation ist ein mimetischer Prozess, vielleicht sogar in noch reinerer Form, insofern Gestik, Tonlage, Betonung, kurz: die ganze Körperlichkeit der Sprache einbezogen sind. Ich fühle mich durch mein Gegenüber unmittelbar angesprochen, und doch ist mein Verstehen abhängig von meiner Aufmerksamkeit, meinen Selektionsleistungen, meinem Vorverständnis und meinen Erwartungen – wie sehr, das wird erst deutlich, wenn die Verständigung misslingt. Sie gelingt nur insofern, als meine rezeptive Mimesis intuitiv den gleichen Regeln folgt wie die produktive Mimesis meines Gegenübers. Das gilt grundsätzlich auch für geschriebene Texte. Nur insofern Autor und Rezipienten die gleichen sprachlichen Regeln und lebensweltlichen Hintergrundüberzeugungen teilen, kann der Verständigungsprozess gelingen. Freilich wird diese Bedingung in den wenigsten Fällen erfüllt sein. Dass die Texte dennoch einen Sinn ergeben, ist ein Effekt ihrer Offenheit. Die »Intention« des Autors herauszubekommen, ist unter solchen Voraussetzungen allerdings ein höchst hypothetisches, wenn nicht gar müßiges Unterfangen.

Auf diesem Aspekt des Verstehens beruht auch Wittgensteins Bemerkung: »Und eine Sprache vorstellen heißt, sich eine Lebensform vorstellen.«[5] Der Verständigungsprozess setzt nicht irgendeine abstrakte gemeinsame Erfahrung voraus, sondern ist in einen Komplex von »Praktiken«, Gewohnheiten, Institutionen eingebunden, ist das Spielen eines Sprachspiels. Das Gelingen dieses Spieles setzt die *illusio*, die unhinterfragte Geltung seiner Regeln und mit ihm verbundenen Gewohnheiten voraus. Die wissenschaftliche Analyse setzt diese *illusio* jedoch außer Kraft, um das in der unmittelbaren Verständigung »Selbstverständliche« in Frage zu stellen und seine Geltungsbedingungen zu analysieren.

In der unhinterfragten Geltung der Regeln von Sprachspielen liegt aber auch der Ursprung des hermeneutischen Problems. Es gäbe keine Verständigungsprobleme, würde der Prozess, in dem wir zum Sprechen »abgerichtet« werden, so reibungslos verlaufen, dass alle realen oder potentiellen Gesprächspartner tatsächlich den gleichen Regeln folgen. Aber schon der Prozess des Sprach-

5 Wittgenstein (1988) 246.

erwerbs, darauf hat George Herbert Mead in seiner Sprach- und Sozialisationstheorie aufmerksam gemacht,[6] ist eine kreative Leistung. Das Kind, dass erst zu sprechen lernt, ist schon Individuum in dem Sinne, dass es eigene Selektionsleistungen erbringt und den eigenen spontanen Impulsen folgt. Und es beginnt schon früh mit den Regeln, die es noch kaum begriffen hat, zu spielen. Mead erläutert das am kindlichen Rollenspiel, bei dem das Kind die Sprachspiele der alltäglichen Kommunikation durchspielt, indem es in sich selbst die Reaktionen hervorruft, die es aus dem Alltag kennt. Aber, so Walter Benjamin, »das Kind spielt nicht nur Kaufmann oder Lehrer, sondern auch Windmühle oder Eisenbahn.«[7]

So sehr der Verständigungsprozess und der Spracherwerb auf der Identität sprachlicher Bedeutungen basieren, so wäre doch der ganze Komplex sprachlicher Regeln bei den unterschiedlichen Individuen nur dann völlig identisch, wenn sie über die gleiche die primären Selektionsleistungen steuernde physiologische Grundlage und die gleichen prägenden Erfahrungen verfügten. Beides ist nicht der Fall: Bezüglich der physiologischen Beschaffenheit gibt es zumindest den Unterschied der Geschlechter,[8] und durch die Kontingenz der Ereignisse durchlebt jedes Individuum seine eigene Geschichte.

Die *illusio* reibungsloser Verständigung wird erst dann durchbrochen, wenn es zu offensichtlichen Missverständnissen kommt und der mimetische Prozess des Verstehens auf Widerstände stößt. In der Möglichkeit des Missverständnisses liegt also paradoxerweise unsere Freiheit begründet, indem das Missverständnis die unmittelbare Befolgung sprachlicher Regeln unterbricht und zur Reflexion ihrer Geltung zwingt. Das setzt jedoch voraus, dass ich ein vitales Interesse an der Verständigung habe und das Gespräch nicht einfach abbreche, weil ich das Scheitern der Verständigung der Unfähigkeit meines Gesprächspartners zuschiebe. Ein reflexi-

---

6 Vgl. insbesondere den Aufsatz »The Genesis of the Self and Social Control« aus dem Jahr 1925 in: Mead (1981) 267–293. Deutsche Übersetzung in: Mead (1987) 299–328.
7 Benjamin (1980) 210.
8 Dies nicht bedacht zu haben, ist ein entscheidender Fehler von Mead. Es wäre interessant, seine Theorie daraufhin noch einmal zu durchdenken.

ves Verhältnis zu den Regeln der Sprache gewinne ich erst, wenn ich mich gemeinsam mit meinem Gesprächspartner um eine Klärung des Missverständnisses bemühe.

Bei der Lektüre eines geschriebenen Textes fehlt ein aktiver Gegenpart. Trotzdem ist der Text nicht für jedes Verständnis offen; nur ist seine Widerständigkeit subtiler. Deshalb ist die Versuchung auch größer, die Kommunikation einfach abzubrechen, indem man z. B. den Text für »verderbt« erklärt oder das, was man nicht versteht, der Inkompetenz des Autors zurechnet. Die Zeiten fröhlichen Konjizierens[9] sind zwar vorbei, aber die Skepsis gegenüber der Sprachkompetenz der biblischen Autoren ist in der Regel immer noch größer als die gegenüber der eigenen.

Die Dialektik von Wissen – Verstehen – Fühlen und die Notwendigkeit einer »lebendigen Philologie«

»Übergang vom Wissen zum Verstehen und zum Fühlen, und umgekehrt vom Fühlen zum Verstehen und zum Wissen«, so ist ein Abschnitt im elften Gefängnisheft Antonio Gramscis überschrieben.[10] Wenn etwas von dem Leninisten Gramsci heute noch zu lernen ist, dann ist es die Dialektik der Erkenntnisformen, die er unter dieser Überschrift entwickelt. Sie macht darauf aufmerksam, dass wissenschaftliche Erkenntnis auf Mimesis angewiesen bleibt und dass dieses mimetische Korrektiv nicht in der Abgeschiedenheit der σχολή zu erhalten ist, sondern nur, indem die Philologie »lebendig« wird.

Das theoretische Wissen bleibt leer und abstrakt, solange es nicht mit praktischer Erfahrung gefüllt ist. Die praktische Erfahrung aber, das »Fühlen«, ist blind und gerade in ihrer Unmittelbarkeit von gesellschaftlichen Vorurteilen und Wahrnehmungsmustern geprägt. Zwischen beiden muss das Verstehen vermitteln, damit aus dem pedantischen Wissen und dem dumpfen Gefühl kritische Erkenntnis werden kann. Gramsci macht jedoch darauf

---

9 Als abschreckendes Beispiel ist mir der Psalmenkommentar von H.-J. Kraus in Erinnerung, vgl. Kraus (1978).

10 Heft 11, § 67. Vgl. Gramsci (1977) II,1505.

aufmerksam, dass diese drei Momente des Erkenntnisprozesses durch die gesellschaftliche Trennung zwischen Hand- und Kopfarbeit auf verschiedene soziale Klassen ausdifferenziert sind. Dass das akademische Wissen abstrakt wird, hat seinen Grund auch darin, dass die Intellektuellen in einem Bereich agieren, der von den gesellschaftlichen Antagonismen scheinbar abgehoben ist. Tatsächlich aber verdanken sie ihre Position der sozialen Ungleichheit, die ihnen die Muße zum Studium erst ermöglicht und den anderen versagt.

Pierre Bourdieu geht in seiner »Kritik der theoretischen Vernunft« von einem ähnlichen Verständnis theoretischer Erkenntnis aus.[11] Die in der theoretischen Reflexion gewonnene ἐπιστήμη setzt die praktische ἐποχή, den Bruch mit der illusionären Erfahrung, der δόξα der im Handeln Befangenen voraus, der zugleich auf der gesellschaftlichen Trennung von denjenigen beruht, die sich die Muße zur kritischen Reflexion nicht leisten können. Wenn die theoretische Reflexion daher zwar die Distanz zu der Praxis voraussetzt, die sie reflektiert, so ist sie doch selbst auch eine Form gesellschaftlicher Praxis, nur nicht derjenigen, über die sie reflektiert. Die Praxis der theoretischen Reflexion muss in einer zweiten ἐποχή selbst zum Gegenstand kritischer Reflexion gemacht werden, sonst wird das theoretische Wissen durch die in der theoretischen Haltung implizierten Vorurteile und Wahrnehmungsmuster verzerrt.

Gramscis Kritik setzt jedoch noch etwas anders an. Insofern die theoretische Haltung, das »interesselose Betrachten«, eine Form wirklichkeitserschließender Praxis ist, setzt es die gleiche mimetische, imaginäre Kraft voraus, die es durch die Methodik des Vorgehens gerade disziplinieren will. Es reicht nicht, in einer zweiten Stufe der Abstraktion den Entstehungszusammenhang wissenschaftlicher Erkenntnis zu reflektieren; der Wissenschaftler muss vielmehr die selbst gewählte Distanz zur Praxis wieder überwinden, damit seine kritische Haltung nicht bloß abstrakt bzw. »pedantisch« bleibt. Die Fallstricke einer solchen Überwindung der theoretischen Distanz, und damit auch der gesellschaftlichen, die sie bedingt, erläutert Gramsci in seiner Kritik an Bucharin,

11 Vgl. Bourdieu (1980) 51–70.

dessen »Gemeinverständliches Lehrbuch des historischen Mate-
rialismus« er als Beispiel einer falschen Anbiederung an den Alltagsverstand begreift. Um seine Alternative zu erläutern, greift er
auf die Unterscheidung von Philologie und Philosophie zurück,
die er in einem Sinn verwendet, den er offensichtlich von Giambattista Vico übernommen hat. »Philologie« bedeutet bei Vico
nämlich nicht nur die wissenschaftliche Beschäftigung mit der
Sprache, sondern mit allem, was vom menschlichen Willen geschaffen worden ist und als historische Gewissheit (»certum«)
angesehen werden kann: die Sprachen, Sitten, Rechtsordnungen,
Kulte und Taten der Völker in ihrer Geschichte.[12] Die »Philosophie« dagegen fragt kritisch nach der inneren Kohärenz und lo-
gischen Konsistenz dieser historischen Sachverhalte. Als die »Wissenschaft vom Wahren« (*la scienza del vero*) stellt sie für Vico eine
Art Geschichtstheorie dar, während die »Philologie« sich als die
co-scienza del certo damit befasst, die historische Besonderheit der
Völker und Epochen hermeneutisch zu erfassen.

In diesem Begriffspaar kehrt die aristotelische Unterscheidung
zwischen Dialektik, der Logik des Notwendigen, und Rhetorik,
dem Sinn für das Wahrscheinliche, wieder, doch ist sie durch Vicos Grundannahme, dass man nur erkennen könne, was man
selbst geschaffen habe, gebrochen. Die Welt der menschlichen
Praxis (»il mondo civile«) ist kontingent, weil sie im Gegensatz zur
natürlichen Welt von den Menschen aus freiem Willen (»arbitrio«)
geschaffen worden ist. Sie ist deshalb aber auch der Erkenntnis zugänglich, denn die kreative (mimetische) Fähigkeit, aus freiem
Entschluss Sprache, Recht, Sitten und Institutionen zu schaffen, ist
allen Menschen gemeinsam. In der Unterscheidung von Philologie
und Philosophie wird zudem deutlich, dass dieser *sensus comunis*,
der die Voraussetzung für die Erkenntnis des *certum* ist, nicht
einfach auf das »allgemein Menschliche« zielt, sondern auf das jeweils historisch Besondere, denn in der Freiheit des Willens ist zugleich die Vielfältigkeit der menschlichen Kulturen begründet. Vico, so Erich Auerbach, »entdeckte nicht sich selbst im Anderen,
sondern den Anderen in sich selbst [...] Das ist seine Humanität;

12 Vgl. Vico (1994) 91.

etwas weit Tieferes und Gefährlicheres als das, was man zumeist unter diesem Wort versteht.«[13]

Platon musste seine Identität noch mühsam durch konsequente Selbstdisziplin den kaum entzauberten Mächten der äußeren und inneren Natur abringen. Das führt ihn zum Verbot der μίμησις mit dem Nicht-Identischen, Fremden, Anderen.[14] Bei den frühneuzeitlichen Humanisten, bei Erasmus, Thomas More, Rabelais, wird gerade das Gegenteil zum Ideal erhoben. Ihre Beschäftigung mit der Antike verdankt sich einem Interesse daran, aus den engen Grenzen der eigenen Erfahrungswelt herauszukommen und sich in die Vielfalt menschlicher Erfahrungsformen hineinzudenken. Ihre Souveränität erweist sich gerade in der selbstironischen Distanz und der Freiheit, sich am Anderen zu verlieren. Am deutlichsten wird dieser Zug in den grotesken Erzählungen Rabelais'. In Vicos Projekt einer »philologischen« Rekonstruktion der Ursprünge der Menschheit kehrt er in veränderter Form wieder.

Obgleich Gramsci ein ganz anderes Interesse verfolgt, nicht die Kluft zu den Menschen archaischer Zeiten, sondern diejenigen zur praktischen Erfahrung der subalternen Klassen zu überwinden, hat sein Begriff des *senso comune*, den er als die »spontane Philosophie«[15] der Massen, die »Folklore der Philosophie« begreift, dennoch vieles mit dem sensus comunis bei Vico gemein. Gramsci versteht darunter die im Alltagshandeln implizierte Weltanschauung, das Reich der Alltagsplausibilitäten, Selbstverständlichkeiten und intuitiven Gewissheiten, also dessen, was Vico als »certum« bezeichnet. In jeder sozialen Klasse prägt sich der *senso comune* in einer besonderen Art, einem besonderen »Konformismus« aus. Der Unterschied zwischen Alltagsverstand und theoretischem Wissen besteht für Gramsci vor allem darin, dass sich die Aneignung wie die Aktualisierung dieses historischen Wissens im Alltagsverstand »spontan«, also wie mechanisch vollzieht, während die Intellektuellen sich zu ihrem Konformismus bewusst entscheiden. Der Alltagsverstand erscheint (den Intellektuellen) daher als eine

13 Auerbach (1992) 74.
14 Vgl. Politeia III, 395a–398b.
15 Heft 11, § 12, in: Gramsci (1977) II,1375.

inkohärente, lose und zufällige Ansammlung der verschiedensten Begriffe, Weltanschauungen und Religionen.

Um die gesellschaftliche Trennung zu überwinden, müssen die von den Intellektuellen ausgearbeiteten Konzepte nicht nur »allgemeinverständlich« sein, sondern sie müssen zugleich als Ausdruck der alltäglichen Erfahrung in der Praxis angeeignet werden können. Gramsci überträgt deshalb das pädagogische Konzept einer aktiven Erziehung, die auf einem reziproken Verhältnis von Lehrern und Schülern basiert, auf die ganze Gesellschaft. Er entwickelt das Bild eines »demokratischen Philosophen«[16], der sich nicht mehr allein auf die herrschende Überlieferung der hohen Kultur, auf Künste und Wissenschaft bezieht, sondern in einen regen Austausch zu seiner kulturellen und sozialen Umwelt tritt.[17] Und er erkennt darin zugleich die Unzulänglichkeit seiner eigenen theoretischen Position als Gefangener des Faschismus, denn für die Philosophie, die er entwickeln will, reicht nicht die Gewissheit der eigenen inneren Freiheit, sondern es bedarf der politisch garantierten Rede- und Meinungsfreiheit, welche die Möglichkeit für eine »lebendige Philologie« (»filologia vivente«)[18] schafft, die sich nicht mit der folkloristischen Ansammlung einer fremden Alltagserfahrung begnügt, sondern aus der bewussten Reflexion (»co-scienza«) einer gemeinsam geteilten Erfahrung schöpft.

Biblische Exegese als lebendige Philologie

Gramscis Vorstellungen vom »organischen Intellektuellen« und von der »lebendigen Philologie« klingen zunächst reichlich sozialromantisch. Aber im Hintergrund steht für Gramsci vor allem die Frage, was die süditalienischen Bauernsöhne, die bei der Niederschlagung der Arbeiteraufstände in Turin eingesetzt worden sind, dazu gebracht hat, die norditalienischen Arbeiter als ihre eigentlichen Feinde anzusehen. Gramsci hätte – als intellektueller Vertre-

16 Heft 10, §44, in: Gramsci (1977) II,1331.
17 Vgl. Heft 11, §12, in: Gramsci (1977) II,1382.
18 Heft 11, §25, in: Gramsci (1977) II,1430.

ter der Turiner Arbeiterbewegung – also Grund genug gehabt, dieses Verhalten der Dummheit irregeleiteter Bauerntölpel anzurechnen. Aber – seiner eigenen sardischen Herkunft eingedenk – interpretiert er ihr Verhalten nicht als Dummheit, sondern als Missverständnis. Und da ähnliche Formen des Missverstehens in Italien schließlich zum Erfolg des Faschismus geführt haben, setzt er alles daran, die eigenen Vorbehalte, die sich aus seiner geographisch wie sozial entwurzelten Existenz ergeben, zurückzustellen, um den »gesunden Menschenverstand« des einfachen Volkes zu verstehen. Und als Gefangener des Faschismus war er bei der Aufklärung dieses Missverständnisses genauso auf sich allein gestellt, ohne die Möglichkeit eines direkten Gesprächs, wie ein Exeget gegenüber seinen biblischen Texten.

Exegetinnen und Exegeten trennt jedoch nicht nur die historische Distanz von ihren Texten, sondern die soziale Distanz, die Gramsci so beschäftigt hat, ist in paradoxer Weise damit verschränkt. Ich selbst bin als Exeget in vielfacher Hinsicht sozial privilegiert: Nicht nur, dass ich in einem der reichsten Länder der Erde wohne, in Münster von den sozialen Gegensätzen, wie sie auch in unserem Land existieren, weitgehend verschont bleibe, als Mann trotz aller Erfolge der Frauenbewegung nach wie vor zahlreiche Vorteile habe: Entscheidender ist noch, dass ich als europäischer Intellektueller zugleich Vertreter der »überlegenen« westlichen Kultur bin, der trotz aller Faszination für fremde, nicht-»westliche« Kulturen von zentralen Werten der christlich-europäischen Kultur nicht abrücken will.

Die biblischen Texte dagegen sind an der Peripherie der antiken Welt entstanden, Dokumente einer Kultur, die aus der Sicht der dominanten hellenistischen Kultur als barbarisch und primitiv erscheint. Sie berichten von Menschen, die die hellenistische Hochkultur als historische Individuen nicht einmal wahrgenommen hat, noch dazu aus sozialen Klassen, von denen die »klassischen« Autoren nur mit Herablassung gesprochen haben. Die biblischen Autoren genießen zwar immerhin das Privileg, die Zeit und das Material zum Schreiben sowie eine – aus der Sicht der Hochkultur zwar »barbarische«, aber doch nicht gering zu schätzende – Bildung genossen zu haben, aber schon durch ihre

Sprache und ihren Stil verraten sie sich als intellektuelle Underdogs.

Versetzte ich mich als europäischer Intellektueller in die biblische Zeit, befände ich mich eher in der Situation eines athenischen Intellektuellen, der zwar darüber klagen mag, dass die griechische Kultur nur in der dekadenten Form des Hellenismus dominant geworden ist (so wie europäische Intellektuelle heute gerne über den »Amerikanismus« klagen), der sich aber gerade deshalb in besonderen Maße als Verteidiger der »wahren« Kultur empfindet. Gleichzeitig aber bin ich als christlicher Theologe Erbe jener »barbarischen Philosophie«, die sich in den biblischen Texten dokumentiert. Als solcher nehme ich den Hellenismus nicht nur als Wiege unseres modernen wissenschaftlichen Weltverständnisses wahr, sondern auch als Herrschaftsinstrument, das den Zusammenhalt riesiger Imperien dadurch sicherte, dass es städtische Eliten heranbildete, die sich nicht mehr so sehr durch ihre Herkunft als durch ihre Bildung unterschieden und die sich deshalb dem hellenistischen Bildungsprinzip verbunden fühlten und sich gegenüber den Herrschern loyal erwiesen, die ihnen ihren privilegierten (nicht allein durch Erbschaft erworbenen) Status garantierten. Die biblischen Texte zeigen eher die Gegenseite dieses Herrschaftsprinzips: die Unterdrückung autochthoner Kulturen, der Verlust auf Reziprozität angelegter sozialer Bindungen und Verpflichtungen, die Verelendung der Landbevölkerung durch das Steuersystem bzw. die damit verbundene Umstellung der Landwirtschaft von der Subsistenzwirtschaft zur Surplus-Produktion.

In dieser mehrfachen Verschränkung von historischer und sozialer Distanz steckt daher eine Chance: Die Verschränkung und Inkompatibilität der verschiedenen Perspektiven, in die ich durch Bildung, Konfessionszugehörigkeit und historische Erfahrung eingebunden bin, macht es mir leichter, die Einseitigkeit und Relativität dieser Perspektiven zu erkennen. Da ich in keiner Perspektive vollkommen aufgehe, bin ich in der Lage, eine distanzierte, kritische Position gegenüber meiner eigenen Voreingenommenheit zu gewinnen. Als modernem »aufgeklärten« Intellektuellen erscheinen mir die mythologischen Vorstellungen der Bibel fremd und die dogmatischen Gewissheiten der Theologie verdächtig. Als christlicher Theologe wiederum bin ich in besonderer Weise sensibel für die Dialektik der Aufklärung – dafür, wie sehr unser modernes Weltverständnis mit der Unterdrückung von Mensch und Natur verbunden ist oder wie sehr es seine eigenen Mythen pflegt (wie z. B. den Glauben an die »Selbstheilungskräfte des Marktes«). Aufgrund der historischen Erinnerung an die Schoa dürfte es mir schwer fallen, so leichthin die antijudaistischen Vorurteile zu übernehmen, die die christliche Lektüre der Bibel bis heute bestimmen.

Meine verschiedenen Voreingenommenheiten stellen sich so gegenseitig in Frage. Dass das nicht genügt, zeigt schon allein die nach wie vor virulente Tradition antijudaistischer Bibelauslegung. Zu einer kritischen, auch den eigenen Horizont erweiternden Lektüre der Bibel komme ich erst, wenn ich das Geflecht meiner modernen Perspektiven in Beziehung setze zu den sozialen Perspektiven, die an den biblischen Texten deutlich werden. Indem ich bewusst mit den Analogien und Differenzen spiele, die sich zwischen meiner Situation und derjenigen ergeben, in der die biblischen Texte entstanden sind, gewinne ich nicht nur einen anderen Blick auf den komplexen kulturellen und sozialen Horizont der biblischen Texte, sondern lerne auch meine eigene Wirklichkeit mit anderen Augen sehen.

Literatur

Adorno, Theodor W. (1988):
   Negative Dialektik (stw 113), Frankfurt am Main: Suhrkamp [5]1988 ([1]1966).
Auerbach, Erich (1992):
   Giambattista Vico und die Idee der Philologie, in: Ders., Philologie der Weltliteratur. Sechs Versuche über Stil und Wirklichkeitswahrnehmung (Fischer Wissenschaft 11474), Frankfurt am Main: Fischer Taschenbuchverlag 1992, 62–74.

Benjamin, Walter (1980):
  Die Lehre vom Ähnlichen. Über das mimetische Vermögen, in: Ders.,
  Gesammelte Schriften II/1, Frankfurt a. Main: Suhrkamp 1980,
  204–213.
Bourdieu, Pierre (1980):
  Le sens pratique. Paris: Édition de Minuit 1980.
Bourdieu, Pierre (1987):
  Sozialer Sinn. Kritik der theoretischen Vernunft, Frankfurt am Main:
  Suhrkamp 1987.
Iser, Wolfgang (1975):
  Die Apellstruktur der Texte, in: Warning, Rainer (Hrsg.), Rezeptions-
  ästhetik. Theorie und Praxis (UTB 303), München: Fink 1975,
  253–276.
Gramsci, Antonio (1977):
  Quaderni del Carcere. Edizione critica a cura di Valentino Gerratana,
  Torino: Giulio Einaudi Editore 1977.
Kraus, Hans-Joachim (1978):
  Psalmen. 3 Bände (Biblischer Kommentar Altes Testament; 15), Neu-
  kirchen-Vluyn: Neukirchener Verlag [5]1978.
Lücking, Stefan (1993):
  Mimesis der Verachteten. Eine Studie zur Erzählweise von Mk 14,1–11
  (SBS 152), Stuttgart: Verlag Katholisches Bibelwerk 1993.
Mead, George Herbert (1981):
  Selected Writings. Edited, with an Introduction by Andrew J. Reck,
  Chicago: University of Chicago Press 1981 ([1]1964).
Mead, George Herbert (1987):
  Gesammelte Aufsätze. Hrsg. von Hans Joas, Band 1 (stw 678), Frank-
  furt am Main: Suhrkamp 1987.
Vico, Giambattista (1994):
  La scienza nuova. Introduzione e note di Paolo Rossi, Milano: Rizzoli
  [5]1994 ([1]1977).
Wittgenstein, Ludwig (1988):
  Tractatus logico-philosophicus. Tagebücher 1914–1916. Philoso-
  phische Untersuchungen. Werkausgabe Band 1 (stw 501), Frankfurt
  am Main: Suhrkamp [4]1988 ([1]1984).

Online unter: *http://www.bibfor.de/archiv/99-2.luecking.htm*

Markus
Öhler

Jesus als Prophet
Eine Problemanzeige

Die jüngere Forschung nach dem historischen Jesus (»The Third Quest«) hat zu wesentlichen Fortschritten in unserem Verständnis des Nazareners beigetragen. Dies wird durch eine Fülle von Jesusbüchern demonstriert, die sich auch an ein breiteres Publikum richten. Dabei geht es immer wieder um die Fragen, die schon früher wichtig waren, etwa auch, was uns hier besonders interessiert, ob man Jesus mit einem bestimmten Titel bezeichnen kann. Im Folgenden möchte ich mich einer der gebräuchlichsten Bezeichnungen Jesu widmen: »Prophet«.

Es ist interessant, dass der Terminus προφήτης keineswegs eindeutig zu definieren ist. So hat schon Helmut Krämer im Anschluss an die Arbeit von Erich Fascher bemerkt: »προφήτης κτλ. ist eine ebenso durch Feierlichkeit wie durch inhaltliche Leere gekennzeichnete Wortgruppe; sie drückt lediglich die formale Funktion des Aussprechens, Verkündens, Bekanntmachens aus.«[1] Dies ist bis heute immer wieder bestätigt worden[2] und es ist daher meines Erachtens zu fragen, was mit der Bezeichnung Jesu als Prophet in der neueren Forschung gemeint sein kann.

▸ Wird Jesus als einer der alten Propheten gedeutet, und wenn ja, an welche Propheten wird dabei gedacht?

▸ Oder wird Jesus mit zeitgenössischen Propheten verglichen, die im 1. Jahrhundert in Palästina auftraten?

▸ Gilt er als Prophet, weil er den Anbruch der Gottesherrschaft verkündete, oder weil er wie manche Propheten Wunder tat?

---

1 Krämer (1959) 794. Vgl. Fascher (1927) 51: »Προφήτης allein ist ein ›Rahmenwort‹ ohne konkreten Inhalt.«
2 Vgl. Ernst (1989) 290: »Die Kennzeichnung eines Menschen als Prophet ist eine Worthülse, die mit Inhalt gefüllt werden muss.«; Tilly (1994) 13. Das Urteil von Aune (1983) 4, dass Krämers Bestimmung »semantic nonsense« sei, verfehlt m. E. den Punkt, auf den es ankommt: Der Titel ›Prophet‹ wird durch den Kontext definiert.

▸   Oder konnte er die Zukunft voraussagen?
Bevor aber alle diese Fragen genauer betrachtet werden, soll uns
ein kurzer Blick auf die Bedeutungsmöglichkeiten des Wortes
›Prophet‹ sowie auf phänomenologische Kategorisierungen von
Prophetenfiguren in die Problematik einführen.

I.

Die religionswissenschaftliche Beschäftigung mit Titel und Funktion eines Propheten wurde mit Hilfe verschiedener Paradigmen vorgenommen, zumeist nach dem Bild der biblischen Propheten oder aus religionssoziologischer Perspektive.[3] Als Kennzeichen von Propheten wird hier etwa genannt, dass sie den Willen einer Gottheit verkünden, öfters auch die Zukunft vorhersagen. Ihre Botschaft empfangen Propheten zumeist in Visionen oder Auditionen, die manchmal auch mit ekstatischen Erfahrungen verbunden sein können. Die Gottheit entsendet sie, um die empfangene Botschaft weiter zu geben. Oft werden sie aus ihrem normalen Alltagsleben berufen und repräsentieren die Gottheit in Opposition zu einer bestimmten Gruppe (zumeist religiösen und/oder politischen Autoritäten) oder in Repräsentation einer Gruppe. Allerdings ist die genaue Bestimmung, wer nun als Prophet zu bezeichnen ist, sehr schwierig. So war es auch möglich, dass religiösen Figuren wie Mohammed oder Zarathustra, die sich selbst als Propheten verstanden und von ihren Anhängern auch so gedeutet werden, dieser Titel abgesprochen wurde.[4]

Im Blick auf die Antike ist wichtig, dass die meisten modernen Beschreibungen antiker Prophetie sich auch immer am biblischen Bild orientieren. Zuletzt hat David Potter wieder darauf hingewiesen:

---

3   Vgl. Klein (1997) 473–476; Sheppard/Herbrechtsmeier (1987) 8–14; Ebach (1998) 347–359. Ein Vergleich zwischen alttestamentlichen Propheten und ähnlichen Gestalten in der Religionsgeschichte wurde wiederholt angestellt: Wilson (1980) und Overholt (1986). Zur phänomenologischen Bestimmung innerhalb der Religionswissenschaft vgl. van der Leeuw (1977) 244–250; Heiler (1961) 395–402.
4   Vgl. etwa Wach (1951) 394.

»The stress in these definitions on ›speech,‹ and the concurrent image of the prophet as person, almost always male (often with a long white beard and a staff), who delivers a prophecy at divine initiative simply fails to account for much of the activity that was regarded as ›prophetic‹ in the ancient world.«[5]

In der Antike konnte sich jeder den Prophetentitel beilegen, auch im profanen Kontext, und viele verschiedene Figuren wurden als Propheten bezeichnet. Allein das Wort προφήτης ist nicht einfach zu deuten, da es einerseits das deutliche (πρό) Aussprechen (φημί) meint, andererseits πρό auch zeitlich verstanden werden kann.[6] Obwohl »Sprecher« die grundsätzliche Bedeutung des Wortes ist, wird der genaue Sinn erst durch den Zusammenhang deutlich. So kann ein Prophet der Vermittler göttlicher Orakel sein, aber auch nur deren Deuter. Dichter, Boten, Philosophen, Ansager bei Spielen und noch einige mehr sind als Propheten bezeichnet worden. Der Titel muss also mit Sinn gefüllt werden.

Im frühen Judentum findet sich ebenfalls kein einheitlicher Gebrauch: Die Septuaginta verwendet zwar προφήτης als Übersetzung für נבי, doch werden auch ראה (1 Chr 26,28; 2 Chr 16,7.10; Jes 30,10) und חזה (2 Chr 19,2; 29,30; 35,15), die beide »Seher« bedeuten, so wiedergegeben. Josephus berichtet einerseits von verschiedenen religiösen Figuren, die er als Propheten bezeichnet, und die sich offenbar gegen die römische Besatzung richteten.[7] Andererseits kann er auch einen Historiker namens Kleodemos Malchas als Propheten bezeichnen, weil er etwas über die Geschichte der Juden in Ägypten zu berichten weiß.[8] Es ist daher zu-

5 Potter (1994) 10. Einen Überblick über Prophetie in der Antike bieten z. B. Fascher (1927) 11–224, und Aune (1983) 23–79.

6 Allerdings ist man sich sicher, dass letztere Bedeutung später ist. Vgl. Fascher (1927) 6; van der Kolf (1957) 797–798; Potter (1994) 10.

7 Theudas (*ant.* 20,97–99), der ›anonyme Ägypter‹ (*bell.* 2,261–263; *ant.* 20,169–172) und einige anonyme Propheten (*bell.* 6,285). In *c. Ap.* 2,91 wirft Josephus seinem Gegner Apion vor, fälschlich als Prophet zu agieren.

8 Κλεόδημος δέ φησιν ὁ προφήτης ὁ καὶ Μάλχος ἱστορῶν τὰ περὶ Ἰουδαίων (*ant.* 1,240). Josephus verwendet hier eine Notiz, die er Alexander Polyhistor entnimmt und es ist nicht eindeutig zu bestimmen, ob ὁ προφήτης Teil des Zitates ist bzw. wie Josephus die Bezeichnung Prophet gedeutet hat; vgl. Aune (1982) 419–421; Feldman (1990) 400–401. Vgl. auch Tit

treffend, wenn Rebecca Gray darauf hingewiesen hat, dass die Definition von Prophetie bei Josephus wesentlich umfassender war als unsere moderne.[9]

Im Neuen Testament finden sich etliche Prophetengestalten, und auch Jesus wird mehrmals als προφήτης bezeichnet (Mk 6,4 parr; 6,15 par; 8,28 parr; Mt 14,5; 21,11.46; Lk 7,16.39; 11,49; 13,33; 20,6; 24,19; vgl. auch Joh 4,19; 6,14; 7,40.52; 9,17; Apg 3,22; 7,37). Besonders illustrativ ist in unserem Zusammenhang die Anführung von Volksmeinungen in Mk 6,14–16 und 8,27–28. Hier wird unter anderem gesagt, dass Jesus wie einer der Propheten wäre (ὡς εἷς τῶν προφητῶν). Diese Formulierung lässt aber offen, welche Art von Prophet gemeint ist. Sind es die alttestamentlichen Propheten, an die Jesus die Leute erinnerte?[10] Oder ordneten sie Jesus in die Gruppe gegenwärtiger Propheten ein?[11] Anscheinend dachte Matthäus eher an Ersteres, da er mit der Anfügung von Jeremia sogar einen alttestamentlichen Propheten nennt, dem Jesus vergleichbar wäre (Mt 16,14). Lukas führt seine Leser und Leserinnen hingegen in eine andere Richtung, denn er ergänzt, dass es sich nach Ansicht des Volkes um die Auferstehung eines alten Propheten gehandelt habe (Lk 9,8.19).[12] Aus diesen Änderungen gegenüber Mk wird schon klar, dass auch die Evangelisten

1,12: Ein kretischer Prophet bezeichnet seine Landsleute als Lügner, böse wilde Tiere und faule Bäuche.

9   Gray (1993) 165.

10 Für ein – durch den Kontext naheliegendes – eschatologisches Verständnis dieser Identifikation vgl. etwa Cullmann (1966) 33–34; Hahn (1995) 222, Anm. 3.

11 Vgl. Friedrich (1957) 843; Gnilka (1989) 249; Lührmann (1987) 116. Horsley (1985) 436, weist in diesem Zusammenhang zutreffend auf die Bedeutung der sozialgeschichtlichen und soziologischen Fragestellung hin, etwa in Bezug auf das Auftreten von Propheten.

12 Wahrscheinlich hat Lukas dies aus der parallelen Formulierung, die zuvor über Jesus als den auferstandenen Johannes verwendet wurde, geschlossen, obwohl er bei der Auferstehung eines Propheten ἀνίστημι statt ἐγείρω verwendet. Dies hängt wohl damit zusammen, dass in Apg 3,22–23 (vgl. 7,37) Petrus auf Jesus als den eschatologischen Propheten wie Mose (Dtn 18,15.18) verweist: προφήτης ὑμῖν ἀναστήσει κύριος ὁ θεὸς ὑμῶν. Wahrscheinlich soll die Formulierung in Lk 9,8.19 einen ersten Hinweis darauf geben. Zur Funktion des Prophetenbildes für die lukanische Christologie vgl. Nebe (1989).

nicht wussten, was mit der Bezeichnung Jesu als Prophet genauerhin gemeint wäre. Es brauchte Ergänzungen und Modifikationen, um dies in ein christologisches Konzept integrieren zu können. Dies hat sich auch in der theologischen Entwicklung der frühen Kirche fortgesetzt.[13]

Erst Ende des 2. Jh. wird der Titel Prophet wieder auf Jesus angewandt und dann typischerweise im Anschluss an die Tradition vom eschatologischen Propheten nach Apg 3,22–23. Zumeist wird die Bezeichnung Jesu aber zugleich auch relativiert. Jesus war so nach Origenes nicht nur Prophet, sondern sein Vorzug lag darin, der Sohn Gottes und Erstgeborene aller Schöpfung zu sein (*Comm. in Mt* 17,14 zu Mt 21,45–46). Augustin bezeichnet Jesus als Herrn der Propheten (*Tract. in Joh* 24,7). Lediglich in den Pseudo-Klementinen spielt diese Bezeichnung eine wichtige Rolle, denn hier wird mit einer Reihe von Inkarnationen des wahren Propheten gerechnet, als deren Abschluss und Höhepunkt die Inkarnation in Jesus gilt (*Hom.* 3,20,2).

Der kurze Blick auf die unterschiedlichen Bestimmungen der Bezeichnung προφήτης sowie auf religionswissenschaftliche Annäherungen an diese religiöse Funktion zeigt schon, dass für die Antike nicht von einem klaren Prophetenbegriff ausgegangen werden kann. Auch frühchristliche Autoren verwerteten diesen Christustitel ganz unterschiedlich und meine Frage ist nun, ob sich dies in der heutigen Forschung nach dem historischen Jesus geändert hat. Daraufhin sollen die Jesusmonographien von E. P. Sanders, G. Theißen und A. Merz, J. D. Crossan und J. Becker befragt werden. Als Hilfestellung werden dabei zwei Fragen gelten, und zwar einerseits nach den in diesen Büchern genannten prophetischen Figuren und ihren Kennzeichen und andererseits nach der prophetischen Rolle Jesu.

II.

Edward Parish SANDERS ist bekannt als einer der Wegbereiter der neueren Jesusforschung, vor allem durch seine Arbeiten über

---

13 Vgl. Grillmeier (1979) 32–40.

das Judentum des 1. Jh. Mit seinem Buch *The Historical Figure of Jesus* (London u. a. 1993) legt er eine Arbeit vor, die sich auch an interessierte Laien wendet.[14] Die grundlegende Arbeit *Jesus and Judaism* (1985) bereitet den Boden für diesen Entwurf eines völlig im Judentum verankerten Jesus, und bereits dort zeigt Sanders auch auf, dass der Titel ›Prophet‹ keinesfalls eindeutig ist: »We have, then, fairly wide agreement on a general category, but it is a category which contains people who differed from one another in substantial ways« (239).

Die Propheten, die Sanders in seinem Buch anführt, stammen durchweg aus der Geschichte Israels und dem Judentum.[15] Als erster Prophet wird Johannes der Täufer erwähnt, und zwar zunächst im Zusammenhang mit seiner Kritik an der Ehe des Antipas und seiner Beliebtheit im Volk (22). Johannes war nach Sanders' Ansicht ein Bußprediger, der Gottes endgültiges Gericht unmittelbar erwartete. Als Vorbild hatte er sich vielleicht sogar Elia ausgewählt, zumindest weist nach Sanders seine Kleidung darauf hin.[16] Die alttestamentlichen Propheten werden gemeinsam mit Mose und den Priestern als Sprecher Gottes bezeichnet (47). Sie führen symbolische Handlungen durch, vollbringen Wunder und erwarten das Eingreifen Gottes durch eine fremde Armee (259). Die so genannten »Zeichenpropheten«[17] wie Theudas oder der ›Ägypter‹ sammelten Anhänger um sich und versprachen Befreiung (30). Einige von ihnen versuchten, biblischen Vorbildern zu entsprechen: So riefen etwa Theudas und der ›Ägypter‹ durch ihre Aktivitäten die Exodustradition in Erinnerung. Die Zeichenpropheten versprachen Wunder und wurden wahrscheinlich als die

---

14 Die deutsche Übersetzung erschien unter dem irreführenden Titel »Sohn Gottes. Eine historische Biographie Jesu« (übersetzt v. U. Enderwitz, Stuttgart 1996). Der Titel »Sohn Gottes« spielt in Sanders Rekonstruktion des historischen Jesus keine Rolle! Seitenangaben beziehen sich im Folgenden auf die engl. Originalausgabe.

15 Vorwegnehmend sei gleich angemerkt, dass dies auch der Fall bei allen anderen von mir durchgesehenen Autoren und Autorinnen ist.

16 Zu dieser Frage wie insgesamt zur Eliarolle des Täufers vgl. Öhler (1997).

17 Diese Terminologie stammt von Barnett (1981) 679–697; vgl. etwa auch Evans (1995) 73. Horsley (1985) bezeichnet sie als »prophets who lead movements« (454); vgl. auch Webb (1991) 333. Aune (1983) ordnet sie als Propheten innerhalb einer Endzeitbewegung ein (127–129).

letzten Boten Gottes vor dem Gericht angesehen (163).[18] Generell waren Propheten stets auch in gewisser Weise ein Unruheherd, gerade in politischer Hinsicht. Sie sind Charismatiker, da ihnen die besondere Fähigkeit zugesprochen wurde, Gott beeinflussen zu können (140). Sie sind zudem autonom, da sie nicht Teil einer bestimmten Gruppe sind.

Jesus ist nach Sanders' Ansicht eindeutig ein Prophet: »I continue to regard ›prophet‹ as the best single category« (153). Diese eindeutige Stellungnahme findet sich in der Auseinandersetzung mit Morton Smith, der Jesus als Magier bezeichnet hatte,[19] und findet sich im Abschnitt, in dem es um Jesu Wunder geht. Zwar muss Sanders zugeben, dass Jesus auch als Exorzist wirkte und dass dies keine typisch prophetische Aktivität ist, an der Beschreibung als Prophet hält er dennoch fest. Interessanterweise findet sich die ausführliche Erörterung von Jesu prophetischem Wirken gerade in jenen Kapiteln, die sich mit den Taten Jesu beschäftigen. Dies liegt vielleicht daran, dass Sanders Jesus vor allem auf dem Hintergrund der Zeichenpropheten betrachtet. Diese versprachen ja auch Wundertaten, wenn auch mit eschatologischer Konnotation. Jesus hat nach Sanders nichts dergleichen getan und wurde daher auch nicht als eschatologischer Prophet angesehen. Seine Anhänger nahmen aber an, dass er eine innige Verbindung mit Gott hatte.[20] Seine Rolle als Sprecher Gottes – eine Kategorie, die zuvor auch für die alttestamentlichen Propheten, Mose und die Priester gewählt wurde – wurde durch die Wunder und Exorzismen bestätigt. Jesus selbst verstand sich selbst auch als Gottes wahrhaftigen Boten (167), als Bevollmächtigten des Heiligen Geistes (168). Er war ein charismatischer und autonomer Prophet (238), hatte also seine Autorität direkt von Gott. Allerdings beansprucht Jesus für das Eschaton eine über das Prophetenamt hinausgehende Rolle, die des Vizekönigs. Denn er setzt ja die Zwölf

---

18 Zur Kritik an der Eschatologisierung der bei Josephus erwähnten Propheten des 1. Jh. vgl. Gray (1993) 140–143.

19 Smith (1981) passim.

20 Sanders verweist in diesem Zusammenhang auch auf Vermes (1993), der etwa Honi den Kreiszieher oder Hanina ben Dosa als Charismatiker bezeichnet (55).

als Richter über Israel ein (Mt 19,28 par Lk 18,30). Eines der wichtigsten und folgenschwersten Ereignisse in Jesu Leben war nach Sanders sein Auftreten im Tempel (Mk 11,15–17 parr). Wie die alttestamentlichen Propheten benutzte Jesus eine symbolische Handlung (253), um damit dem Tempel und den damit verbundenen Institutionen prophetisch zu drohen. Wie ein radikaler Endzeitlehrer wartete er auf Gottes letztes Eingreifen, wobei er diese Ansicht von Johannes dem Täufer übernommen hat. In diesem Zusammenhang ist es für Sanders besonders wichtig, den Unterschied zu den Zeichenpropheten zu bewahren. Im Gegensatz zu diesen würde Jesus zur Ankündigung des eschatologischen Ereignisses auf eine Symbolhandlung zurückgreifen und nicht bloß ein Endzeitwunder versprechen. Er nennt dies eine Unterscheidung im Stil, die man nicht unterschätzen darf.[21]

Zusammenfassend kann also festgehalten werden, dass Sanders Jesus als radikalen eschatologischen Propheten ansieht. Den Hintergrund dafür bieten vor allem zeitgenössische Propheten, obwohl auch strukturelle Parallelen zu den alttestamentlichen Vorläufern bestehen. Die wesentlichen Punkte sind dabei vor allem die Taten der Propheten, während die Worte eine geringere Rolle spielen.

III.

War Gerd THEIßEN bisher zumeist lediglich dem »Schatten des Galiläers« auf der Spur gewesen, so hat er sich nun (gemeinsam mit Annette Merz) daran gewagt, ein großes Jesusbuch vorzulegen, das viele Einzelheiten des Nazareners aufzeigen soll.

Die ersten Propheten, die in diesem Lehr-Buch ausführlicher behandelt werden, sind die Zeichenpropheten (141–142). Ihre Charakteristika sind Versprechen von Wundern, die Sammlung von Anhängern und der gemeinsame Ortswechsel. Wie Johannes

---

21 Sanders (1985) 235. Ich halte dies allerdings für wenig überzeugend, denn auch Jesus hat mit seiner Handlung etwas angekündigt, das sich in etwa mit der Erwartung des ›Ägypters‹ vergleichen lässt, die Mauern um Jerusalem würden einstürzen.

der Täufer und Jesus reaktivieren sie eschatologische Erwartungen, indem sie die Geschichte Israels in Erinnerung rufen. Die meisten von ihnen waren gegen die römische Besatzungsmacht gerichtet, doch einige wandten sich auch gegen das eigene Volk (Jesus ben Hananias – ein Gerichtsprophet, Johannes der Täufer, Jesus von Nazareth). Die alttestamentlichen Propheten werden von Theißen und Merz besonders oft erwähnt. Sie gelten als Sprecher Gottes, die besondere prophetische Sprachgattungen verwenden. So wird durch die Formel »So spricht der Herr ...« zum Ausdruck gebracht, dass ihre Botschaft direkt aus dem Mund Gottes stammt (456.504). Sie setzen Symbolhandlungen ein (170) und berichten von Berufungserfahrungen (196). Im frühen Judentum galten sie sogar als Gesalbte (453.463). Einige Propheten wie Elia riefen bestimmte Personen in die Nachfolge, andere wiederum standen in Opposition gegen die Stadt Jerusalem und den Tempel (Uriah, Jeremia, auch der samaritanische Prophet).[22] Jüdische Propheten inklusive Johannes des Täufers erlitten oft ein gewaltsames Schicksal. Johannes hatte nach Theißen und Merz unzweifelhaft ein prophetisches Selbstverständnis. Er war ein Bußprediger, der vor dem unmittelbar bevorstehenden Gericht warnte und die letzte Möglichkeit zur Rettung anbot. Er verstand sich als der letzte Bote Jesu, möglicherweise sogar als der zurückgekehrte Elia.[23] Die prophetische Rolle des Johannes sollte, so Theißen und Merz unter Verweis auf Tilly (1994), im Kontext der zeitgenössischen Prophetengestalten bestimmt werden (192 Anm. 17).

War nun Jesus auch ein Prophet? Theißen und Merz überschreiben ein Kapitel ihres Buches »Jesus als Prophet: Die Eschatologie Jesu« (221–255). Das zeigt bereits, dass im Blick auf Jesus der Titel »Prophet« vor allem über die Rede definiert wird.

22 Vgl. Josephus, *ant.* 18,85–87, wobei allerdings anzumerken ist, dass der Samaritaner von Josephus nicht als Prophet bezeichnet wird und die Opposition gegen den Jerusalemer Tempel für jeden Samaritaner zum religiösen Selbstverständnis gehörte; vgl. Zangenberg (1998) 140–148.
23 Vgl. dazu Öhler (1997) 103–110: Das Selbstverständnis des Johannes als Prophet lässt sich ableiten von seiner starken Bindung an die Erwartung des wiedergekommenen Elia laut Mal 3,23–24. Wäre es denkbar, dass sich vielleicht auch Jesus an einem alttestamentlichen Propheten orientiert hat? Meyer (1994) hat dabei ebenfalls an Elia gedacht (1044–1045).

Deren Inhalt wird damit auch eindeutiger bestimmt als »Rede
über die Zukunft«. So hat Jesus zwar eine apokalyptische Botschaft, doch ist diese in prophetische Rede gekleidet. »Seine Ver-
kündigung ist Revitalisierung von Apokalyptik in prophetischer
Form« (229). Das prophetische Auftreten ist allerdings nur ein
Aspekt der umfassenden Charakterisierung als Charismatiker.[24]
Die beiden anderen sind Jesu Auftreten als Wundertäter sowie als
Weisheitslehrer (218). In Auseinandersetzung mit Morton Smith
(s. o.) dient dann auch Jesu prophetisches Selbstverständnis dazu,
ein magisches Verständnis seiner Wundertätigkeit abzuwehren
(276). Als Prophet hat Jesus wohl auch ein Berufungserlebnis gehabt, am ehesten – nach Theißen und Merz (196) – bei der Vision
des Satanssturzes (Lk 10,18). Die Opposition gegen den Tempel
hat Jesus mit einigen alttestamentlichen Propheten gemeinsam,
wobei dies nicht nur ein kultischer, sondern auch ein sozialer
Protest war. Mittels einer symbolischen Handlung (s. o.) hat er die
Zerstörung des Tempels angekündigt (170.380–381), und auch
die Einsetzung des Abendmahles ist als Einführung eines neuen
Kultes als Ersatz für den Tempelkult bis zum Anbruch der
Gottesherrschaft zu verstehen (380). Statt des prophetischen »So
spricht der Herr ...« verwendet Jesus »Amen!«. Darin sehen Theißen und Merz den Anspruch Jesu, dass hier mehr als ein Prophet
spricht (456).[25] Wie Elia rief Jesus auch Leute in die Nachfolge
(199), und er hat auch Gemeinsamkeiten mit den Zeichenpropheten: Mit der Ankündigung eines neuen Tempels greift er auf die
Heilsgeschichte Israels zurück, er sammelt Anhänger, er wandert
mit ihnen an den Ort des erwarteten Eingreifens Gottes und er
stirbt durch die Hand der Römer. Er sieht sich zudem mit diesem
ihm bewussten Schicksal in einer Reihe mit den verfolgten Propheten (378).

Insgesamt spielt das prophetische Wirken Jesu eine wichtige
Rolle in der Rekonstruktion von Theißen und Merz, auch wenn es

24 Zur Diskussion über diese Bezeichnung in der Jesusforschung vgl. jetzt
auch Malina (1996) 123–142.
25 Genau genommen spricht Jesus das Urteil »mehr als ein Prophet« über Johannes den Täufer (Lk 7,26 par Q), doch ließe sich auch an Lk 11,32 par
Q denken: »Hier ist mehr als Jona.«

nur Teil der Gesamtcharakterisierung als Charismatiker ist. Um diesen prophetischen Anteil genauer zu bestimmen, werden vor allem die alttestamentlichen Propheten herangezogen, im Wesentlichen in Bezug auf die Botschaft Jesu, während die zeitgenössischen Propheten vor allem mit ihren Taten Parallelen zu Jesus bieten.

IV.

Der US-Amerikaner John Dominic CROSSAN hat eine Reihe von Büchern über den historischen Jesus und die Evangelienüberlieferung vorgelegt, von denen vor allem *The Historical Jesus. The Life of a Mediterranean Jewish Peasant* (1991) ein Bestseller wurde.[26] Seine Ansätze wurden stark kritisiert, doch ist hier nicht der Ort, darauf einzugehen. Erneut soll statt dessen unsere erste Frage sein, wer von Crossan als Prophet bezeichnet wird.

Überraschenderweise ist nach über 100 Seiten die erste prophetische Gestalt der jüdische Historiker Josephus (111). Seine Weissagung an den römischen General Vespasian, dass er einst Kaiser werden würde (*bell.* 3,399–402), sei eine Anwendung jüdischer Messiashoffnung auf den siegreichen General. In dem Abschnitt »Magier und Prophet« (198–236) geht Crossan zu Beginn auf terminologische Fragen ein, allerdings nur bezüglich »Magier«. Die Bedeutung von »Prophet« setzt er als bekannt voraus. So sind die ersten dort angeführten Propheten Elia und Elischa, deren Besonderheit für Crossan in ihrer Wundertätigkeit liegt. »Dabei verbinden sie Magie und Prophetie, und als prophetische Magier oder magische Propheten entwickeln und bestärken sie diese Verbindung, die freilich schon im Wirken des Mose angelegt war« (203–204). Eine andere Gruppe von Propheten setzt sich aus Landbewohnern zusammen, wie Theudas, der Ägypter oder ande-

---

26 Die deutsche Übersetzung erschien unter dem Titel »Der historische Jesus« im Jahr 1994, auf diese wird auch im Folgenden verwiesen. Weitere Titel sind im Literaturverzeichnis genannt.

re.[27] Crossan bezeichnet dies als chiliastische Prophetie.[28] Ihre Erwartung ist es, dass Gott durch ein gewaltsames Eingreifen die Zustände radikal verändern würde, wobei sie dies durch bestimmte Handlungen einleiten könnten. So führten sie z. B. einen erneuten Exodus durch, indem sie durch den Jordan wieder in die Wüste zogen wie ihre Vorväter durch das Rote Meer (229.272). Johannes der Täufer schließlich war auch ein Prophet, was sogar von Jesus anfangs bestätigt wurde (Lk 7,26 par Q; 322).[29] Als apokalyptischer Prediger war Johannes in einem gewissen Sinn auch ein politischer Prophet (321). Generell sind Propheten allerdings nur eine Gruppe der von Crossan als veraltet angesehen Mittlerfiguren. Unter ihnen sind sie jene, die die Zukunft ansagen und dies durch Taten anzeigen. Über diese unausgesprochene Definition hinaus setzt Crossan allerdings seine sonst ausführlich demonstrierte Beschäftigung mit kulturanthropologischen Untersuchungen in der Frage von Prophetie nicht fort, im Gegenteil, ihm geht es vor allem um die magischen Elemente (vgl. etwa 226).

Dass Jesus kein Prophet war, ergibt sich aus der Einordnung der Propheten unter die Mittlergestalten. Denn was Jesus, der jüdische Kyniker, wollte, war das mittlerlose und egalitäre Reich Gottes, in dem nicht einmal Jesus eine wichtige Rolle spielte.

---

27 Crossan (1994) 585, nennt zehn Propheten für die Zeit von 30 vor bis 70 nach Chr.: Johannes den Täufer, den ›samaritanischen Propheten‹, Theudas, den ›ägyptischen Propheten‹, Jesus ben Hananias, Jonathan den Weber und einige anonyme Propheten.

28 Chiliasmus bedeutet streng genommen eigentlich die Erwartung eines tausendjährigen Reiches, das bei den angeführten Propheten nie erwähnt wird. Crossan will aber durch abweichende Terminologie diesen bäuerlichen Zweig der Apokalyptik und Prophetie von ihrem aristokratischen Pendant abgrenzen.

29 Allerdings habe Jesus dies später widerrufen, wie Lk 7,28 zeigen soll: »Unter den von Frauen Geborenen ist kein Größerer als Johannes der Täufer; aber der Kleinste in dem Reich Gottes ist größer als er.« Crossan meint darin erkennen zu können, dass Jesus sich von der johanneischen Botschaft eines kommenden Richters abwandte hin zur Botschaft von der Gegenwart der Gottesherrschaft. Meiner Meinung nach ist allerdings Lk 7,28 par kein Wort des historischen Jesus, sondern Gemeindetradition zur Einordnung des Täufers in die Heilsgeschichte.

V.

Mit Jürgen BECKER hat ein Autor, der eigentlich nicht zur Third Quest, sondern zur Phase der so genannten »Neuen Frage nach dem historischen Jesus« im Anschluss an Ernst Käsemann gehört, eine umfassende Monographie vorgelegt.

Der erste Prophet in diesem Buch ist Johannes der Täufer (35–58), obwohl er sich nach Becker selbst nicht als Prophet bezeichnet hat. Als Gerichtsprophet steht er in der alttestamentlichen und jüdischen Tradition und verwendet auch prophetische Redegattungen. Eine ihm vergleichbare Figur ist Jesus ben Hananias (42.57 Anm. 21.270). Die Zeichenpropheten nennt Becker »Exoduspropheten«, da sie mit Hilfe der Wiederholung von Wundern der Exodusgeschichten die Heilszeit einleiten wollten. In gewisser Weise ist damit auch ein messianischer Anspruch verbunden (402).[30] Ein weiterer Prophet ist nach Becker der Lehrer der Gerechtigkeit, dessen Prophetie als Schriftauslegung geschieht und zudem Heil verspricht (270). Die alttestamentlichen Propheten werden von Becker sehr häufig herangezogen, um Vergleichsmaterial für Jesus zu bieten. So werden oft prophetische Redegattungen genannt: »prophetische Gerichtsandrohung« (47), »prophetisches Diskussionswort« (64), »typisch ironischer Imperativ, wie er der Prophetie auch sonst geläufig ist« (403) usw. Auch alttestamentliche Propheten mussten ihre Berechtigung, als Sprecher Gottes aufzutreten, verteidigen, wie auch Jesus (229). Allerdings gab es im Judentum des 1. Jh. die Tendenz, den Prophetentitel auch auf Personen anzuwenden, die nicht ganz in dieses Schema passten, wie Abraham, Mose oder Aaron. Die Botschaft vom unmittelbar bevorstehenden Ende der Welt ist ein inhaltlicher Topos, den verschiedene Gruppen und Personen im frühen Judentum von den alttestamentlichen Propheten übernahmen. Generell sprechen und handeln Propheten mit unmittelbarer Autorität von Gott und berufen sich dazu auf ihre Gotteserfahrung (268). Sie

---

30 Bei Becker (1972) 47–48, werden sie als eschatologische Propheten beschrieben, die Wunder als typologische Wiederholung des Exodus versprechen. Dort wird ausdrücklich davor gewarnt, diese Propheten mit einem Messiasanspruch zu verbinden (49–50).

bezeichnen sich nicht selbst als Propheten, sondern werden von den Leuten als solche erkannt.[31] Mit Hilfe ihrer spezifischen Autorität können sie auch den Anspruch erheben, Ereignisse vorauszusagen (270).

Jesus ist nach Becker ganz unzweifelhaft als Prophet zu bezeichnen, und zwar als »heilsmittlerischer Endzeitprophet der Gottesherrschaft« (234). Mit seinem prophetischen Auftreten war Jesus Teil der israelitischen Tradition, obwohl Becker die so genannte Prophetenanschlussthese ablehnt (268 Anm. 142)[32], denn Jesus müsse primär im Kontext zeitgenössischer Propheten gesehen werden, wenn auch diese generell alttestamentliche Tradition aufgreifen würden. Dies zeige sich z.B. auch an den Sprachformen, die Jesus wählt, um die Gottesherrschaft zu verkündigen: Diskussionsworte, Gerichtsworte und Scheltworte haben prophetischen Klang. Becker definiert, so viel wird daraus schon deutlich, »Prophet« vor allem über die alttestamentliche Tradition. Wie damals, so stehen auch Jesus und die anderen Gestalten des 1. Jh. »außerhalb von Kultur und Gesellschaft« (57.62).[33] Obwohl Jesus die prophetische Rolle von Johannes übernommen hat, hat er sich doch inhaltlich stark von ihm distanziert (270.272). Als Heilsprophet fällt er in dieselbe Kategorie wie der Lehrer der Gerechtigkeit, wenngleich sich Jesus nicht auf die Schrift stützt, sondern Gott selbst als Autorität beansprucht. Ein Berufungserlebnis, wie es sonst von den Propheten belegt ist, wird uns nach Becker von Jesus freilich nicht berichtet.[34] Jesus hat auch keine Aussagen über zukünftige Ereignisse getätigt, auch die Weissagung der Tempelzerstörung hält Becker nicht für authentisch (406). Das wesent-

---

31 Dass dies auch im Hellenismus so sein kann, zeigt die illustrative Szene, in der Lukian den Propheten Alexander von Abonuteichos nur mit seinem Namen anspricht. Während der Prophet darüber hinwegsieht, wird Lukian von dessen Anhängern deswegen fast erschlagen (Alex. 55).

32 Ein Vertreter dieser These, wonach Jesus die alte prophetische Tradition Israels wieder aufgegriffen hätte, war Montefiore (1968) cxvii–cxx.

33 Gemeint ist wohl, außerhalb der fest gefügten sozialen Struktur von Sippe, Dorf etc., denn Außenseiter sind selbstverständlich Teil der sie umgebenden Kultur, auch als Kontrapunkt.

34 Diskutiert wird in diesem Zusammenhang meistens die Taufe Jesu; vgl. Aune (1983) 161.

lich Neue an Jesus ist aber, dass er nicht nur Kommendes ansagt und hoffen lehrt. »Er realisiert dies Kommende und vollzieht sich durchsetzendes Vollendungsgeschehen« (274). Dies tut er durch Worte (v. a. die Gleichnisse) und Taten (Mahlgemeinschaft und Wunder). Die Kategorien ›Wundertäter‹, ›Exorzist‹, ›Weisheitslehrer‹ sind alle in der einen Charakterisierung als Prophet eingeschlossen. Als »Bewirker endzeitlicher Vollendung« (271) übernimmt er die Rolle des eschatologischen Elia oder Mose, ohne sich freilich mit ihnen zu identifizieren. Schließlich versucht Becker, auch den Prozess gegen Jesus auf dem Hintergrund seines prophetischen Anspruches zu verstehen: Jesus wurde von seinen jüdischen Gegnern als falscher Prophet angeklagt und entsprechend Dtn 13,1–6; 18,9–22 verurteilt (412).[35]

Insgesamt ist für Becker festzuhalten, dass bei ihm die Kategorisierung Jesu als Prophet sehr genau und umfassend ist. Die wesentlichen Charakteristika werden von den alttestamentlichen Propheten übernommen, ohne dass Unterschiede zwischen ihnen und dem 1. Jh. übergangen werden. Allerdings birgt die Festlegung einzig auf die Rolle Jesu als Prophet auch Probleme: Jesus übernimmt eine Funktion, die weit über die der alttestamentlichen oder zeitgenössischen Propheten hinausgeht.[36] Er selbst führt die eschatologische Heilstat Gottes durch und wird zur bestimmenden Figur, an der sich auch die Teilhabe an der Basileia entscheidet. Damit wird das herkömmliche Verständnis vom Propheten als Sprecher einer Gottheit gesprengt.[37]

---

35 Die alttestamentlichen Texte und ihre jüdische Auslegung sind allerdings explizit nur gegen Verführer zu anderen Göttern oder Propheten gerichtet, deren vorausgesagte Ereignisse nicht eintreffen. Weder das eine noch das andere war bei Jesus der Fall.

36 Auch die Zeichenpropheten versuchten, die Heilszeit durch Taten herbeizuführen, doch Jesus lebt nach Becker in dem Bewusstsein, dass das Eschaton schon angebrochen ist und er dessen Vollzugsorgan ist.

37 Wieder könnte man dabei aber auch an Alexander von Abonuteichos und seinen prophetischen Anspruch denken, der sich gleichzeitig auch als Gottesenkel bezeichnete – zumindest nach seinem Kritiker Lukian.

VI.

Im Wesentlichen hat sich an diesen Beispielen aus der jüngsten Forschungsgeschichte zunächst einmal gezeigt, dass offenbar keine klare Definition davon vorliegt, was denn ein Prophet ist. Was für die Antike galt, nämlich dass völlig unterschiedliche Personen und Funktionen damit bezeichnet wurden, gilt auch für die Third Quest. Manche der jüngeren Rekonstruktionen basieren vor allem auf der Rede (Theißen/Merz, Becker), andere wiederum orientieren sich mehr an den Taten (Sanders, Crossan). Was für den einen prophetisch ist, ist für den anderen weisheitlich, ohne dass dabei die Frage nach Definitionen überhaupt berührt wird.

Weiter ist deutlich, dass die Beantwortung der Frage, was einen Propheten ausmacht, vor allem damit zusammenhängt, welche Parallelen dafür herangezogen werden. Zumeist sind es vor allem die alttestamentlichen Propheten, zum Teil verstärkt durch ihre jüdischen Entsprechungen, wie sie Josephus beschreibt. Dies hängt damit zusammen, dass vor allem der jüdische Kontext Jesu innerhalb der neueren Forschung von großer Bedeutung ist. Allerdings werden etwa hellenistische Manifestationen von Prophetie dabei völlig übergangen, obwohl doch die Autoren der Evangelien wie Josephus und die Leser und Leserinnen ihrer Werke auch mit paganer Prophetie konfrontiert waren. Dies sollte trotz der Tatsache bedacht werden, dass sich die Ereignisse, die sie erzählen, in Galiläa und Judäa zutragen.

Ein ganz anderer Gedanke ist m.E. aber ebenso zu bedenken, denn unser Blick sollte nicht nur auf antike Formen von Prophetie gerichtet sein, sondern ebenso auf die heutige Diskussion über entsprechende religiöse Phänomene. Die Frage nach dem historischen Jesus könnte hier durch die vergleichende Religionswissenschaft weitere Impulse bekommen, wenn auch selbstverständlich innerhalb dieses Wissenschaftsbereiches ebenfalls keine eindeutige Definition von »Prophet« zu erwarten ist. Aber wenn es z. B. zutrifft, dass Propheten stets einer bestimmten Gruppe verpflichtet sind, deren Stellung innerhalb der Gesellschaft außerhalb von Machtfunktionen war,[38] so wäre in Bezug auf Jesus zu fragen,

38 Sheppard/Herbrechtsmeier (1987) 13.

welche Gruppe denn das bei ihm gewesen sein könnte: Die von den Römern bedrängte Landbevölkerung oder Leute, die auf eine religiöse Revolution hofften? Was ließe sich bei Jesus über ekstatische Erfahrungen sagen, die als reguläres Element prophetischen Wirkens gelten? Möglich wäre auch, dass auf Grund des Vergleiches mit anderen prophetischen Erscheinungen gegenwärtiger Religionen Jesus nicht mehr als Prophet bezeichnet wird.[39]

Egal, welchen Weg wir in dieser Frage wählen, wir müssen weiterhin bedenken, dass die Bezeichnung »Prophet« nicht nur innerhalb wissenschaftlicher Diskussion mehrdeutig ist, sondern auch in verschiedenen Kulturen und Religionen. In Islam, Judentum und Christentum – und in allen ihren Spielarten – sowie in etlichen anderen Religionen haben Propheten eine gewisse Rolle, die aber stets unterschiedlich beschrieben bzw. ausgeübt wird.[40] Und wenn man zusätzlich noch bedenkt, dass etwa im deutschen Sprachraum mit »Prophet« zumeist die Voraussage von konkreten Ereignissen (»Wetterprophet«) verbunden wird, so stellt das auch unsere Wissenschaft vor die Frage, ob diese Kategorie auf Jesus tatsächlich noch anwendbar ist.[41] So spielt gerade dieser Aspekt bei der Rekonstruktion durch Becker, der ja Jesus am nachdrücklichsten als Prophet bezeichnet, gerade keine Rolle. Missverständnisse, die daraus resultieren, wären u. U. vermeidbar, wenn zumindest klare Definitionen beigegeben würden.

Andererseits hat die Bezeichnung Jesu als ›Prophet‹ den Vorteil, dass sie an den Glauben nicht so hohe Ansprüche stellt wie etwa ›Messias‹ o. ä. Auch andere Religionen können damit leben, dass Jesus tatsächlich ein Prophet war.[42] Zudem können viele Elemente

39 Dies ist allerdings eine allgemeine Problematik historischer Wissenschaft, deren Aufgabe der Korrelation immer mit dem Konflikt behaftet ist, ob die Kategorien und Vergleichsobjekte aus der entsprechenden Zeit oder aus der Gegenwart stammen sollen.
40 Zum Islam vgl. Fahd (1995) 93–97, zum Judentum Wurzburger (1971) 1179–1181.
41 Vgl. Ebach (1998) 347–48. Auch für kommerzielle Zwecke wird dieser Titel gerne verwendet. Eine nur oberflächliche Suche im Internet ergab gleich zwei aufschlussreiche Dokumente: »Power Prophet« (www.prophet.net) bietet Analysen von Aktienindices an, »Sat Prophet« (www.sat-automation.com/sat_prophet.htm) ist ein Energiemanagementsystem.
42 Im Islam gilt Jesus eindeutig als Prophet Allahs (Sure 19,30). Für die

aus Jesu Leben und Wirken in diese breite Kategorie eingebracht werden, was bei anderen vielleicht weniger gut möglich ist. Doch bedeutet dies auch einen gewissen Verlust, der zeigt, dass die Bedeutung Jesu nicht nur in seinem irdischen Wirken begründet ist, sondern eben auch darin, dass ihn die Gemeinde als den Kyrios Christos verehrt.

Zusammenfassend ist daher festzuhalten: Die Forschung nach dem historischen Jesus, die in den letzten Jahren weitere Schritte nach vorn getan hat, sollte sich bemühen, religions-, kultur- und soziologiewissenschaftliche Fragestellungen noch stärker zu berücksichtigen, als dies bisher der Fall war. Dabei darf auch nicht übersehen werden, welche Bedeutung bestimmte Begriffe, die uns vielleicht selbstverständlich sind, in der heutigen säkularen Sprache haben.

Im Blick auf die Vergabe von Titeln sollte allerdings
1. eine gewisse Anstrengung unternommen werden, sich auf gemeinsame Definitionen zu einigen, oder
2. zumindest die eigene Definition angegeben werden und
3. diese zumindest auch auf den heutigen Bedeutungsgehalt hin befragt werden.

Andererseits kann man sich diese Arbeit möglicherweise auch ersparen, wenn man ganz auf Titel verzichtet.[43]

Literatur

Aune, David E. (1982):
   The Use of προφήτης in Josephus, in: JBL 101 (1982), 419–421.

jüdische Perspektive vgl. Hagner (1984) 237–242.
43 Vgl. Sanders (1996) 239–240: »We all think that if we know the right word for something we understand it better, but in this particular case such a view is probably incorrect. The quest for the right title – the word that encapsulates Jesus' view of himself, as well as the first disciples' view – supposes that titles had fixed definitions and that we need only discover the definition of each. If title a meant x, and if Jesus used a of himself, we know that he thought of himself as being x. I think that the basic assumption, that titles had standard definitions, is in error.«

Aune, David E. (1983):
Prophecy in Early Christianity and the Ancient Mediterranean World.
Grand Rapids, Mich.: Eerdmans 1983.

Barnett, P???. W. (1981):
The Jewish Sign Prophets – A. D. 40–70. Their Intentions and Origin,
in: NTS 27 (1981), 679–697.

Becker, Jürgen (1996):
Jesus von Nazareth. Berlin / New York: de Gruyter 1996.

Becker, Jürgen (1972):
Johannes der Täufer und Jesus von Nazareth (BSt 63), Neukirchen-
Vluyn: Neukirchener Verlag 1972.

Crossan, John Dominic (1992):
The Historical Jesus. The Life of a Mediterranean Jewish Peasant, San
Francisco: Harper 1992. Deutsch: *Der historische Jesus.* Aus dem
Engl. v. P. Hahlbrock, München: Beck 1994.

Crossan, John Dominic (1996):
Jesus. Ein revolutionäres Leben, aus dem Engl. v. P. Hahlbrock,
München: Beck 1996.

Crossan, John Dominic (1997):
Was Jesus wirklich lehrte. Die authentischen Worte des historischen
Jesus, aus d. Engl. v. P. Hahlbrock, München: Beck 1997.

Cullmann, Oscar (1966):
Die Christologie des Neuen Testaments. Tübingen: Mohr ⁴1966.

Ebach, Jürgen (1998):
Prophetismus, in: HRWG 4, Stuttgart u. a.: Kohlhammer 1998,
347–359.

Ernst, Josef (1989):
Johannes der Täufer. Interpretation – Geschichte – Wirkungsgeschichte (BZNW 53), Berlin / New York: de Gruyter 1989.

Evans, Craig A. (1995):
Jesus and his Contemporaries. Comparative Studies (AGJU 25), Leiden
/ New York / Köln: Brill 1995.

Fahd, T. (1995):
Nubuwwa, in: Encyclopedia of Islam. New Edition 8 (1995), 93–97.

Fascher, Erich (1927):
Προφήτης. *Eine sprach- und religionsgeschichtliche Untersuchung,*
Gießen: Töpelmann 1927.

Feldman, Louis H. (1990):
>   *Prophets and Prophecy in Josephus*, in: JTS 41 (1990), 386–422.
Friedrich, Gerhard (1959):
>   Art. προφήτης κτλ. D. *Propheten und Prophezeien im Neuen Testament*, in: ThWNT 6 (1959), 829–858.
Gnilka, Joachim (1989):
>   *Das Evangelium nach Markus.* 1. Teilband: Mk 1,1–8,26 (EKK 2/1), Zürich u. a. / Neukirchen-Vluyn: Benziger / Neukirchener Verlag ³1989.
Gray, Rebecca (1993):
>   *Prophetic Figures in Late Second Temple Jewish Palestine.* The Evidence from Josephus, New York / Oxford: Oxford University Press 1993.
Grillmeyer, Alois (1979):
>   *Jesus der Christus im Glauben der Kirche.* Band 1: Von der Apostolischen Zeit bis zum Konzil von Chalcedon (451), Freiburg u. a.: Herder 1979.
Hagner, Donald. A. (1984):
>   *The Jewish Reclamation of Jesus.* An Analysis and Critique of the Modern Jewish Study of Jesus, Grand Rapids, Mich.: Zondervan 1984.
Hahn, Ferdinand (1995):
>   *Christologische Hoheitstitel.* Ihre Geschichte im frühen Christentum, Göttingen: Vandenhoeck & Ruprecht ⁵1995.
Heiler, Friedrich (1961):
>   *Erscheinungsformen und Wesen der Religion* (RM 1), Stuttgart: Kohlhammer 1961.
Horsley, Richard A. (1985):
>   »*Like One of the Prophets of Old*«. Two Types of Popular Prophets at the Time of Jesus, in: CBQ 47 (1985), 435–463.
Klein, Wassilios (1997):
>   Art. *Propheten / Prophetie: I. Religionsgeschichtlich*, in: TRE 27 (1997), 473–476.
Van der Kolf, Marie C. (1957):
>   Art. *Prophètes*, in: RE XXIII,1 (1957), 797–814.

Krämer, Helmut (1959):
Art. προφήτης κτλ. A. *Die Sprachgruppe in der Profangräzität*, in: ThWNT 6 (1959), 783–795.

van der Leeuw, G. (1977):
Phänomenologie der Religion (NTG), Tübingen: Mohr ⁴1977.

Lührmann, Dieter (1987):
Das Markusevangelium (HNT 3), Tübingen: Mohr 1987.

Malina, Bruce J. (1996):
The Social World of Jesus and the Gospels. London / New York: Routledge 1996.

Meier, John P. (1994):
A Marginal Jew. Rethinking the Historical Jesus, 2: Mentor, Message, and Miracles (AncB Reference Library), New York u. a.: Doubleday 1994.

Montefiore, Claude G. (1968):
The Synoptic Gospels edited with an Introduction and Commentary, 2 Bd., New York: Ktav ²1968.

Nebe, Gottfried (1989):
Prophetische Züge im Bilde Jesu bei Lukas (BWANT 127), Stuttgart u. a.: Kohlhammer 1989.

Öhler, Markus (1997):
Elia im Neuen Testament. Untersuchungen zur Bedeutung des alttestamentlichen Propheten im frühen Christentum (BZNW 88), Berlin / New York: de Gruyter 1997.

Overholt, Thomas W. (1986):
Prophecy in Cross-Cultural Perspective. A Sourcebook for Biblical Researchers (SBLSBS 17), Atlanta, Ga.: Scholars 1986.

Potter, David (1994):
Prophets and Emperors. Human and Divine Authority from Augustus to Theodosius (Revealing Antiquity 7), Cambridge: Harvard University Press 1994.

Sanders, Edward Parish (1993):
The Historical Figure of Jesus. London u. a.: Penguin Books 1993. Deutsch: *Sohn Gottes.* Eine historische Biographie Jesu, Stuttgart: Klett-Cotta 1996.

Sanders, Edward Parish (1985):
Jesus and Judaism. London: SCM Press 1985.

Sheppard, Gerald. T. / Herbrechtsmeier, William. E. (1987):
  Prophecy. An Overview, in EncRel(E)12 (1987), 8–14.
Smith, Morton (1981):
  Jesus der Magier. München: List 1981.
Theißen, Gerd / Merz, Annette (1996):
  Der historische Jesus. Ein Lehrbuch, Göttingen: Vandenhoeck & Ruprecht 1996.
Tilly, Michael (1994):
  Johannes der Täufer und die Biographie der Propheten. Die synoptische Täuferüberlieferung und das jüdische Prophetenbild zur Zeit des Täufers (BWANT 137), Stuttgart u. a.: Kohlhammer 1994.
Vermes, Geza (1993):
  Jesus der Jude. Ein Historiker liest die Evangelien, Neukirchen-Vluyn: Neukirchener Verlag 1993.
Wach, Joachim (1951):
  Religionssoziologie. Tübingen: Mohr ⁴1951.
Webb, Robert L. (1991):
  John the Baptizer and Prophet. A Socio-Historical Study (JSNT.S 62), Sheffield: Sheffield Academic Press 1991.
Wilson, Robert R. (1980):
  Prophecy and Society in Ancient Israel. Philadelphia: Fortress 1980.
Wurzburger, Walter. S. (???):
  Prophets and Prophecy: Modern Jewish Thought, in: EJ 13 (²1971), 1179–1181.
Zangenberg, Jürgen (1998):
  Frühes Christentum in Samarien. Topographische und traditionsgeschichtliche Studien zu den Samariatexten im Johannesevangelium (TANZ 27), Tübingen / Basel: Francke 1998.

Online unter:
http://www.bibfor.de/archiv/99-2.oehler.htm

Sonja
Strube

»Wegen dieses Wortes«

Was feministische von nicht-
feministischer Exegese unterscheidet

Einblick in eine Untersuchung der exegetischen
Sekundärliteratur zur Erzählung von der
syrophönizischen Frau (Mk 7,24–30)

Die Anzahl feministisch-exegetischer Publikationen nimmt stetig
zu, die feministische Forschung differenziert sich aus und der Bü-
chermarkt spiegelt ein nach wie vor reges Interesse an Frauenge-
stalten der Bibel. Dies führt zur Frage nach dem »spezifisch Feministischen«, nach dem Profil feministischer Exegese, der ich in
meiner Dissertation »Wegen dieses Wortes…« nachgegangen bin.

Exemplarisch habe ich 21 feministische und 44 nicht-feministische Auslegungen (Literatur, die im deutschen Sprachraum diskutiert wird) zu Mk 7,24–30 miteinander verglichen.

Die Geschichte von der syrophönizischen Frau, wie sie das
Markusevangelium erzählt, habe ich im Wesentlichen aus zwei
Gründen ausgewählt: Da sie in der feministischen Theologie sehr
beliebt ist, lassen sich zu ihr relativ viele Auslegungen finden, so
dass das zahlenmäßige Verhältnis zwischen feministischer und
nicht-feministischer Literatur einigermaßen akzeptabel ist. Vor
allem aber ist die Perikope selbst nicht leicht verständlich, das von
Jesus eingeführte Bildwort verwundert, und so müssen auch ExegetInnen bisweilen mit dem Text ringen. Gerade dieses Ringen
mit dem Text, das sich auch noch an den veröffentlichten Kom-
mentaren ablesen lässt, gibt Aufschluss über unausgesprochene Interpretationsvoraussetzungen des jeweiligen Exegeten, der Exegetin.

Systematisch habe ich meinen Anfangsverdacht überprüft – und
bestätigt gefunden:

Keine Auslegung eines biblischen Textes ist voraussetzungslos oder in ihrer Wirkung politisch unschuldig. Selbst exegetische Detail-Entscheidungen (etwa text- oder gattungskritische!) werden beeinflusst von den Frauen-, Jesus- oder sonstigen Weltbildern des jeweiligen Auslegers, der Auslegerin. Auch bewusst unpolitisch gehaltene Interpretationen stützen eine bestimmte Position – zumeist die herrschende. Parteilichkeit ist kein Spezifikum feministischer Forschung, sondern jede Forschung ist parteilich – doch nicht jede reflektiert dies.

Gegen den Strich denken

Um nicht nur den beabsichtigten, sondern auch den unbeabsichtigten Aussagen und Wirkungen einer Auslegung auf die Schliche zu kommen, gilt es, die Texte mit einem »zweifachen Blick«[1] zu lesen: Zunächst so, wie sie verstanden werden wollen, und ein zweites mal gegen den Strich, mit verdächtigendem Blick.

Im Bereich der Textkritik zu Mk 7,28 beispielsweise diskutieren viele Auslegungen die Frage, ob die Antwort der Frau in V. 28 ursprünglich mit ναί eingeleitet wurde oder nicht, und wenn ja, was diese Partikel bedeutet und wie sie zu übersetzen ist. Gute Gründe sprechen für die Annahme, dass die Erzählung ursprünglich ohne ναί auskam. Doch ist dieses kleine Wörtchen in nahezu allen gängigen Übersetzungen äußerst beliebt und wird in seiner Bedeutung gerne großzügig als Zustimmung der Frau zu Jesu Wort V. 27 gewertet. Die Einheitsübersetzung legt der Syrophönizierin gar ein »Ja, du hast Recht, Herr!« in den Mund. Dass die Frau Jesus nicht zustimmen, ihm vielleicht sogar geradewegs widersprechen könnte, wird nicht in Betracht gezogen – und durch die Übersetzung sogar undenkbar gemacht (für die, die auf die Übersetzung angewiesen sind).

Besonders deutlich werden Vor-Entscheidungen von Exegeten und Exegetinnen im Bereich semantischer Fragestellungen, etwa bei der Deutung des Gesprächsverlaufs. Ist Jesu Bildwort in V. 27

1 Meyer-Wilmes (1986) 45ff.

als blanke Ablehnung der Bitte der Frau zu werten oder ist es nur eine »scheinbare Abweisung«, vielleicht gar eine »Glaubensprüfung«[2]? Ist die Antwort der Syrophönizierin V. 28 als »inständiges Bitten«[3] angemessen beschrieben oder ist sie nicht vielmehr ein Widerspruch zu Jesu Auffassung und eine bestechende Gegenargumentation? Wenn Jesus schließlich »wegen dieses Wortes« das Töchterchen der Frau heilt, zielt er dann mit dieser Formulierung auf den Glauben als Grund der Heilung ab, wie viele nicht-feministische Auslegungen behaupten? Oder dürfen wir diese Formulierung vielleicht doch beim Wort nehmen: Hat das einsichtige Argument der Frau Jesus schließlich überzeugt?

Auch die Deutungsversuche der Rede von den Hunden und den Kindern und die Frage, ob κύριε ein Bekenntnis oder eine Höflichkeitsfloskel sei, sogar die diachronen und historischen Überlegungen zu dieser Perikope lassen sich vergleichend analysieren und auf ihre impliziten Denkvoraussetzungen und ihre Implikationen prüfen.

Gelegentlich ist beim Vergleich von feministischen und nicht-feministischen Exegesen schon allein die Statistik aufschlussreich. Bei der Frage nach der Gattungszuordnung etwa entscheiden sich feministische Kommentare fast durchweg für eine dialogbetonte Gattung, die das Gespräch zwischen Jesus und der Syrophönizierin als Zentrum der Perikope auffasst, während viele nicht-feministische Auslegungen zu einer wunderbetonten Gattungszuordnung tendieren, die Jesu heilendes Tun an der Tochter der Syrophönizierin für das Wesentliche dieser Erzählung hält. An dieser Stelle (wie auch schon bei den semantischen Fragestellungen) wird deutlich, dass feministische Auslegungen den Worten der Frau und ihrem Dialog bzw. Disput (!)[4] mit Jesus bedeutend mehr Gewicht beimessen als nicht-feministische Kommentare. Die Entscheidung für die Gattungsbezeichnung Heilungswunder bzw. Disput ist offensichtlich nicht unabhängig vom Jesus- bzw. Frauenbild der jeweiligen Exegetin, des jeweiligen Exegeten. Gleichzeitig transportiert jede Gattungsbezeichnung auch schon ohne wei-

2 Schnackenburg (1976) 188.
3 Stock (1983) 81f.
4 Vgl. Dannemann (1996).

tere Erklärung eine Vorstellung von dem, was das Wesentliche der Perikope sei, in die Köpfe der LeserInnen der Auslegung. Allein das Wort Heilungswunder macht klar, dass Jesus als Heiler der Held einer so charakterisierten Geschichte sein muss; die Bezeichnung Disput dagegen lässt eine (theologisch-)streitbare Diskussion zwischen Gleichberechtigten erwarten.

Über die Auswertung exegetischer Fragestellungen im engeren Sinne gehen zwei weitere Kapitel der Arbeit hinaus. Der *Fokus: Antijudaismus* widmet sich dem Aufspüren antijudaistischer Denkschemata in den untersuchten feministischen und nicht-feministischen Auslegungen, und ein letztes Kapitel fragt zusammenfassend danach, was die Interpretationen jeweils als die zentrale Aussage der Erzählung ansehen.

Die Suche nach antijudaistischen Denkmustern in den Interpretationen gehört in den Bereich historischer Überlegungen, da gerade diejenigen Passagen einer Auslegung, die den jüdischen Hintergrund Jesu bzw. der Erzählung beleuchten wollen, anfällig dafür sind, unbemerkt antijudaistische Denkschemata in die Interpretation hinein zu tragen. Aus drei Gründen habe ich dem Thema Antijudaismus einen eigenen Fokus gewidmet: Vor allem ist das Aufzeigen und Bewusstmachen antijudaistischer Denkschemata in theologischen Werken notwendig, um für dieses Problem zu sensibilisieren und so zu seiner Überwindung beizutragen. Darüber hinaus hat das Thema Antijudaismus einen zweifachen Bezug zur feministischen Bibelauslegung. Seit Mitte der 80er Jahre wird das Problem des christlichen Antijudaismus in der feministischen Theologie heftig diskutiert und in zahlreichen Veröffentlichungen bearbeitet. Dem zum Trotz ist ein nach wie vor beliebter Vorwurf einiger nicht-feministischer Exegeten an die Adresse feministischer Exegese der, sie neige in besonderem Maße zu Antijudaismus. Um es gleich vorweg zu nehmen: Dieser Vorwurf ist nicht haltbar. Antijudaistische Interpretationsmuster finden sich in christlichen Theologien unterschiedlichster Ausrichtung bis heute – auch in feministischen. Doch zeigt sich in den von mir untersuchten Auslegungen, dass feministische Arbeiten insgesamt eine größere Sensibilität für dieses Problem haben und sich bemühen, Antijudaismen abzubauen, während dies für die meisten nicht-feministischen Auslegungen kein Thema ist.

Vergleichend analysieren lässt sich schließlich auch, was unterschiedliche Auslegungen jeweils als wesentliche Glaubens-Botschaft der Erzählung ansehen. Zwar lassen sich die feministischen wie auch die nicht-feministischen Deutungen zu den gleichen sechs Deutungssträngen zusammenfassen, doch setzen sie jeweils verschiedene Schwerpunkte. So betonen feministische biographische Deutungsansätze beispielsweise nahezu durchgängig Jesu Lernfähigkeit, die sich darin zeige, dass er sich von der Argumentation der Syrophönizierin eines Besseren belehren lasse, während nur drei von 44 nicht-feministischen Auslegungen eine solche Aussage machen. Zahlreiche Interpretationen fassen das Verhalten der Syrophönizierin als vorbildlich und nachahmenswert auf – und lassen sich so dem paränetischen Deutungsstrang zuordnen. Doch sind es nach nicht-feministischer Auffassung fast ausschließlich Glauben und Demut (beide Vokabeln fallen in Mk 7,24–30 nicht!), die die Frau zum Vorbild machen, während feministische Auslegungen eine Vielzahl positiver Charakterisierungen finden und vor allem den Scharfsinn, die kluge und schlagfertige Argumentation, die Geistesgegenwart, den Mut, die Beharrlichkeit, das unkonventionelle und fordernde Verhalten, den »aggressiven Einsatz ihres Intellekts«[5] loben. – Besonders deutlich zeigen sich hier die unterschiedlichen Frauen- und Jesusbilder, die den verschiedenen Interpretationen zu Grunde liegen.

Zum Beispiel: Ein Kommentar von Rudolf Schnackenburg und ein Kommentar dazu

Um ein wenig anschaulicher zu machen, was einem feministisch geprägten verdächtigenden Blick auffällt und was Feministinnen meinen, wenn sie gängigen Auslegungen verwerfen, sie seien androzentrisch, kommentiere ich im Folgenden (ohne Anspruch auf die Vollständigkeit meiner Überlegungen) Passagen aus einem Markus-Kommentar von Rudolf Schnackenburg.

5 Dewey (1979) 61.

Zunächst der Text:

»... Die heidnische, aus Syrophönizien stammende Frau zeigt einen ähnlich starken Glauben wie die blutflüssige Frau und lässt sich durch die anfängliche Abweisung durch Jesus nicht beirren. Das bildhafte Wort Jesu will sagen: Er ist zuerst zu den Kindern Israels gesandt und darf die Heiden nicht bevorzugen. Man hat oft darauf hingewiesen, daß sich die Juden als Kinder Gottes betrachten und bisweilen die Heiden verächtlich als ›Hunde‹ bezeichneten, im Orient ein starkes Schimpfwort. Doch dann ist an die wilden Straßenhunde gedacht, während Jesus von den ›Hündlein‹ spricht und damit, wie auch die Frau versteht, die im Haus lebenden Tiere meint. So greift Jesus kein gehässiges Reden auf, sondern prägt selbst wie so oft ein Bild, mit dem er einen Gedanken veranschaulichen will. Oft findet man die Zufügung von ›zuerst‹ auffällig. Hat nicht erst Markus dieses Wörtchen im Hinblick auf die christliche Mission hinzugesetzt? ... Aber das Wörtchen gehört unlöslich zum Satz, wie er dasteht, und die nachfolgende Begründung soll auch nicht schlechthin den Hündlein ihr Futter streitig machen, sondern nur den Vorrang der Kinder unterstreichen. Die Hündlein sollen sich nicht auf Kosten der Kinder sättigen. Das Wort Jesu ist keine totale Ablehnung, sondern nur ein Hinweis, daß er den Segen der Heilszeit zuerst und mit Vorzug Israel bringen soll. ... Die Frau nimmt das von Jesus gebrauchte Bild auf und wendet es schlagfertig zu ihren Gunsten: Auch die Hündlein unter dem Tisch erhalten ein paar Brocken vom Brot der Kinder. ›Um dieses Wortes willen‹ gewährt ihr Jesus die Erfüllung ihrer Bitte und spricht das Wort der Heilung, sogar aus der Ferne. Läßt Jesus sich von der Schlagfertigkeit der Frau überwinden? Nein, er belohnt nur ihr starkes Vertrauen zu ihm, das ähnlich einfältig-schlau und zugleich ›zugreifend‹ war wie das der blutflüssigen Frau. Jesus braucht seine Überzeugung und Absicht gar nicht zu ändern; die Frau hat ihn nur scheinbar ›umgestimmt‹. In Wirklichkeit ließ der Grundsatz, den er aussprach, diese Ausnahme zu, und er konnte nur wünschen, daß der Glaube der Frau stark genug war, diese Möglichkeit zu erkennen und zu ergreifen. Es ist müßig zu fragen, ob er die Frau auf eine Glaubensprobe stellen wollte. Tatsächlich war es das für sie, und sie hat die Prüfung glänzend bestanden. So wird die Geschichte auch wieder zu einem Glaubensbeispiel. Die Frau geht heim und findet ihr Töchterlein gesund. Den neuen Beweis ihres Glaubens, daß sie dem Wort Jesu vertraut, hebt der Evangelist nicht einmal hervor. Ihm kommt es auf Jesu Verhalten gegenüber dieser Heidin an ... Für die heidenchristlichen Leser aber wird jene namenlose Frau, die vertrauensvoll zu Jesus kommt, ihn um Hilfe anfleht, sich nicht beirren läßt und ein demütig-starkes Glaubenswort spricht, doch zu einem Bild und Beispiel für sie selbst. ... Ihre Größe lag in der Unerschütterlichkeit ihres Vertrauens, als Jesus sie scheinbar anwies. ...«[6]

Anmerkungen zu Schnackenburg

Im ersten Abschnitt seiner Auslegung versucht Schnackenburg zu erklären, was es mit dem rätselhaften Bildwort von den Hunden und den Kindern auf sich hat. Dazu greift er auf ein Wissen zurück, das er nicht aus dem Text selbst bezieht, sondern aus dem vermeintlich üblichen jüdischen Sprachgebrauch zur Zeit Jesu. Er geht wie viele seiner Kollegen ganz selbstverständlich davon aus, dass die Juden mit dieser Gegenüberstellung von Hunden und Kindern den Unterschied zwischen sich selbst und den Heiden bezeichnen wollten. – Eine Behauptung, die auf wackeligen Beinen steht.[7] Doch obwohl Schnackenburg einerseits den vermeintlich üblichen jüdischen Sprachgebrauch zur Erklärung des Bildwortes heranzieht, setzt er andererseits Jesu Wortwahl sofort wieder positiv davon ab: Während er den Juden »gehässiges Reden« unterstellt, wäscht er Jesus von einem solchen Vorwurf rein. Schnackenburg bildet hier also einen Schwarz-Weiß-Kontrast zwischen Jesu Wort und dem vermeintlichen jüdischen Sprachgebrauch (eine antijudaistische Denkfigur). Vor allem aber gibt er sich sichtlich Mühe, die Tatsache, dass Jesus die Bitte der Frau zunächst nicht erfüllt, sondern sie statt dessen tadelt, nicht als Ablehnung zu interpretieren. Folgerichtig entscheidet er sich daher auch für die These, dass das »zuerst« in V. 27 bereits zum ursprünglichen Text hinzugehörte. Seiner Auffassung nach will der gesamte V. 27 keine totale Ablehnung formulieren.

6 Schnackenburg (1976) 185–188.
7 Näheres dazu in Strube (2000).

Nun wendet sich Schnackenburg der Frau und ihrer Bedeutung zu. Immerhin wertet er ihre Reaktion auf Jesu Bildwort als schlagfertig und weist auf die Besonderheit hin, dass Jesus schließlich »wegen dieses Wortes« die Heilung ausspricht. Doch sofort wertet er das Wort der Frau in seiner Deutung wieder ab. Wir sollen nur nicht meinen, die Frau habe Jesus etwa kraft ihrer Argumentation überzeugt, ihn gar eines Besseren belehrt. Ohne seine Deutung am biblischen Text belegen zu können, behauptet Schnackenburg, die Frau habe Jesus nur scheinbar umgestimmt, »in Wirklichkeit« habe Jesus seine Meinung gar nicht ändern müssen. – Man fragt sich, warum Schnackenburg die Gedanken Jesu besser kennt als die erzählenden Zeitgenossen Jesu.

Die Frau wird von Schnackenburg als »einfältig-schlau« beschrieben, ihre Argumentation als »demütig-starkes Glaubenswort«, als »Glauben« und »Vertrauen«. Gerade an Wortschöpfungen wie »einfältig-schlau« oder »demütig-stark« und an anderen kleinen Widersprüchlichkeiten, die sich in dieser Deutung finden, lässt sich erkennen, mit welchen Vor-Entscheidungen Schnackenburg an den Bibeltext herangeht. In sein – und zunächst wohl auch in unser – Jesusbild passt die Vorstellung, dass Jesus einen hilfsbedürftigen Menschen abweisen könnte, nicht hinein. Weil nicht sein kann, was nicht sein darf, muss im Text und außerhalb des Textes nach Indizien gesucht werden, die eine andere – mildere, menschenfreundlichere – Deutung ermöglichen. Die Begriffe, die Schnackenburg zur Beschreibung der Frau verwendet, beschränken ihren Intellekt und Scharfsinn (einfältig), negieren ihren Widerspruch (demütig) und behaupten eine Emotionalität, die im Text selbst gar nicht vorkommt (Vertrauensglaube). Damit Jesus auch in dieser Geschichte der Held bleibt, der das Wesentliche sagt und das Wesentliche tut, muss die Argumentation der namenlosen Frau in ihrer inhaltlichen Bedeutung abgewertet werden.

Ich will damit nicht behaupten, dass Schnackenburg dies aus Frauenfeindlichkeit täte. Nein, er stellt die Syrophönizierin sogar gerne als leuchtendes Glaubensvorbild für uns alle vor. Sicherlich empfindet er selbst seine Wortschöpfungen »einfältig-schlau« und »demütig-stark« durchweg als positiv. Dennoch wählt er (wie fast alle seiner Kollegen) aus einer Vielzahl von Deutungsmöglichkeiten des Wortwechsels zwischen Jesus und der Frau eine aus, die nicht nur Jesus zum alleinigen Helden dieser Geschichte macht, sondern die auch die Frau und ihre Tat abwertet und Klischeevorstellungen von typisch weiblichem Verhalten aufwärmt: Seiner Auffassung zu Folge kann es nicht der Intellekt der Frau sein, der Jesus überzeugt, sondern es müssen Demut und Vertrauen sein – auch wenn der Text davon nicht redet.

Die biblische Geschichte stellt Jesus und die Syrophönizierin in einen Disput verwickelt dar; die beiden sind zunächst nicht einer Meinung. Diese Spannung des Textes verleitet uns als LeserInnen dazu, für eine der beiden Figuren Partei zu ergreifen. Schnackenburg entscheidet sich dafür, für Jesus Partei zu ergreifen und sein Handeln zu erklären und zu rechtfertigen. Er geht davon aus, dass Jesus nicht nur meistens, sondern immer der Lehrer und der Geber ist, dass immer sein Wort die Lehre einer Erzählung bildet und immer seine Tat den Höhepunkt. Dass diese Erzählung sich einer solchen Deutung widersetzt, wird ihm zum Problem und macht seine Auslegung holprig und in sich widersprüchlich.

Noch ein Beispiel: Ein Kommentar von Joanna Dewey – auch kommentiert

Auch eine feministische Auslegung möchte ich exemplarisch besprechen:

>»… Die Erzählung ist sehr ungewöhnlich: Die Frau hat das letzte Wort, nicht Jesus. Normalerweise in der Evangelientradition stellt jemand (Jünger, Freund, Feind) Jesus eine Frage oder behauptet etwas, und Jesus kontert mit einer sehr forschen Antwort. Hier ist das Schema umgekehrt. Daher hat man versucht zu erklären oder wegzuerklären, warum wohl die Frau das letzte Wort gehabt habe und warum Jesus seinen Entschluß änderte und dem Wunsch der Frau entsprach. Viele haben angenommen, es sei aufgrund des Glaubens der Frau geschehen. … Aber in der Art, wie Markus das Geschehen berichtet, steht das Element des Glaubens nicht im Vordergrund. Andere sehen es so, daß Jesus die Tochter geheilt hat, weil die Frau ebenso demütig wie gläubig war. Es ist schwer einzusehen, wie man das aus der Ge-

schichte herauslesen kann, außer auf der Grundlage einer vorgefaßten Meinung über Jesus und die Rolle der Frauen. Wenn ich mich in ähnlicher Weise verhalte – einen Mann aufstöbere, der versucht, sich verborgen zu halten und eine persönliche Vergünstigung von ihm haben möchte, und wenn dieser Mann dann zu mir sagt: ›Nein, dafür bist du nicht qualifiziert‹, und ich darauf antworte: ›Du siehst nur einen Teil des Ganzen, hier ist der Rest‹ – wird man mich als aggressiv bezeichnen, wenn nicht noch schlimmer. Wäre ich wirklich demütig, so würde ich sagen: ›Entschuldigen Sie die Belästigung‹, und ginge bescheiden weg. ... Jesus sagt: ›Nein‹; die Frau antwortet: ›Aber ...‹, und Jesus sagt: ›Um dieses Wortes willen, geh‹ ... So war eben das, was die Frau zu Jesus sagte, dasjenige, das ihn zur Sinnesänderung veranlaßte – und nicht warum oder wie sie es sagte. Die Pointe ist, daß die Frau im Recht war. ... Und als Ergebnis ihrer Widerrede, und weil sie recht hatte, bekam die Frau, was sie wollte: Ihre Tochter wurde geheilt. Wenn man die Geschichte so ansieht, können wir daraus zweierlei schlußfolgern: Erstens ist die Frau ein Modell dafür, daß eine Frau durch den aggressiven Einsatz ihres Intellekts das bekommt, was sie will. Es ist das einzige Mal in allen kanonischen Erzählungen über Jesus, wo es jemandem gelingt, Jesus zu einer Sinnesänderung zu veranlassen und ihn von dem abzubringen, was er tun wollte. ... Zweitens werden wir gewarnt, uns nicht durch lange Konditionierung blenden zu lassen und die Bibel in einer für Frauen abträglichen Art auszulegen. Einige Stellen der Bibel sind tatsächlich sexistisch, aber diese hier gewiß nicht. ...«[8]

Zur Auslegung von Joanna Dewey

Ein formaler Unterschied fällt sofort auf: Während sich die nichtfeministische Auslegung allein mit der Erklärung des Bibeltextes befaßt, setzt sich die feministische Auslegung intensiv und kritisch mit nicht-feministischen Auslegungen auseinander. Obwohl nicht jede feministische Auslegung einer Bibelstelle so ausdrücklich und ausführlich Auslegungskritik betreibt, ist diese kritische Haltung typisch für feministische Exegese. Dieser kritische Blick ist sogar

8 Dewey (1979) 58ff.

das wesentliche Charakteristikum feministischer Forschung überhaupt: Sowohl der Forschungsgegenstand selbst – in unserem Falle der Bibeltext – als auch die bisherigen Forschungsergebnisse – die wissenschaftlichen Kommentare etwa – stehen im Verdacht, androzentrisch zu sein und patriarchale Strukturen zu stützen. Die meisten der bisherigen wissenschaftlichen Bibelkommentare wurden von Männern verfasst – und oft genug auch für Männer, für Pfarrer und für Professoren. Wie ein Bibeltext oder seine Auslegung auf Frauen wirkt, war ihnen im besten Falle einfach unwichtig. Im Zweifelsfalle benutzen einige Theologen aber auch heute noch ihre Auslegungsgewalt zur Zurückdrängung von Frauen im kirchlichen Raum.

Ein weiterer wichtiger Unterschied ist der der Parteinahme für eine der beiden Hauptfiguren des Textes. Oft wird behauptet, feministische Forschung sei parteiisch, während nicht-feministische Forschung neutral und objektiv sei. Am vorherigen Beispiel ist bereits deutlich geworden, dass diese Behauptung nicht stimmt: Auch nicht-feministische Forschung ergreift Partei. Nur reflektiert sie diese Parteinahme in aller Regel nicht. Während Rudolf Schnackenburg Jesus und sein Handeln ins Zentrum seines Interesses und seiner Sympathie stellt, sind für Joanna Dewey die Syrophönizierin und ihre Argumentation besonders wichtig. Dewey misst andere Auslegungen daran, wie sie die Syrophönizierin darstellen.

Dabei tritt ein weiterer Unterschied zu Tage: Joanna Dewey ordnet der Syrophönizierin ganz andere Adjektive zu als Schnackenburg es getan hat. Sie weist Charakterisierungen wie »demütig und gläubig« entschieden zurück und spricht statt dessen vom »aggressiven Einsatz ihres Intellekts«. Sie stellt die Bedeutung dessen heraus, was die Frau sagt. Der Inhalt ihrer Worte, die Schlüssigkeit ihrer Argumentation ist es, die Jesus überzeugt und ihn dazu bewegt, seine Meinung zu ändern.

Es zeigt sich, dass Dewey ein anderes Frauen- und ein anderes Jesusbild hat als Schnackenburg. Sie kann sich vorstellen, dass auch Jesus einmal zu kurz denkt, dass er nicht immer alles schon vorher und besser weiß. Und sie kann sich vorstellen, dass Jesus lernfähig ist, dass er sich nicht zu schade dafür ist, einer Frau

Recht zu geben, wenn sie Recht hat, und von ihr zu lernen. Aus eigener Erfahrung weiß Dewey, wie intelligent und schlagfertig Frauen sein können. Und sie weiß, dass dies Frauen häufig abgesprochen wird.

Wie Schnackenburg versteht auch Dewey die Syrophönizierin als Vorbildfigur. Doch sind es ihrer Auffassung zufolge nicht Demut und Vertrauen, was wir Frauen von der Syrophönizierin lernen können, sondern Widerspruchsgeist und der aggressive Einsatz unseres Intellekts. Dewey weiß um die zähmende und lähmende Wirkung, die das Predigen von Demut gerade für Frauen hatte und z. T. bis heute hat. Wenn Frauen weiterhin demütig bleiben und nicht für ihre Interessen kämpfen, wird sich an der herrschenden Ungerechtigkeit nichts ändern. Die Demut der Frauen – oder auch anderer Unterdrückter – stützt die herrschenden ungerechten Strukturen. Unter diesem Blickwinkel gewinnt nicht nur das Wort »Demut« einen negativen Beigeschmack, sondern Dewey geht sogar so weit, eine gewisse Aggressivität positiv zu bewerten. Wohl bemerkt spricht sie vom aggressiven Einsatz des Intellekts, von kämpferischem Widerspruch, der nötig ist, wenn andere nicht weit genug denken. Zu dieser Haltung, die im Gegensatz zu den allzu vertrauten Ohnmachtsgefühlen steht, will Dewey Frauen ermutigen. Sie hat damit beim Auslegen der biblischen Erzählung bereits im Blick, wie bestimmte Auslegungen wirken, was für Gefühle der Ermächtigung oder Ohnmacht sie bei den einzelnen LeserInnen auslösen und wessen politische Position sie stützen oder schwächen.

Bilanz: Vielfalt statt Einfalt

Wenn ich nun die wichtigsten Ergebnisse meiner vergleichenden Analyse zusammenfassen will, so geht dies nicht ohne einen wichtigen Hinweis: Eines der wesentlichen Anliegen meiner Arbeit, nämlich den Prozess feministischen wie nicht-feministischen exegetischen Forschens und Argumentierens an einer konkreten Textstelle kritisch und vergleichend nachvollziehbar zu machen, lässt sich in einem Schlusswort nicht zusammenfassen. Was sich zusammenfassend umreißen lässt, möchte ich nun schlagwortartig und thesenhaft vortragen:

Eine breite Palette an Methoden und Einzelergebnissen

Feministische Bibelauslegung ist vielfältig und vielgestaltig. Es gibt weder die eine Methode, noch die eine Fragestellung, unter der frau einen Text untersucht, noch kommen feministische Exegetinnen immer alle zu den gleichen Auslegungsergebnissen. Erstaunlicherweise sind die feministischen Auslegungen zur Syrophönizierin sogar weitaus vielfältiger als die – zahlenmäßig doppelt so zahlreichen – nicht-feministischen Auslegungen.

Unterschiedliche Parteilichkeiten

Feministische Bibelauslegung ergreift bewusst Partei für die Frauen und reflektiert diese Parteilichkeit. Nicht-feministische Exegese ist nicht minder parteilich, doch steht hier die wissenschaftliche Reflexion dieser Tatsache noch aus.

Kritische Reflexion als Pflichtprogramm oder Ausnahmeerscheinung

Feministische Exegese weiß um die Männerzentriertheit unseres »ganz normalen« Alltagsdenkens. Sie bürstet daher sowohl heutige Auslegungen biblischer Texte als auch diese Texte selbst immer wieder gegen den Strich und prüft, welche Interpretationsalternativen denkbar sind. Nicht-feministische Bibelauslegung tut sich bislang noch schwer mit der kritischen Reflexion ihrer unausgesprochenen Interpretationsvoraussetzungen.

Frauen im Zentrum der Geschichte oder nur am Rand

Feministische Bibelauslegung holt Frauen vom Rand des Geschehens ins Zentrum. Sie interessiert sich für biblische Frauen und ihre Geschichte und hält sie für erforschenswert. Und das zu Recht: Immerhin sind die meisten Menschen Frauen. Wenn in der nicht-feministischen Forschung Frauen nur als Randerscheinung oder Sonderthema auftauchen, so zeigt dies die verzerrte unrealistische Perspektive solcher Forschung.

Vielfältige oder einfältige Frauenbilder

Feministische Exegetinnen wissen aus eigener Erfahrung, wie vielfältig, begabt und facettenreich Frauen sind, denken, handeln und empfinden – und wie wenig sie irgendwelchen Klischees entsprechen. Dementsprechend vielfältig sind auch ihre Frauenbilder. Nicht-feministische Kommentare neigen leider immer noch zum Aufwärmen von Klischees.

Hierarchische und nicht-hierarchische Tendenzen

Viele Feministische Auslegungen beschreiben Beziehungen zwischen Menschen, aber auch zwischen Gott und den Menschen in nicht-hierarchischen Bildern. Beziehung und Gegenseitigkeit sind zentrale Kategorien – die Begegnung zwischen Jesus und der Frau ist geprägt von gegenseitigem Geben und Nehmen. Nicht-feministische Auslegungen dagegen sind meist noch von hierarchischen Denkmodellen geprägt (Gott als Hausvater gibt den Kindern Brot; Jesus ist »Herr der Lage«).

Deutungstraditionen und Deutungsinnovationen

Feministische Exegetinnen denken nicht mit Scheuklappen. Ihr kritischer Blick auf bisherige Forschung schützt sie davor, Forschungsmeinungen unhinterfragt nachzubeten. Sie denken leichter über die Grenzen von Fächern und Schulen hinweg. Nicht-feministische Exegese ist demgegenüber ungleich schwerfälliger unter der Erblast ihrer langen altehrwürdigen Traditionen.

Fazit

Feministische Forschung und Bibelauslegung stellt nicht nur eine notwendige Ergänzung bisheriger Forschung dar. Es wird durch sie nicht nur die zweite Hälfte der Menschheitsgeschichte nachgetragen und der bisherigen Forschung hinzugefügt. Feministische Forschung stellt einen grundlegenden Perspektivenwechsel dar. Wer sie ernsthaft betreibt, muss vieles neu denken lernen.[9]

Literatur

Dannemann, Irene (1996):
>   *Aus dem Rahmen fallen – Frauen im Markusevangelium.* Eine feministische Re-Vision (Alektor-Hochschulschriften), Berlin: Alektor-Verlag 1996.

Dewey, Joanna (1979):
>   *Frauenbilder,* in: Russell, Letty M. (Hrsg.): Als Mann und Frau ruft er uns. Vom nicht-sexistischen Gebrauch der Bibel, München: Pfeiffer 1979, 61.

Meyer-Wilmes, Hedwig (1996):
>   *Zwischen lila und lavendel.* Schritte feministischer Theologie, Regensburg: Pustet 1996.

Schnackenburg, Rudolf (1976):
>   *Das Evangelium nach Markus.* Düsseldorf: Patmos ²1976 (¹1966).

Stock, Klemens (1983):
>   *Jesus – die frohe Botschaft.* Meditationen zu Markus, Innsbruck / Wien: Tyrolia 1983.

9 Wer neugierig geworden ist, kann bei Strube (2000) weiter lesen.

Strube, Sonja Angelika (2000):

>*Wegen dieses Wortes* ...« Feministische und nichtfeministische Exege-
se im Vergleich am Beispiel der Auslegungen zu Mk 7,24–30, Münster
/ Hamburg / London: Lit 2000.

Online unter:
http://www.bibfor.de/archiv/99-2.strube.htm

Autorinnen und Autoren dieses Bandes

Bickmann, Jutta

Dr. theol., geboren 1964; studierte Katholische Theologie und Lateinische Philologie in Münster; 1997 Promotion.

Dissertation: *Kommunikation gegen den Tod*. Studien zur paulinischen Briefpragmatik am Beispiel des Ersten Thessalonicherbriefes (fzb 86), Würzburg: Echter 1998.

Blindenhöfer, Stefan

Dr. theol., geboren 1963; studierte Katholische Theologie in Frankfurt am Main; 1999 Promotion; derzeit Berufsschullehrer.

Dissertation: *Naturwissenschaftlicher Weltzugang und der Überschuss der Schöpfungsperspektive*. Neuere Schöpfungstheologie im Gespräch mit moderner Naturwissenschaft; Frankfurt a. M. u. a.: Lang 2000.

Böhmisch, Franz

Geboren 1965; studierte Katholische Theologie in Passau, Tübingen und Linz; Diplom in Theologie an der Universität Passau; 1991–1996 wissenschaftlicher Mitarbeiter am Lehrstuhl für alttestamentliche Exegese der Universität Passau, 1992–2002 Assistent für alttestamentliche Exegese an der Katholisch-Theologischen Privatuniversität Linz, verheiratet, zwei Töchter. Seit Januar 2003 Geschäftsführer der Firma Animabit Multimedia Software GmbH: www.animabit.de.

Kostka, Ulrike

Dr. theol., geboren 1971; studierte Katholische Theologie in Münster und Gesundheitswissenschaften (Public Health) in Bielefeld. Promotion 1999 in Münster. Seit 2001 wissenschaftliche Mitarbeiterin in bioethischen Forschungsprojekten an der Universität Basel. Habilitationsprojekt in der theologischen Ethik. Seit 2003 wissenschaftliche Assistentin des Präsidenten des Deutschen Caritasverbandes.

Dissertation: *Der Mensch in Krankheit, Heilung und Gesundheit im Spiegel der modernen Medizin*. Eine biblische und theologisch-ethische Reflexion (Studien zur Moraltheologie 12), Münster: Lit-Verlag 2000.

Leinhäupl-Wilke, Andreas

Dr. theol., verheiratet, 2 Kinder, studierte Katholische Theologie und Germanistik in Münster. Promotion 2000 in Münster. Habilitationsprojekt in Neutestamentlicher Exegese.

Dissertation: *Rettendes Wissen im Johannesevangelium*. Ein Zugang über den narrativen Rahmen (Joh 1,19–2,12 – 20,1–21,25) (NTA 45), Münster: Aschendorff 2003.

Lücking, Stefan

Dr. theol., studierte Soziologe und Theologie in Tübingen, Rom, Frankfurt am Main und Münster. Seit 2003 Wissenschaftlicher Mitarbeiter am Lehrstuhl für Soziologie der Technischen Universität München.

Dissertation: *Menschliche Überlieferungen*. Die Kritik an der „Überlieferung der Menschen" in Gal 1,11–12 und Mk 7,1–13 als Fortführung der prophetischen Religionskritik, Münster 2003.

Lutterbach, Hubertus

Prof. Dr. theol., geboren 1961; 1987 Dipl. theol., 1991 Promotion zum Dr. theol., 1997 Habilitation in Münster. Seit 2000 Professor für Kirchengeschichte am Fachbereich 1 (Katholische Theologie) der Universität Essen.

Dissertation: *Monachus factus est*. Die Mönchwerdung im frühen Mittelalter. Zugleich ein Beitrag zur Frömmigkeits- und Liturgiegeschichte (Beiträge zur Geschichte des Alten Mönchtums und des Benediktinertums 44), Münster: Aschendorff 1995.

Habilitation: *Sexualität im Mittelalter*. Eine Kulturstudie anhand von Bußbüchern des 6. bis 12. Jahrhunderts (Beihefte zum Archiv für Kulturgeschichte 43), Köln / Weimar: Böhlau 1999.

Öhler, Markus

A. o. Univ.-Prof. Dr. theol., geb. 1967, studierte Evangelische Theologie in Wien, 1996 Promotion, 1999–2001 FWF-Stipendiat in Tübingen, 2001 Habilitation.

Dissertation: *Elia im Neuen Testament.* Untersuchungen zur Bedeutung des alttestamentlichen Propheten im frühen Christentum (BZNW 88), Berlin / New York: de Gruyter 1997.

Habilitation: *Barnabas.* Die historische Person und ihre Rezeption in der Apostelgeschichte (WUNT 156), Tübingen: Mohr Siebeck 2003.

Striet, Magnus

PD Dr. theol., wurde im Jahre 2001 an der Katholisch-Theologischen Fakultät in Münster habilitiert und vertritt seitdem den Lehrstuhl für Dogmatik an der Eberhard-Karls-Universität Tübingen.

Dissertation: *Das Ich im Sturz der Realität.* Philosophisch-theologische Studien zu einer Theorie des Subjekts in Auseinandersetzung mit der Spätphilosophie Friedrich Nietzsches (Ratio fidei 1), Regensburg: Pustet 1998.

Habilitation: *Offenbares Geheimnis.* Zur Kritik der negativen Theologie (Ratio fidei 14), Regensburg: Pustet 2003.

Strube, Sonja

Dr. theol., geboren 1968; studierte Katholische Theologie, Philosophie und Psychologie in Bonn und Münster; Promotion 1999 in Regensburg.

Dissertation: *»Wegen dieses Wortes ...«* Feministische und nichtfeministische Exegese im Vergleich am Beispiel der Auslegungen zu Mk 7,24–30, Münster / Hamburg / London: Lit 2000.

Wiegard, Jesaja Michael

Theologe und Kommunikationsberater, Dipl. theol., geboren 1967, studierte Katholische Theologie und Publizistik in Würzburg und Münster.